기독교문서선교회(Christian Literature Center: 약칭 CLC)는 1941년 영국 콜체스터에서 켄 아담스에 의해 시작되었으며 국제 본부는 미국 필라델피아에 있습니다. 국제 CLC는 59개 나라에서 180개의 본부를 두고, 약 650여 명의 선교사들이 이동 도서차량 40대를 이용하여 문서 보급에 힘쓰고 있으며 이메일 주문을 통해 130여 국으로 책을 공급하고 있습니다. 한국 CLC는 청교도적 복음주의 신학과 신앙 서적을 출판하는 문서선교기관으로서, 한 영혼이라도 구원되길 소망하면서 주님이 오시는 그날까지 최선을 다할 것입니다.

추천사 1

인류학적 지평에서 정통 기독교 변증를 시도한 지라르를 소개한 역작

김영한 박사
(기독교학술원장/한국개혁신학회 설립회장/숭실대 기독교학대학원 설립원장)

포스트모던 시대에 거대 담론이 더 이상 영향력을 상실한 상황에서 지라르(René Girard, 1923-2015)는 새로운 종교인류학적 거대 담론(Meta-narrative)으로 평가받는 '미메시스 이론'(Mimetic Theory)을 제시하고 있다. 지라르가 전개하는 인간의 모방적 욕망에 관한 이론은 성경 텍스트의 신학적 차원보다는 인류학적 차원을 밝히면서, 기독교 신학과 대화하고 있으며 기독교 신앙을 변증하고 있다.

저자 정일권 박사는 본서에서 지라르의 새로운 거대 담론에 대한 신학적 수용사(Rezeptionsgeschichte)와 영향사(Wirkungsgeschichte)를 설명하면서 지라르를 소개하고 있다.

또한, 지라르의 이론이 디오니소스적 니체 철학의 백 년 유산과 니체와 하이데거의 계보에 서 있는 프랑스 포스트모던 철학 이후의 새로운 전환을 시도하고 있음을 밝히고 있다. 그뿐만 아니라, 지라르를 포스트모던적 시대정신 속에서 소외되고 배제되고, 때로는 추방되었던 유대-기독교적 텍스트, 전통, 그리고 가치를 복권시키고 변증하는 인문학자로서 해석하고 있다.

지라르가 유대-기독교적 전통을 십자가의 인류학으로 변호하지만, 종교인류학자로서 그 작업을 진행하고 있는 것은 주목할 만하다.

본서는 지라르의 십자가 인류학이 갖는 현대적 타당성과 변증에 있어서 기독교에 대한 종교인류학적인 접근을 시도하면서 기독교에 대한 새로운 해석을 제공한 것을 설명하는 데 기여했다고 본다.

반희생 제의적이고 반신화적 유대-기독교적 전통과 텍스트를 다시 변호하는 지라르의 사유는 오히려 칼빈주의에 근접하는 면이 있다고 해석하는 점에서 개신교 신학자로서의 저자의 정체성이 엿보인다.

또한, 본서의 공헌은 포스트모더니즘 이후 거대 담론이 무너졌다고 여겨지는 현대철학과 문화인류학 분야에 있어서 지라르의 새로운 종교인류학적 거대 담론을 소개해 주고 니체와 하이데거 이후에 비판 일변으로 나아간 현대 사상계에 전통 기독교를 새롭게 변증해 주는 그의 종교인류학적 착상을 소개하고 있다는 점이다.

자유주의 신학에 의하여 기독교 자체가 내부적으로 종교다원주의에 의해 그 정체성이 허물어 지고 있는 포스트모던 기독교 이후 시대에, 종교인류학적 차원에서 유대교와 기독교의 전통을 복권시키고, "예수의 죽음은 희생 제사(sacrifice)가 아니라, 모든 희생 제의적 희생양 메커니즘 뒤에 존재하는 기만과 폭력을 폭로하는 수단이요, 복음은 신화의 종말이다"라고 선언하는 지라르는 하나님의 특공대 사상가라고 말할 수 있다.

데리다는 초기에 니체와 하이데거의 계보에서 유대-기독교적 전통과 함께 서구 형이상학과 존재신학 등을 해체하고 전복하는 해체주의 철학을 발전시키고 생애 후기에 와서야 유대교로 근접하고자 했다.

네덜란드의 개혁신학자 한스 부르스마(Hans Boersma, 1961-)가 이런 데리다를 더 지지하고 있는 것을 저자가 비판하면서 회심한 이후로 일관되게 유대-기독교적 전통을 변호해 온 지라르를 변호하는 것은 설득력이 있다.

니체의 전통을 이어받은 데리다가 기독교와 서구 전통을 해체시키는 작업을 했고 현대사회에 부정적인 유산을 남긴 것이 더 많은 것에 반하여 지라르는 이러한 해체 작업에 거슬리면서 서구 문명이 기원하고 있는 유대-기독교 전통을 복권시키는 것은 크게 환영할 만한 일이다.

더욱이, 십자가의 승리는 폭력의 희생양 순환에 대항한 사랑의 승리를 상징한다고 선언하는 지라르의 희생양 메커니즘(scapegoat mechanism) 사상은 현대신학이 도외시한 기독교 속죄론의 중요성을 종교인류학적으로 다시 환기시킨 점에 있어서 기독교 복음의 유일한 독특성을 드러내었다고 말할 수 있다.

"20세기 신학자들이 복음을 부끄러워하기 시작했을 때, 프랑스 인문학자 지라르가 복음서를 다시 서구 정신사의 중심에 세웠다고 했다"라고 칭찬한 독일의 구약학 교수 노베르트 로핑크(Nobert Lohfink, 1928-)의 평가는 지라르의 복음적 정체성을 드러내준다. 저자가 피력하는 바같이 인문학적이고 인류학적인 지평에서 유대-기독교적 전통, 가치, 유산 그리고 텍스트를 자기반성적이고 비판적으로 재변증하는 지라르의 입장은 정통적이라 할 수 있다.

개혁신학자로서 추천자는 지라르가 "절대적으로 정통적"이며, 역사적 교회들의 신앙고백"(Credo)과 7차의 "고대교회공의회의 신앙고백을 따른다"라는 그의 신앙적 입장에 놀라움을 금치 못한다.

본서는 여태까지 과격한 역사비판학이 주장한 창세기의 창조 이야기에 영향을 미친 바벨론의 에누마 엘리시(Enuma Elish) 등의 이방 종교의 창조 신화들이 지닌 폭력 성격의 진상을 지라르의 인류학적인 설명으로 드러냄으로써 창세기 창조 이야기의 계시성과 독특성을 잘 드러내고 있다.

본서는 현대 철학과 신학에 관하여 엄청난 최근 지식을 전달해 주고 있어서 지식 충족을 갈구하는 젊은이들의 좋은 읽을거리다.

또한, 종교문화인류학과 기독교 신학과의 관계를 다양한 현대 신학자와의 대화 속에서 조명하고 있으니만큼 매주 강단에서 설교하는 목회자들과 문화인류학, 현대종교학과 현대신학에 관심을 가지는 종교학도들, 인류학도들, 문화학도들, 신학도들, 철학도들에게 좋은 지침서가 될 것으로 본다.

추천사 2

십자가의 인류학

이신건 박사
(서울신학대학 조직신학 교수)

한국에 비교적 덜 알려져 있던 르네 지라르를 본격적으로 소개하고 있는 정일권 박사 때문에 우리가 지라르의 사상을 더욱 자세히 접하게 된 것은 하나의 큰 행운이다.

그가 쓴 책 『우상의 황혼과 그리스도』가 지라르의 문명 이론을 근거 삼아 전통 종교와 현대 문명 전반을 재해석하고 오랫동안 은폐되었던 진리를 드러내고 거짓된 논리와 우상을 전복하려고 시도하였다면, 이번에 나온 책은 지라르의 이론을 중심으로 인문학만이 아니라 기독교 신학과도 더 폭넓게 대화하고 소통한 지라르의 관심을 보여 준다.

본서에서 저자는 지라르의 이론이 현대 인문학자들만이 아니라 신학자들에게도 광범위하게 영향을 미치고 있고, 그들과 대화를 주고받으면서 발전하거나 수정되고 있음을 잘 보여 준다. 그뿐만 아니라 저자는 자신이 참여하거나 경험한 만남을 간간이 곁들여 소개함으로써 현대의 중요한 인문학적 이론을 널리 소개할 뿐만 아니라 자신의 정신적 편력으로 초대하려고 한다.

앞 책에서도 잘 소개되었듯이, 본서에서도 저자는 지라르의 이론을 빌려 희생양 시스템의 폭력적 성격을 폭로하고, 기독교는 이를 극복하는 대안을 찾고 있다.

저자인 지라르에 따르면 인류 사회에 갈등과 폭력이 끊임없이 일어나는 것은 모방적 욕망 때문이고, 인간은 위기에 직면했을 때 희생양을 찾는 강한 경향성을 보여 왔다.

그러나 예수 그리스도의 희생은 십자가 희생의 역설에도 불구하고 희생 제의를 극복했다. 저자에 따르면 지라르는 초기에는 예수의 죽음을 희생 제의적으로 이해하기를 거부했지만, 나중에는 그렇게 이해했다고 해석한다. 그러나 바로 이 점은 여전히 논쟁의 여지를 남기는 듯하다.

그리스도는 희생 제사를 종식시키기 위해 희생제물의 논리를 받아들였는가? 아니면, 희생제물의 종식시키기 위해 희생제물의 논리를 깨뜨렸는가?

비록 결과적으로는 그리스도가 희생제물을 종식시켰더라도, 두 가지 해석은 질적인 차이가 있다.

바로 이 점에서 지라르는 조금 방황한 것 같고, 그래서 명쾌한 결론을 주지 못한 것 같다. 어쩌면 지라르가 최종적인 해답을 독자들에게 맡겼는지도 모른다. 이런 점에서 이 책은 아직도 열려 있는 흥미진진한 책이다.

인문학의 다윈으로 극찬되고 있는 지라르의 책을 읽는 것은 다윈의 이론 못지않게 신선한 충격과 감격을 안겨 준다.

비록 본서는 신학적 주제를 위해 많은 지면을 할애하고 있지만, 문학과 심리학, 신화학, 종교학, 인류학을 융합하면서 인류문화의 기원을 종횡무진 흥미롭게 펼쳐 나간 지라르의 탁월한 지혜를 독자들은 맛볼 수 있을 것이고, 특히 종교의 이름으로 폭력이 난무하는 이 시대에 지라르의 혜안을 통해 새로운 깨달음만이 아니라 평화를 위한 크나큰 용기까지 덤으로 얻을 수 있으리라 확신한다.

추천사 3

인류학적 지평에서 정통기독교 변증를 시도한 지라르를 소개한 역작

이승구 박사
(합동신학대학원대학교 조직신학 교수)

  프랑스 출신의 학자로 프랑스 학술원 회원으로서 프랑스에서 개신교적 입장을 잘 드러내고 있을 뿐만 아니라 세계적으로 많이 거론되는 지라르를 그 생애와 함께 그의 신학에 이르기까지 찬찬히 설명하는 저자의 노력에 대해서 우리들은 큰 감사를 표해야 할 것이다.
  '우리나라에서 지라르에 대해서 저자만큼 많이 읽고 이해하고 있는 사람이 드물다'라는 그 상황 속에서 지라르의 신학을 잘 드러내고 있는 이 책의 시도는 매우 의미 깊다.
  지라르가 기독교를 "비판적으로 변증하고 있다"라는 말은 의미심장하다. 지라르는 신학자는 아니지만, 자신이 이해하는 기독교를 제시하고 그것을 변증하는 인문학자이다.
  지라르를 잘 모르는 사람들은 이 책을 읽으므로 지라르를 이해하게 되고, 지라르가 말하는 기독교가 과연 어떤 것인지를 잘 알 수 있게 될 것이다. 그리고 그가 하는 "비판적 변증"이 과연 어떤 것이지도 알 수 있게 된다.
  지라르가 말하는 기독교는 (예를 들어서) 루터파 기독교, 개혁파 기독교, 감리교적 기독교, 천주교 등의 어떤 구체적인 형태의 기독교가 아니라, C. S. 루이스(C.S. Lewis, 1898-1963)가 말하는 "그냥 기독교"(mere Christianity)라고 말하는 저자의 지적은 매우 정확하다.
  우리는 본서를 통해서 저자가 제시하는 지라르의 "그냥 기독교"를 잘 이해하게 될 수 있다. 그것이 창조, 타락, 십자가, 부활에 대한 새로운 이해로 제시

되고 있으니, 우리는 먼저 그 내용과 깊이 있게 대화해야 할 것이다.

그 대화의 결과로 우리가 지라르의 새로운 해석에 동의하든지 안 하든지의 여부를 저자는 우리에게 맡겨주었다. 이것은 저자가 우리의 판단을 귀하게 여긴다는 표현일 수 있다.

C. S. 루이스가 말하는 기독교의 어떤 측면에 동의하고, 어떤 면에 대해서는 동의하지 않듯이, 우리는 저자가 말하는 어떤 의견에는 동의하고 어떤 측면에는 동의하지 않을 수 있다.

그러나 그렇게 하기 위해서라도 먼저 '지라르'를 읽고 생각해 보아야 한다. 우리가 지라르의 글을 홀로 읽기 어려워할 때에 저자가 친절하게 지라르를 우리에게 한국말로 풀어서 제시해 준 것이다. 이런 저자의 노력에 감사하면서, 우리는 지라르가 말하는 기독교가 과연 어떤 것인지를 탐구해 가기 시작해야 할 것이다.

지라르가 복음주의 그리스도인들에게 주는 가장 큰 걸림돌의 하나는 십자가를 하나님의 공의를 온전히 만족시키고 하나님을 유화시키는 것으로 보지 않으려는 지라르의 입장이다. 정통적 만족 이론이나 대리 속죄 이해의 토대를 지라르가 잘 받아들이려고 하지 않는 것이 우리에게는 문제이다.

지라르를 비교적 정확히 소개하는(이미 우리말로 번역되어 소개된) 한스 부르스마의 평가에 의하면 "이것이 나에게는 긍정적인 발전인 것처럼 보이지만, 지라르의 수정된 입장이 그가 십자가에 대한 처벌적이거나 (신의 진노를) 달래는 (propitiatory) 견해를 수용하게 된 것은 아니다. 지라르는 희생 제사 개념을 수용할지는 모르지만, 이 희생 제사는 결코 신적인 징벌적 정의를 포함하고 있지 않다"라고 하고 있기 때문이다.[1]

또한, 1990에 네덜란드 자유대학교의 아드리아누스 환 에그몬드(Adrianus van Egmond) 교수가 "지라르와 바르트 신학에서의 은총의 승리"를 통해 잘 드러낸

---

[1] Hans Boersma, Violence, Hospitality and the Cross: Reappropriating the Atonement Tradition (Grand Rapids: Baker Academic, 2004), 149. Cf. 윤성현 역, 『십자가, 폭력인가 환대인가』 (서울: CLC, 2014).

것과 같이,² 지라르와 바르트 신학의 유사성도 정통주의 그리스도인들에게는 문제이다. 특히 그 "은총의 승리"가 가지는 함의에 대해서 우리들은 불안하다.

그러나 이 모든 것은 지라르를 이해하고 나서 생기는 의혹들이다. 이런 질문이 제기되고, 그와 대화하려면 먼저 지라르를 읽고 그와 대화하는 것이 필요하다. 불어로 된 지라르의 글을 읽을 수 없고, 영어로 번역된 지라르를 읽는 데 시간이 오래 걸리는 사람들은 저자가 친히 정리한 설명을 통해서 먼저 지라르를 이해하기 시작할 수 있을 것이다.

이런 의미에서 먼저 본서를 읽고서 지라르를 읽는다면 지라르를 더 잘 이해할 수 있을 것이다. 지라르를 극복하기 위해서라도 일단 지라르와 대화하면서 지라르를 이해해 보도록 했으면 한다.

합동신학대학원대학교 연구실에서

---

2 Adrianus van Egmond, "Triumph der Wahrheit und Triumph der Gnade. René Girard und Karl Barth über Offenbarung, Religion, Kreuz und Gott," Zeitschrift für Dialektische Theologie 6/2 (1990): 185-205. 또한 George Hunsinger, "The Politics of the Nonviolent God: Reflections on Rene Girard and Karl Barth," Scottish Journal of Theology 51/1 (February 1998): 61-85도 보라.

추천사 4

신원하 박사
(고려신학대학원 기독교윤리학 교수)

　본서는 한국에서 르네 지라르의 사상 연구에 가장 전문성을 인정받고 있는 저자가 르네 지라르의 이론과 서구 신학계와의 대화와 수용의 역사를 분석한 매우 가치 있는 책이다.

　저자는 네덜란드 개혁주의, 영미권의 복음주의, 로마 가톨릭 신학, 그리고 20세기 현대신학과 지라르와의 학문적 대화를 분석하면서, 네덜란드의 지라르 연구모임에 대한 소개에서부터 알리스터 맥그래스, 미로슬라브 볼프, 케빈 밴후저, 필립 얀시 등 영미권 복음주의 신학자들과의 대화를 차곡차곡 소개한다.

　그 중 바르트의 제자이면서 복음서에 나타난 예수가 가르친 삶의 방식을 오늘 현실에서 구현할 것을 윤리학적 과업으로 생각하는 평화주의 윤리학자인 존 하워드 요더와의 대화는 최근 요더의 윤리학에 관심을 많이 보이는 한국의 신학도들에게 매우 도움이 되리라 생각한다.

　각 사회의 신화 뒤에 존재하는 문화적 역사를 분석하면서 사회적 질서의 기원에 존재하는 희생양에 대한 폭력의 존재를 밝히고, 그 희생자에 대한 연민과 변호를 통해서 폭력적 사회질서에 대항하는 새 질서를 구현하려는 기독교를 변호하는 지라르의 입장에 요더는 상당 부분 공감함을 본서는 말해준다.

　『십자가의 인류학』이라는 화두를 통해서 신학의 인문학적 외연을 확장하고자 하는 본서는 '십자가의 정치학'에 관심을 갖고 있는 신학도들뿐만 아니라, 사회 윤리 문제에 관심을 갖고 있는 많은 신학도들에게 신학적 시각과 인문학적 지평을 넓혀주는데 크게 기여할 것이다.

추천사 5

이경직 박사
(백석대학교신학대학원 조직신학 교수)

지라르에 따르면 포스트모더니즘은 사회적 갈등을 희생양을 통해 해소하는 그리스 전통을 낭만적으로 되살린다.

저자는 희생양 메커니즘을 폭로하고 종식시킨 기독교가 포스트모더니즘 이후의 새로운 대안이 될 수 있다고 주장하면서, 기독교 신학자들이 지라르의 미메시스 이론을 지난 50여 년간 어떻게 수용했는지 보여준다. 이를 통해 지라르가 기독교 신학에 끼친 영향력이 드러난다.

그렇기에, 본서는 지라르의 신학적 기여를 배우기에 좋은 책이다.

십자가의 인류학

르네 지라르와 기독교 신학

Anthropology of the Cross. René Girard and Christian Theology
Written by Il kwaen Chung
All rights reserved.
Korean Edition Copyright ⓒ 2023 by Christian Literature Center, Seoul, Korea.

십자가의 인류학
르네 지라르와 기독교 신학

2015년 4월 8일 초판 발행
2023년 10월 30일 개정판 1쇄

지 은 이 | 정일권

편　　집 | 임동혁
디 자 인 | 이승희
펴 낸 곳 | (사)기독교문서선교회
등　　록 | 제16-25호(1980. 1. 18.)
주　　소 | 서울특별시 동대문구 천호대로71길 39
전　　화 | 02-586-8761~3(본사) 031-942-8761(영업부)
팩　　스 | 02-523-0131(본사) 031-942-8763(영업부)
이 메 일 | clckor@gmail.com
홈페이지 | www.clcbook.com
송금계좌 | 기업은행 073-000308-04-020 (사)기독교문서선교회
일련번호 | 2023-93

ISBN 978-89-341-2612-6 (93230)

이 책의 출판권은 (사)기독교문서선교회가 소유합니다.
신저작권법에 의하여 한국 내에서 보호를 받는 저작물이므로 무단 전재와 무단 복제를 금합니다.

십자가의 인류학

René Girard

르네 지라르와 기독교 신학

개정판

정일권 지음

CLC

| 목 차 |

| 추천사 1 |
　김영한 박사 (기독교학술원장/한국개혁신학회 설립회장/숭실대 기독교학대학원 설립원장)　1

| 추천사 2 |
　이신건 박사 (서울신학대학 조직신학 교수)　4

| 추천사 3 |
　이승구 박사 (합동신학대학원대학교 조직신학 교수)　6

| 추천사 4 |
　신원하 박사 (고려신학대학원 기독교윤리학 교수)　9

| 추천사 5 |
　이경직 박사 (백석대학교신학대학원 조직신학 교수)　10

프롤로그　18

제1장 : 포스트모더니즘과 유대-기독교적 텍스트　22
　1. 아카데미 프랑세즈 '불멸'의 40인　22
　2. 문화의 기원에 대한 큰 질문　24

제2장 : 창세 이후로 감추어져 온 것들   28

1. 모방적 욕망, 폭력, 그리고 인류 문화   28
2. 상처 받기 쉬운 톨레랑스(관용, tolerantia)   31
3. 형벌적 대속 이론과 십자가 이해   35
4. 인류의 폭력과 죽임당한 어린양   38
5. 그리스도의 대속과 미메시스적 폭력   43
6. 요한복음의 로고스와 헤라클레이토스의 로고스   47
7. 십자가 사건에 대한 지라르와 슈바거의 대화   54
8. 십자가 : 환대인가? 폭력인가?   57
9. 배제, 포용, 정체성, 그리고 희생양   61
10. 군중은 '비진리'다   65
11. 디오니소스-오르페우스-바쿠스 신화   69

제3장 : 기독교에 대한 비판적 변증   73

1. 희생양 메커니즘의 치유와 극복   73
2. 복음서는 신화의 죽음이다   77
3. 급진적인 폭력 비판으로서의 십자가와 평화 윤리   81
4. 지라르가 기독교를 구했다.   87
5. 신화와 그 희생양 메커니즘에 대한 계몽   91
6. 지라르의 회심   95
7. 기독교 복음의 르네상스   99
8. 미메시스 이론과 종교적 상대주의   103
9. 신화의 수수께끼와 십자가의 승리   107

10. 십자가의 해석학이 성스러운 폭력을 폭로한다   112
11. 신화에 대한 복음적인 전복   118
12. 바르트와 지라르: 진리와 은총의 승리   121
13. 승리자 그리스도(Christus Victor)   128
14. 판넨베르크와 지라르: 종교학과 신학   131

제4장 : 창조, 타락, 십자가와 부활에 대한 새로운 통찰   **139**
1. 미메시스 이론과 자연 과학   139
2. 창세기와 바벨론 창조 신화 에누마 엘리시   144
3. 『악의 상징』과 에누마 엘리시   148
4. 경쟁적 미메시스와 원죄론의 과학적 설명   153
5. 가인의 정치학과 아벨의 피   157
6. 무덤의 종교, 그리스도의 빈 무덤 그리고 부활 논쟁   164
7. 이집트 오시리스 신화와 예수 그리스도의 부활   170
8. 재로부터 다시 태어나는 불사조   177
9. 예수 세미나(Jesus Seminar)에서 미메시스 이론으로   179
10. 십자가의 인류학과 십자가의 해석학   188

제5장 : 가인의 정치학, 예수의 정치학 그리고 평화윤리   **193**
1. 어린양의 전쟁   193
2. 비폭력적 대속   198
3. 대조 사회와 모범사회로서의 교회   200

4. 해방 신학자들과의 대화와 희생 논리 비판　　　　　　　　　205

　5. 예수 드라마에 대한 비희생 제의적 독법　　　　　　　　　213

　6. 희생 이데올로기 비판과 통속 종교성　　　　　　　　　　219

제6장 : 옛 성스러움과 종교다원주의의 황혼　　　　　　　　　225

　1. 종교 간 대화를 위한 드라마틱한 모델　　　　　　　　　　225

　2. 종교 간 대화와 경쟁의 복잡성 이해　　　　　　　　　　　233

제7장 : 독일 68과 프랑스 68 '소아성애적 안티파'의 민낯　　　241

　1. 건강가정기본법의 '다양한 가족' 속의 소아성애와 근친상간　241

　2. 차별금지법은 반자유주의적-파르티잔적 언어검열법　　　244

　3. 젠더 불쉿: 성인지라는 '개소리'(bullshit)와 '헛소리'　　　247

　4. 주디스 버틀러의 소아성애와 근친상간 옹호 비판　　　　　251

　5. 동의적 소아성애? 권력관계와 아동 성폭력에 대한 감수성을!　254

　6. 2014년 독일 녹색당의 소아성애운동 과거사 공식 사과　　257

　7. 성소수자 운동(젠더 퀴어)은 디오니소스적 신 이교 현상　　260

　8. '젠더의 종말': 성 중립적 젠더는 뇌과학으로 폐기되었다　　263

　9. 독일과 프랑스의 68 성소수자 운동의 소아성애운동 청산　266

　10. 성소수자 운동의 조기 성애화는 소아성애자들의 수법　　269

프롤로그

　이 책은 포스트모던적 시대 정신 이후의 새로운 거대 담론(Grand Theory)으로 평가받는 르네 지라르(René Noël Théophile Girard, 1923-2015)의 미메시스 이론(Mimetic Theory) 중에서, 특히 기독교 신학과의 대화와 소통에 방점이 주어진 것이고, 또 그것에 미세 조정되어 있다. 또한, 지라르의 새로운 거대 담론에 대한 신학적 수용사(Rezeptionsgeschichte)와 영향사(Wirkungsgeschichte)에 대한 것이다.
　지라르의 미메시스 이론의 신학적 수용의 역사는 이미 반세기에 가까워진다. 지라르의 이론은 디오니소스적 니체 철학의 백 년의 유산과 니체와 하이데거의 계보에 서 있는 프랑스 포스트모던 철학 이후의 새로운 전환, 곧 윤리적, 종교적, 그리고 신학적 전환을 일으키는 축으로 평가받고 있다. 그는 당대 가장 설득력 있게 유대-기독교적 텍스트와 전통 그리고 가치들을 변증하는 학자다.
　지라르는 자기 연구의 결과로 기독교 신앙으로 회심한 이후 그의 이론에서 십자가의 승리와 기독교의 유일성을 학문적으로 논증하는 당대 최고의 기독교 변증가다. 서구 인문학계를 다시금 유대-기독교적 전통으로 회귀시키는 거목으로 평가받고 있다.
　그는 우선적으로 문명 담론(Civilizational Discourse)의 관점에서 유대-기독교적 전통을 비판적으로 변증한다. 이 책에서 기독교는 주로 C.S.루이스(C.S. Lewis, 1898-1963)가 말한 2000년 교회 전통의 '단순한 기독교'(Mere Christianity)를 말한다. 물론 칼빈주의 신학, 루터파 신학, 그리고 로마 가톨릭 신학 이야기도 등장하지만, 주로 2000년 전통의 신학 전체를 논하고자 한다.

지라르에게 최초의 명예박사 학위를 수여한 네델란드 자유대학교와 네델란드 지라르연구모임에서부터 독일 튀빙겐대학교를 비롯한 개신교 신학, 그리고 유럽에서 학제적 지라르 연구 중심지로 성장한 오스트리아 인스부르크대학교, 이탈리아의 바티칸, 남아메리카의 해방신학자들과의 대화와 논쟁, 지라르가 가르쳤던 미국 스탠퍼드대학교, 그리고 최근 지라르의 모국인 프랑스에 이르기까지 기독교 신학과 얽힌 지라르의 미메시스 이론에 대한 글로벌(Global)한 스케치를 이 책에서도 시도해 보고자 한다.

"르네 지라르: 스탠퍼드대학의 도발적인 '불멸인'은 1인 연구기관이다"라는 제목으로 미국 스탠퍼드 리포트(Standford Report)는 지라르에 대해서 보도하고 있는데, 프랑스 대통령이었던 니콜라 사르코지(Nicolas Sarkozy, 1955-)도 "지라르를 인용하고 있다"고 적고 있다.

지라르의 영향력은 거대한 지진과 같다(seismic).[1]

진정 지라르의 영향력은 글로벌하고 지구적이다.

지금까지 나는 지라르에 대한 공동연구를 위해 많은 것을 희생하면서 오스트리아 인스부르크대학교에서 연구한 이후 귀국해서 첫 번째는 나의 지라르의 종교이론에 입각한 사회인류학적 불교 연구를 『붓다와 희생양. 르네 지라르와 불교 문화의 기원』으로 출간했다.

이후에는 포스트모더니즘 철학의 대부이기도 하고, 또한 유럽의 붓다라고도 하는 니체의 우상의 황혼/반그리스도를 지라르의 우상의 황혼/그리스도의 의미로 새롭게 읽고 전복해서 『우상의 황혼과 그리스도. 르네 지라

---

[1] "René Girard: Stanford's provocative *immortel* is a one-man institution," Stanford Report, June 11, 2008.

르와 현대사상』을 출간했다.[2]

그 이후로 지라르의 미메시스 이론과 동료 프랑스 포스트모던 사상가들의 관계 속에서 제시한 책을 출판 중이고, 또한 신학자로 지라르의 문화의 기원에 대한 문화신학적 논의와 우주의 기원에 대한 최근의 자연 신학적 논의를 통섭하고 융합해서 책을 출간했다.

지라르의 이론이 워낙 방대하기에 조직신학자임에도 불구하고, 의도적으로 일반 인문학계와 철학계에 지라르를 제대로 소개하기 위해서 이런 순서로 지라르를 국내에 소개해 왔다.

그러는 동안 일부 신학자들은 지라르의 이론을 제대로 파악하지 못하고서, 여러 가지 비판과 오해를 하고 있기에, 나는 이번 책에서는 신학자가 아님에도 불구하고, 당대 어떤 인문학자들보다 더 신학적 논의를 자신의 방대한 미메시스 이론에 포함해서 논의하는 지라르에 대해서 국내 신학계에 소개하고자 한다.

대체로 칼빈주의 혹은 개혁주의로부터 시작해서 영미복음주의, 독일 개신교, 로마 가톨릭 신학, 그리고 남미 해방신학자들과의 대화 등 지라르의 이론에 대한 신학적 수용의 역사에 대해서 적고자 한다.

지라르의 이론에 깊이 관심을 가졌던 독일어권 신학자들로서 스위스 출신 신학자 라이문트 슈봐거(Raymund Schwager, 1935-2004), 한스 우어스 폰 발타자르(Hans Urs von Balthasar, 1905-1955), 노베르트 로핑크(Nobert Lohfink, 1928-), 칼 바르트(Karl Barth, 1886-1968), 볼프하르트 판넨베르크(Wolfhart Pannenberg, 1928-2014), 독일 개신교 전체를 대표하는 교회협의회(EKD)의 회장을 역임한 볼프강 후버(Wolfgang Huber, 1942-), 미하엘 벨커(Michael Welker, 1947-) 등을 소개할 것이다.

또한, 영국 급진정통주의 신학자 밀뱅크(John Milbank, 1952-)와 와드(Graham Ward, 1955-), 그리고 필립 얀시(Philip Yancey, 1949-), 알리스터 맥그래스

---

2 정일권, 『우상의 황혼과 그리스도. 르네 지라르와 현대사상』(서울:새물결플러스, 2014).

(Alister McGrath, 1953-), 미로슬라브 볼프(Miroslav Volf, 1956-), 케빈 밴후저(Kevin Vanhoozer, 1957-), 테드 피터스(Ted Peters, 1941-), 존 하워드 요더(John Howard Yoder, 1927-1997), 월터 윙크(Walter Wink, 1925-2012) 등도 지라르의 이론들을 신학적 사유 속에 수용하고 있는 신학자들로서 이 책에서 소개될 것이다.

남미 해방신학자들과 지라르의 학문적 대화도 소개될 것이다. 신학자는 아니지만, 지라르와 교류를 가졌던 프랑스의 기독교 사상가들인 폴 리쾨르(Paul Ricoeur, 1913-2005)와 자끄 엘룰(Jacques Ellul, 1912-1994)에 대해서도 적고자 한다.

제1장

포스트모더니즘과 유대-기독교적 텍스트

1. 아카데미 프랑세즈 '불멸'의 40인

르네 지라르(René Noël Théophile Girard, 1923-2015)는 1923년 프랑스 아비뇽에서 성탄절 날 태어났다. 그래서 그의 본명에는 성탄절을 의미하는 '노엘'이 있다. 또한, '하나님에 대한 사랑 혹은 하나님에 의해 사랑받았다'라는 의미의 Théophile(테오필레)가 붙어 있기도 하다.

지라르는 2005년 '불멸의 40인'으로 불리는 프랑스 지식인의 최고 명예인 아카데미 프랑세즈(Académie française) 종신회원에 만장일치로 선임되었다.

프랑스 인문학지 「인문학」(Sciences Humaines) 216호(2010년 6월호)는 어떤 책과 작가가 독자들이 세상을 보는 시선과 세계관을 가장 많이 변화시켰는지를 조사한 결과를 발표했는데, 가장 많이 거론된 세 학자 중 한 사람이 바로 르네 지라르였다. 그의 저서 『희생양』(Le Bouc emissaire)[1]과 『창세 이후로 감추어져 온 것들』(Des choses cachées depuis la fondation du monde)[2]이 가장 큰 영향을 주었다고 한다.

아카데미 프랑세즈 '불멸의 40인'에 속하는 또 다른 학자인 미셸 세르(Michel Serres, 1930-2019)는 2005년 지라르가 아카데미 프랑세즈의 정회원으로 선출되었을 때, 지라르의 수락 연설에 대한 답변에서 지라르를 "인간 과

---

[1] René Girard, *Le Bouc émissaire* (Paris: Grasset, 1982).
[2] René Girard, *Des choses cachées depuis la fondation du monde* (Paris: Grasset, 1978).

학의 새로운 다윈"(nouveau Darwin des sciences humaines)으로 평가했다.³ 그래서 어느 프랑스어 다큐멘터리는 "인간 과학의 새로운 다윈"이란 제목으로 지라르의 학문적 여정을 소개하고 있다.⁴ 지라르는 "기독교의 헤겔"로 평가되기도 한다.⁵ 또한, 어떤 학자들은 지라르를 "인문학의 아인슈타인"으로 부르기도 한다.⁶

텍스트에 대한 분석을 포함하는 지라르의 사유는 인류의 본성, 인류의 역사, 그리고 인류의 운명에 대한 광범위한 독법을 의미한다. 질투와 르상티망은 미메시스를 향한 이 충동으로 인한 불가피한 결과들이다. 바로 이러한 감정들은 갈등을 부추긴다. 종교적 금지들은 이 모방적 욕망과 경쟁을 규제하고 통제하고자 한다.

오이디푸스 신화의 경우 "외부인(outsider)이자 절름발이 신참자(newcomer) 왕"인 오이디푸스가 테베를 휩쓴 역병의 원인자로 지목되고 그의 폭력적 추방이 이 도시국가에 다시금 평화를 가져다준다. 바로 이러한 희생양 시스템에 저항한 첫 문화가 '유대인 문화'라고 지라르는 말한다.

그에 의하면, 성경은 실제로 반신화적(counter-mythical)이다. 수 세기를 거치면서 구약성경은 인류의 희생양 메커니즘을 이해하기 시작했다.

"클라 인맥스적인 희생양 만들기"는 바로 예수 그리스도의 수난(the Passion)이다. "예수께서 스스로 이 희생양이 되기를 수용하셨지만, 왜 그렇게 했는지에 대해서는 우리가 알지 못한다"고 지라르는 말한다. 예수 그리스도의 십자가 죽음으로부터 인해서 세계는 "위험한 순간에 도달했다"고

---

3 Michel Serres: "Discours de réception. Réponse de M. Michel Serres au discours de M. René Girard," 15.12.2005. 이 연설은 다음의 책에 영어로 번역되어 실렸다: Michel Serres, "Receiving René Girard into the Académie française," in René Girard and Sandor Goodhart. *For René Girard: Essays in Friendship and in Truth* (East Lansing: Michigan State University Press, 2009), 5.
4 Pierre-André Boutang, *Le nouveau Darwin des sciences humaines*, Montparnasse, 2006.
5 Jean-Marie Domenach: "René Girard: le Hegel du christianisme", *Enquêtes sur les idées contemporaines* (Paris: Bayensaine,1981).
6 Pierre Chaunu: *Le sursis* (Paris: Robert Laffont « Libertés 2000 », 1978), 172.

말한다. 희생양 메커니즘이 투명하게 보여지게 되었다. 성경은 희생양 만들기는 하나의 군중 사건(mob affair)이라는 것을 알고 있다고 지라르는 말한다.[7]

2. 문화의 기원에 대한 큰 질문

니체와 하이데거 이후 포스트모던적 철학과 시대 정신에서는 유대-기독교적 텍스트가 추방되고, 배제되고, 그리스 비극과 문화가 과도하게 낭만화되고 미학화되었다. 지라르는 이 소외되고 배제되었던 유대-기독교적 전통을 인문학적 지평에서 복권하고자 한다.

1968년 유럽 문화혁명이 일어난 이후로 포스트모던적-디오니소스적 유행이 가속화되기 시작했지만, 이러한 분위기 속에서도 인류 문화를 보다 냉철하게 이해하고자 하는 노력은 중단되지 않았다.

프랑스에서 지라르의 『폭력과 성스러움』(La Violence et le Sacré)[8]이 출판된 같은 해에 스위스취리히대학의 그리스 신화와 문화에 대한 전문가인 부케르트(W. Burkert, 1931-)는 『호모 네칸스: 고대 그리스 희생 제의와 신화에 대한 해석』(Homo Necans: Interpretationen Altgriechischer Opferriten und Mythen)을 출판했다.[9]

이 책은 지라르의 이론과의 학문적 관련성이 깊다. 이후에 소개할 지라르학파에서 중요한 역할을 했던 개신교 신약성서학자 해머턴-켈리(Robert Gerald Hamerton-Kelly, 1938-2013)가 편집한 책 『폭력적 기원들: 제의적 살해와 문화적 형성에 대한 발터 부케르트, 르네지라르, 그리고 조나단 스미스

---

[7] "René Girard: Stanford's provocative *immortel* is a one-man institution," Stanford Report, June 11, 2008.

[8] René Girard, *La Violence et le Sacré* (Paris: Grasset, 1972).

[9] W. Burkert, *Homo necans. Interpretationen altgriechischer Opferriten und Mythen* (Berlin: De Gruyter. 1972).

의 입장』(*Violent Origins: Walter Burkert, Rene' Girard, and Jonathan Z. Smith on Ritual Killing and Cultural Formation*)[10]에서 그리스 비극과 희생 제의를 비롯한 인류 문화의 폭력적 기원들에 대한 지라르와 부케르트의 입장이 비교되어 있다.

부케르트는 그리스 종교와 문화를 깊이 연구한 후에 다음과 같이 적고 있다.

> 성스러움의 근본 체험은 종교적 인간(homo religio)이 활동하면서 스스로를 호모 네칸스(homo necans, 살해하는 인간)로 의식하는 희생 제의적 살해(Opfertötung)이다.[11]

지라르는 인류 문명의 폭력적이고 희생 제의적 기원에 대해서 말한다.

그는 자기 연구를 총망라해서 『문화의 기원』(*Les Origines de la Culture*)이란 제목으로 출판했다.[12] 이 책은 다윈의 『종의 기원』을 염두에 둔 것이다. 그래서 지라르는 인문학의 다윈으로 평가된다. 이 책은 영어로는 『진화와 회심. 문화의 기원에 관한 대화들』(*Evolution and Conversion. Dialogues on the Origins of Culture*)로 번역되었다.[13]

인류 문화의 기원을 야심 차게 설명하고자 하는 대담한 가설로서의 미메시스 이론(Mimetic Theory)을 통해서 지라르는 문학과 심리학, 신화학, 종교학, 인류학을 모두 융합하면서 인류 문화의 기원이라는 '하나의 주제에 대한 기나긴 논증'을 펼쳤다.

10　Robert G. Hamerton-Kelly, ed., *Violent Origins: Walter Burkert, Rene' Girard, and Jonathan Z. Smith on Ritual Killing and Cultural Formation* (Stanford: Standford University Press, 1986).

11　Burkert, *Homo necans. Interpretationen altgriechischer Opferriten und Mythen*, 9.

12　René Girard, *Les origines de la culture. Entretiens avec Pierpaolo Antonello et João Cezar de Castro Rocha* (Paris: Desclée de Brouwer, 2004); 르네 지라르, 『문화의 기원』(서울: 기파랑, 2006).

13　René Girard, *Evolution and Conversion: Dialogues on the Origins of Culture*, with Pierpaolo Antonello and Joao Cezar de Castro Rocha (London: T&T Clark/Continuum, 2007).

문화의 기원에 대한 큰 질문(Big question)에 대해서 기나긴 논증으로 인류 문명에 대한 새로운 거대 담론(Grand Theory)을 전개하지만, 그의 이론의 마지막 부분은 기독교에 대한 변증 작업에 대한 것이다.

『문화의 기원』 3장의 제목은 '기독교라는 스캔들'이다. 그래서 지라르의 기독교 변증론은 문화 이론적으로, 문명의 차원에서, 그리고 문명 담론(civilizational discourse) 차원에서 유대-기독교적 텍스트, 전통, 스토리텔링, 그리고 가치를 다시금 변호한다. 두무셸(Paul Dumouchel)은 평가했다.[14]

> 문학비평으로부터 시작해서 보편적 문화 이론에 이르기까지, 원시적 사회에서의 종교의 역할에 대한 설명과 기독교에 대한 급진적 해석으로서 르네 지라르는 사회과학의 풍경을 완전히 변화시켰다.
> 민족학, 종교의 역사, 철학, 정신분석학, 심리학과 문학비평이 지라르의 기획에 명백하게 동원되었다. 신학, 경제학, 정치학, 역사학, 그리고 사회학-쉽게 말해 모든 사회과학과 도덕적 과학들로 불렸던 과학들이 지라르의 이론에 영향을 받았다.

지라르는 보다 신학적인 저술 『나는 사탄이 번개처럼 떨어지는 것을 본다』(Je vois Satan tomber comme l'elair)에서 자신의 기독교 변증론에 대해 다음과 같이 말한다.

> 예수의 십자가에 못박힘에 대한 스토리인 수난(The Passion)에 대한 성경의 증언은 모든 인류 문화들을 발생시키고 여전히 우리의 시야를 막고 있어서 각종 종류의 배제들과 희생양 만들기를 선호하게 하는 우리에게 가장 잘 알려지지 않은 현상을 계시한다.

---

14 Gil Bailie, *Violence Unveiled: Humanity at the Crossroads* (New York: Crossroad, 1995), 6.

만약 이 분석이 옳다면, 예수의 죽음의 설명적 능력은 우리가 깨닫는 것보다 훨씬 더 클 것이며 모든 지식의 근원으로서의 십자가에 대한 사도 바울의 고양된 개념도 인류학적으로 보면 견고한 것이다.

신화에 은폐된 희생양과 유대교와 기독교에 은폐되지 않는 희생양 사이에 존재하는 대조는 원시적 종교들과 복음서들의 많은 간과된 특징들 뿐 아니라, 무엇보다도 유대-기독교 전통의 독특한 진리 사이의 관계에 대해서도 조명해 준다.

모든 이러한 지식이 복음서들로부터 나오기에, 이 책은 유대교적이고 기독교적인 전통에 대한 변호와 기독교에 대한 변증(apology)으로 스스로를 정의한다."[15]

"기독교적 겸허의 이름으로 행해지는 기독교에 대한 침묵"은 잘못된 기독교적 개념이라고 지라르는 말한다.[16]

15　René Girard, *I See Satan Fall Like Lightning* (Maryknoll, NY: Orbis, 2001), 3.
16　R. Girard, *The Girard Reader*. Ed. by. James G. Williams (New York: Crossroad, 1996), 286-287.

제2장

창세 이후로 감추어져 온 것들

1. 모방적 욕망, 폭력, 그리고 인류 문화

아브라함 카이퍼(Abraham Kuyper, 1837~1920)가 설립한 네델란드 자유대학교가 최초로 1985년 지라르에게 명예박사 학위를 수여했다. 네델란드 자유대학교를 중심으로 1980년대 초부터 형성되기 시작한 네델란드 지라르연구회(De Girard Studiekring)가 주도해서 이것을 성사시켰다.

지라르연구회는 가장 먼저 형성되기 시작한 지라르 학회로서 지금도 가장 왕성하게 연구하는 모임으로 자리 잡고 있다. 30년 동안 지속된 네델란드 지라르연구회 공식 홈페이지에 그동안 네델란드에서의 지라르 이론의 수용 역사가 잘 나타나 있다.[1]

1985년 시상식 1개월 후에 네델란드 방송 "이콘"(IKON)은 지라르를 초대해서 인터뷰했다. 이 방송에서는 우선 희생 제의에 대한 문화인류학적 다큐멘터리 자료로 시작된다. 그 이후 지라르와의 대담이 진행되었는데, 그의 많은 저작 중에서, 특히 『창세 이후로 감추어져 온 것들』을 중심으로 진행되었다.

이 방송은 "창세 이후로 감추어져 온 것들에 대한 '계시'가 기독교를 통해 이루어졌다"고 먼저 지적한다. "영원한 희생양"이라는 제목으로 진행된 이 방송에서 지라르는 먼저 왜 인간은 평화스럽게 공존할 수 없는지에 관

---

[1] http://www.girard.nl/

한 질문을 던진다.

왜 갈등은 끊임없이 발생하는가?

이는 모방적 욕망의 갈등 때문이다.

지라르는 위기에 직면했을 때 희생양을 찾고자 하는 인간의 강한 경향성을 지적한다. 인간은 미메시스적인 피조물이다. 모방에는 긍정적인 차원도 있지만, 부정적 모방의 형태도 강하다. 타자의 것을 모방해서 욕망하고자 하는 강한 경향성도 분석한다. 인간은 본래 무엇을 욕망할지 모른다. 단지 타인의 욕망을 모방해서 욕망한다는 것이다. 그래서 미메시스적 메커니즘은 결국 갈등의 메커니즘이다.

동물 세계에서는 결코 투쟁, 경쟁, 그리고 갈등이 존재하지만, 종 내에서의 살해가 본능적으로 제어되지만, 인류 공동체는 그러한 제어 메커니즘이 없기에 살해와 폭력이 난무하게 되었다고 분석한다.

지라르는 구약성경과 예수 그리스도의 사건을 희생 제의에 대항한 기록과 사건으로 파악한다. 기독교에 의한 예수 그리스도의 희생에 대한 희생 제의적(sacrificial) 독법과 해석도 결코 아즈텍의 인간 제사와는 비교할 수 없다는 점도 지적되었다. 십자가 희생의 역설에도 불구하고, 성경적 정신은 반(反)희생 제의적이라는 것이다.

또한, 지라르는 이 인터뷰에서 초대교회의 영지주의가 십자가 희생에 혐오감을 느껴서 그것을 아예 제거함으로 기독교를 정화하고자 시도했다는 것을 지적한다.

만약 영지주의적 기독교에서처럼 십자가 희생이 아예 기독교에서 사라졌다면, 창세 이후로 은폐되어 온 것들을 십자가 사건이 폭로할 수 없었을 것이다. 즉, 지라르는 전통적 희생제와 십자가 희생 사이 연속성의 역설과 함께 급진적인 불연속성과 차이를 동시에 말했다.

이 네델란드 방송의 마지막 부분에는 불교에 대한 지라르의 이해를 질문하는 부분이 등장했는데, 지라르는 힌두교와 불교가 점차로 희생 제의를 변화시키긴 했지만, 유대-기독교적 전통에서처럼 전복시키지는 못했다고 말함으로 기독교의 독특성에 대해서 말했다.

지라르는 불교에 대해서 충분한 논의를 하지 않았기에, 나는 그의 이론에 근거해서 사회인류학적 불교 연구를 시작했다. 나는 『붓다와 희생양. 르네 지라르와 불교 문화의 기원』[2]에서 붓다를 은폐된 희생양인 오이디푸스처럼 은폐된 희생양으로 최초로 주장했다. 이 한국어책에서 나는 지라르의 이론의 빛으로 사회인류학적 불교 연구를 시도한 나의 독일어 단행본에 기초해서 좀 더 진전된 연구를 소개했다.

아시아의 불교 문화에서 은폐된 희생양 메커니즘을 분석한 독일어 단행본 『세계를 건설하는 불교의 세계포기의 역설- 르네 지라르의 미메시스 이론의 빛으로』(Paradoxie der weltgestaltenden Weltentsagung im Buddhismus. Ein Zugang aus der Sicht der mimetischen Theorie Rene Girards)는 르네 지라르의 미메시스 연구 시리즈(Beiträge zur mimetischen Theorie) 제28권으로 포함되어 출판되었는데, 붓다를 은폐된 희생양으로 주장한 최초의 연구로서 불교 연구의 새로운 획을 긋는 것으로(bahnbrechend) 평가받고, 국제적인 주목을 받고 있다.[3]

또한, 국제지라르학회의 공식 저널인 「전염: 폭력, 미메시스 그리고 문화에 관한 저널」(Contagion: Journal of Violence, Mimesis, and Culture)의 2013년 논문 「독일어권에서의 미메시스 이론의 수용」의 역사에 나의 사회인류학적 불교 연구가 포함되어 소개되기도 했다.[4] 불교와 기독교 신학과의 관계에 대해서는 이후에 상세하게 논의할 것이다.

2010년에는 '미메시스 이론에 대한 유럽 여름 강좌'(European Summer School Mimetic Theory)가 "위기와 진리. 르네 지라르의 사상에 대한 학제적 입문"이라는 주제 아래 네델란드에서 개최되기도 했다. 캄펜신학교에서도

---

2 정일권, 『붓다와 희생양. 르네 지라르와 불교 문화의 기원』(서울: SFC 출판부, 2013).
3 Ilkwaen Chung, *Paradoxie der weltgestaltenden Weltentsagung im Buddhismus. Ein Zugang aus der Sicht der mimetischen Theorie Renée Girards*. Beiträge zur mimetischen Theorie 28 (Müunster, Germany: Lit Verlag, 2010).
4 Andreas Hetzel, Wolfgang Palaver, Dietmar Regensburger, Gabriel Borrud (eds), "The Reception of the Mimetic Theory in the German-Speaking World," *Contagion: Journal of Violence, Mimesis, and Culture*, Volume 20. 2013, 25-76.

지라르 이론은 주로 기독교 변증학 분야에 많이 수용되고 있다고 한다.

네델란드 자유대학교의 파스칼연구소(Blaise Pascal Institute)를 중심으로 '지라르연구모임'이 형성되기도 했는데, 이 연구소가 주도해서 2007년 국제지라르학회인 '폭력과 종교에 관한 학술대회'(Colloquium on Violence & Religion)를 "상처받기 쉬움과 톨레랑스"(Vulnerability and Tolerance)란 주제 아래서 개최했다.[5]

2. 상처 받기 쉬운 톨레랑스(관용, tolerantia)

톨레랑스의 가치로 자부심이 높은 네델란드에서 발생한 2002년과 2004년에 정치적 살해는 큰 충격을 주었고 톨레랑스에 관한 뜨거운 공적인 논쟁을 불러일으켰다.

한 정치인이 2002년 동물권리 행동주의자에 의해 살해되었고, 2004년에는 이슬람 근본주의자에 의해 어떤 작가이면서 영화제작자가 살해되었다.

이 두 정치적 살해사건은 소수 이민자들과 네델란드인들 사이에 존재하는 뜨거워진 긴장을 보여 주었다.

이 학술대회는 상처받기 쉬움에 보다 적극적인 의미를 부여하면서 상처받기 쉬움의 문화(culture of vulnerability) 속에서 톨레랑스라는 전통적 가치를 옹호하는 길을 모색하고자 했다.

그래서 톨레랑스 개념을 서로 다른 정치적이고 사회적인 상황 속에서 새롭게 고려하도록 초대했다. 이 국제지라르학회에서는 지라르의 미메시스 이론으로부터 도움을 받아 상처받기 쉬움과 톨레랑스의 긴장을 네델란드에만 제한시키지 않고, 글로벌한 차원에서 근원적으로 연구할 것을 제안했다.

---

5   http://www.bezinningscentrum.nl/links/special_links3/covr2007.shtml

그래서 최근에는 비판적 톨레랑스라는 개념을 사용함으로 문화의 상처 받기 쉬움 속에서보다 비극적으로 톨레랑스를 이해하고자 하는 흐름도 유럽에 존재한다.

또한, 네델란드 캄펜(Kampen)에 위치한 콕 아고라(Kok Agora) 출판사를 통해서 그동안 4-5권 정도의 지라르의 저서들이 번역되었고, 지라르 관련 연구서들이 많이 출판되었다.[6]

이 출판사는 처음에 네델란드 개혁파 전통의 서적들을 출간하고 이후 영역을 확장해서 철학, 종교, 교회, 영성 분야의 서적들을 출판하고 있다. 신학 분야에서는 "종교의 폭력적 성격"에 관한 연구도 있다.[7]

또한, 네델란드 기독교 윤리 분야에서도 지라르의 이론에 관해서 많은 연구가 나오고 있다. "로고스와 폭력. 그리스 문학과 유대-기독교적 문학에 대한 지라르의 입장"과 같은 연구를 비롯한 다수의 논문이 발견된다.[8]

지라르의 이론은 인문학의 아고라에서 기독교가 세련되고 설득력 있게 변증할 수 있는 가장 중요한 이론으로 자리를 잡고 있다. 십자가 인류학

---

[6] R. Girard, *De romantische leugen en de romaneske waarheid* (Kampen: Kok Agora; Kapellen: Pelckmans, 1986); R. Girard, *Wat vanaf het begin der tijden verborgen was* (Kampen: Kok Agora; Kapellen: Pelckmans, 1990); R. Girard, *De zondebok* (Kampen: Kok Agora, 1986); R. Girard, *De aloude weg der boosdoeners* (Kampen: Kok Agora, 1987); Roel Kaptein en Pieter Tijmes, *De ander als model en obstakel. Een inleiding in het werk van René Girard* (Kampen: Kok Agora, 1986); Pelckmans &Vanheeswijck (red.), *René Girard. Het labyrint van het verlangen* (Kapellen: Pelckmans, Kampen: Kok Agora, 1996); Beek, Wouter van (red.), *Mimese en geweld. Beschouwingen over het werk van René Girard* (Kampen: Kok Agora, 1988); André Lascaris en Hans Weigand (red.), *Nabootsing. In discussie over René Girard* (Kampen: Kok Agora, Kampen, 1992).

[7] Ruard Ganzevoort, "De geweldadige aard van de religie", Theologisch Debat 1: 1 (2004): 5-14.

[8] Luc Anckaert, "Logos en geweld. Girard over de Griekse en de joods-christelijke lectuur", Ethische Perspectieven. Nieuwsbrief van het Overlegcentrum voor Christelijke Ethiek 5 (1995): 4, 163-170; Geert van Coillie, "Paradigma en paradox. René Girard en de mimetische hypothese in de antropologie", *Ethische Perspectieven. Nieuwsbrief van het Overlegcentrum voor Christelijke Ethiek* 5 (1995): 4, 151-162; Geert van Coillie,"Homerus' gedicht over het geweld. Simone Weil en René Girard", *Ethische Perspectieven. Nieuwsbrief van het Overlegcentrum voor Christelijke Ethiek* 15 (2005): 2, 115-120.

을 통한 지라르의 기독교 변증론은 학문적 아고라에서 전개되는 광장의 신학이다.

네덜란드 자유대학교 '파스칼연구소'가 어느 정도 연구 중심지로서 활동하고 있는 것에서 볼 수 있듯이 지라르의 사유는 성 어거스틴(Aurelius Augustinus, 354-430)으로부터 시작된 기독교 정통사상에 기초하고 있다. 나는 이미 『우상의 황혼과 그리스도』 '파스칼과 지라르: 생각하고 욕망하는 갈대'에서 이를 소개했다.[9]

지라르는, 또한 자신이 말해야 하는 것의 "4분의 3"이 이미 성 어거스틴의 사상에 담겨 있다고 말한다. 지라르는 자신의 이론의 가장 잘 알려진 핵심들은 이미 성경 속에 포함되어 있으며 자신은 "일종의 주석가"에 불과하다고 말한다.[10] '2014년 국제지라르학회 폭력과 종교에 관한 학술대회'(Colloquium on Violence and Religion)는 다시금 네덜란드에서 개최되었다.

지라르의 문명 이론에 관한 공동연구를 위해서 오스트리아 인스부르크 대학교에서 연구한 것으로 인해 그 대학에서뿐 아니라, 국내에 귀국해서도 그 동안 지적인 모험의 대가를 치렀다. 나는 전통 있는 인스부르크대학교 신학부에서 최초로 신학 박사 학위를 받은 개신교 신학자다.

물론 지라르에 관한 공동연구를 위해서 인스부르크로 독일에서 추천받아 온 이후, 조직신학부의 교의학 분야가 아니라, 기독교 사회론 분야에서 연구했기에 가능한 일이었다.

흥미로운 사실을 최근 발견했는데, 개혁주의 3대 신학자 중 한 명인 헤르만 바빙크(Herman Bavinck, 1854-1921)는 자신의 『개혁교의학』(Reformed Dogmatics)에서 예수회에 대해 길게 언급하면서, 예수회의 가장 유명한 신학자로 우선 페트루스 카니시우스(Petrus Canisius, 1521-1597)를 언급하고 있는데, 카니시우스는 네덜란드 예수회 최초의 신학자로, 그리고 가장 중요한

---

9 정일권, 『우상의 황혼과 그리스도. 르네 지라르와 현대사상』, 197-199.
10 René Girard, *Quand ces choses commenceront. Entretiens avec Michel Treguer* (Paris: Arléa 1994), 196.

예수회 신학자 중 한 명이었다.

그는 이후 인스부르크에서도 크게 활동했기에, 지금도 오스트리아 인스부르크의 교구 수호성인일 뿐 아니라, 인스부르크 도시의 수호성인이다.

2014년 4월 「티롤 신문」(Tiroler Tageszeitung) 특집호에는 "페트루스 카니시우스와 함께 네델란드로부터 티롤로, 그리고 또한 반대로"라는 제목으로 인스부르크와 가장 깊은 인연을 가진 네델란드 신학자 카니시우스를 보도하고 있다.

흥미로운 것은 이 특집 기사의 표지 사진은 바로 네델란드 네이메헌(Nijmegen)에 위치한 카니시우스교회에 있는 카니시우스의 신발인데, 유럽 전역을 누볐던 그의 신발이다.

예수회 전통에는 예수 그리스도와 그의 제자들을 따라서 보통 신발이 아닌 샌들을 신고 다니는 경우가 있는데, 나도 알프스의 추운 겨울에도 이 전통을 따라 샌들을 신고서 강의를 다니는 예수회 신학자들을 보았다.

또 이 특집 기사 후반에는 네델란드 출신의 신학자를 교구 성인으로 모시는 인스부르크 교구의 주교와 티롤 지방 개신교 주교와의 대화와 만남이 실려있다.

나는 루터교와 장로교가 함께 공존하는 인스부르크 마틴 루터 광장에 위치한 그리스도교회(Christuskirche)에 출석하며 연구했었다. 또한, 인스부르크에는 그의 이름에서 나온 카니시아눔(Canisianum)이 있는데, 이는 예수회 회원들이 운영하는 국제신학교 형태의 기숙사이다.

이 신학교는 1938년 독일 나치에 의해서 폐쇄되었다. 나는 어느 독일 다큐멘터리에서 나치들이 무엇보다도 우선적으로 인스부르크 예수회 신학자들을 추방한 것을 본 적이 있다.

바빙크는 "카니시우스는 130년 동안에 400회에 걸쳐 재출판된 『기독교 교리 총론과 강요』(Summa Doctrinae et Institutionis Christianae), 그리고 작은 교리문답집인 『기독교 경건의 강요』(Institutiones Christianae Pietatis)를 저술했다"고 적고 있다.

또한, "스콜라 신학이 특히 예수회에 의해 실천되었는데, 예수회는 다른 어떤 수도회보다도 더 스콜라 신학의 부흥과 개화기를 맞이하게 했다"고 적고 있다.[11]

바빙크의 지적처럼 이렇게 예수회는 교육을 중요시했다. 하이델베르크 교리문답도 카니시우스의 교리문답에 대한 반작용으로 등장했다고 알고 있다. 예수회는 반종교개혁적이었지만, 역설적이게도 종교개혁적 신학을 내면화하여 로마 가톨릭교회의 교회개혁을 주도한 집단이다.

지라르의 이론을 신학적으로 수용해서 학제적으로 발전시킨 라이문트 슈바거(Raymund Schwager, 1935-2004) 교수는 인스부르크대학교의 칼 라너(Karl Rahner, 1904~1984)의 후임으로 왔는데, 칼 라너가 오스트리아 예수회 신학자였고, 슈바거는 스위스 예수회 신학자다. 대체로 반희생 제의적이고 반신화적 유대-기독교적 전통과 텍스트를 다시 변호하는 지라르의 사유는 오히려 칼빈주의에 근접하는 면이 있다.

이렇게 오스트리아 인스부르크에서의 나의 지라르 연구는 칼 바르트(Karl Barth, 1886-1968)와 칼 라너, 르네 지라르, 그리고 사회인류학적 불교 연구 사이 속에 존재하는 미묘하고도 드라마틱한 긴장 속에서 진행되었다.

3. 형벌적 대속 이론과 십자가 이해

네델란드 캄펀신학대학원에서 지라르의 이론은 기독교변증학 분야에 소개되고 있다고 전해 들었다. 또한, 네델란드 개혁파 전통에 뿌리를 두고 있는 「개혁주의 신학 저널」(*Journal of Reformed Theology*)의 2012년 어느 논문은 "위르겐 몰트만과 르네 지라르학파 사이의 대화"에 대해 논의하고 있다.[12]

---

11 헤르만 바빙크, 『개혁교의학』 1권 (서울:부흥과개혁사, 2011), p. 217.
12 Charles Fensham, "Sin and Ecology: A Conversation with Jürgen Moltmann and the School of René Girard," 234-250, *Journal of Reformed Theology*. Volume 6, Ecumenical Discourse

미국의 개혁주의 교회가 발행하는 「퍼스펙티브: 개혁주의 사상 저널」 (*Perspectives: A Journal of Reformed Thought*)은 2009년 "대속에 관한 토론: 학대, 폭력, 희생 제사, 그리고 십자가"라는 주제로 세 명의 개혁주의 신학자들이 토론하면서 비교적 상세하게 지라르의 이론에 대해서도 논의하고 있다.

이후 논의하겠지만, 일부 개혁파 신학자들은 지라르의 희생 이론이 형벌적(penal) 대속 개념을 약화시키거나 부인한다고 비판하기도 하지만, 이 토론에서는 먼저 형벌적 이론이 죄를 대신 하는 속죄 스토리의 중심에 두는 잘못을 먼저 지적한다.

대속에 대한 많은 형벌적이고 만족 이론들의 대중적 형태들은 대속의 기본적인 전제인 화해의 메시지를 존중하지 않고 있다. 고린도후서 5:19은 대속의 기본적 전제인 하나님의 세계화에 대해서 이렇게 말한다.

> 하나님께서 그리스도 안에 계시사 세상을 자기와 화목하게 하시고 그들의 죄를 그들에게 돌리지 아니하시고 화목하게 하는 말씀을 우리에게 부탁하셨느니라(고후 5:19).

종래의 형벌적 대속 이론은 하나님을 예수 그리스도에게서 분리한다. 그리하여 십자가가 하나님의 행위가 아니라, 하나님이 인간 제사 때문에 달라지는 것으로 오해된다고 지적됐다.

하지만, 십자가는 하나님의 자기 희생(Self-Oblation)이다. 형벌을 "엄한 사랑"(Tough Love)으로 이해해야 한다는 것이다.

그래서 1998년 장로교회 교리문답은 이를 다음과 같이 표현한다.

> 하나님께서 우리 죄악의 짐을 자신의 존재 안으로 짊어지셔서 그것을 단번에 제거하셨다.

on Pneumatology and Ecology, 2012.

> 십자가는 그 모든 가혹함 속에서 하나님의 사랑의 고통으로서 삼켜진 죄악의 심연을 계시한다.[13]

이렇게 형벌적 대속 이론에 대해서 비판적 성찰을 한 이후 소개와 논의를 이 저널은 이어가고 있다. 최근에 지라르의 이론이 대속 이론을 "재구성"(re-frame)하고자 하는 시도에 있어서 "중요한 관심"을 받아왔다는 사실이 언급된다. 지라르와 그의 사상에 영향을 받은 학자들은 예수의 죽음이 희생양 메커니즘과 희생 제사의 사회적 사이클을 파괴한다고 주장한다는 것이다.

또한, "지라르의 이론이 너무 광범위하고 포괄적이어서 그것이 전체 스토리일 수는 없다"는 사실도 지적됐다. 몇몇 비판적 시각과 함께 지라르의 희생양 이론이 그리스도의 예언자적 역할에 주로 초점이 맞추어져 있고, 제사장적이거나 왕적인 역할을 무시한다는 지적도 나왔다.

하지만, 지라르가 신학자로서 신학 전체를 자신의 미메시스 이론에 다 논의하지는 않고 있다는 점을 기억해야 한다.

어떤 학자는 "지라르적인 분석이 지금까지 대속론에 있어서 숨겨진 측면, 곧 희생양을 가시화시키는 차원을 밝혀준다는 점에서 그것이 대속론을 풍요롭게 한다"(enrich)고도 주장한다.

"어떤 신학자들 사이에서 지라르의 견해들은 너무도 영향력이 커서 그 신학자들이 그리스도의 사역에 대한 이해의 궤적을 확장하는 것이 아니라 대체하는 것처럼 보인다"고 염려하는 목소리도 나왔다.

마지막으로 지라르의 저작들에 대한 소개가 이루어졌다.[14] 신학자가 아닌 지라르의 이론이 워낙 방대하면서도 또 신학을 이야기하기에 (개혁주의) 신학자들로서는 다양한 관점들과 비평들이 있을 수 있다고 본다.

---

13 "A Discussion of the Atonement: Abuse, Violence, Sacrifice, and the Cross," *Perspectives: A Journal of Reformed Thought* (February 2009). http://www.rca.org/page.aspx?pid=5291
14 "A Discussion of the Atonement: Abuse, Violence, Sacrifice, and the Cross."

리폼드신학교(Reformed Theological Seminary) 교수인 후드(Jason B. Hood)는 2009년 웨스트민스터신학교(Westminster Theological Seminary)가 발행하는 「웨스트민스터신학저널」(Westminster Theological Journal)에 기고한 논문에서 지라르와 지라르의 영향을 받은 신학자들의 대속론 이해에 대해 논한다.[15] 『대속의 성격: 네 가지 견해들』이란 책에서도 지적되었듯이, 최근 기독교 신학에서 대속론에 대한 새로운 관심이 일어나게 된 가장 중요한 원인은 "문학 비평가 르네 지라르와 그의 제의적 폭력의 희생양 이론에 대한 학제적 성찰"이라 할 수 있다.

바로 지라르의 이론이 "최근의 대속 연구의 르네상스"를 일으킨 중요한 원인 중 하나다.

지라르의 평가에 의하면, 기독교 신학은 수 세기 동안 예수의 죽음에 대한 희생 제의적 개념들과 그 유사한 것으로 재해석함으로 성스러운 폭력을 조장하는 것으로 자주 퇴행했다.[16]

4. 인류의 폭력과 죽임당한 어린양

후드 교수는 지라르에 대한 일반적 이해를 위해서 「시금석: 순전한 기독교를 위한 저널」(Touchstone: A Journal of Mere Christianity)에 실린 "폭력과 죽임당한 어린양: 르네 지라르와의 인터뷰"[17] 기사를 소개한다.

---

15 각주 1과 4번을 보라. Anthony Bartlett, *Cross Purposes: The Violent Grammar of Christian Atonement* (Valley Forge, Pa.: Trinity Press International, 2001); Brad Jersak and Michael Hardin, eds., *Stricken by God? Nonviolent Identification and the Victory of Christ* (Grand Rapids: Eerdmans, 2007); Hans Boersma, *Violence, Hospitality and the Cross: Reappropriating the Atonement Tradition* (Grand Rapids: Baker Academic, 2004).

16 James Beilby and Paul R. Eddy, eds., *The Nature of the Atonement: Four Views* (Downers Grove, Ill.: InterVarsity, 2006), 10.

17 Brian McDonald, "Violence & the Lamb Slain: An Interview with Rene Girard," *Touchstone: A Journal of Mere Christianity* 16 (December 2003).

또한, 그는 지라르의 이론에 대한 일반적 소개를 위해 미국 주류 개신교가 발행하는 가장 중요한 매거진(the flagship magzine)으로 간주되는 「기독교 세대지」(The Christian Century)에 기고된 글 "가시적 희생양: 희생 제사를 종식하는 그리스도의 죽음"[18]을 소개하고 있다.

이 기사를 쓴 헤임(S. Mark Heim)은 이후 지라르의 이론이 강하게 반영된 『희생 제사로부터 구원받다: 십자가 신학』(Saved from Sacrifice: A Theology of the Cross)[19]을 2006년에 출판했다.

후드 교수는 『조직신학: 형벌적 대리 속죄론』(Penal Substitutionary Atonement)이라는 제목으로 2000년대 이후 지라르의 희생 이론의 영향으로 제기된 새로운 속죄론 혹은 대속론에 관한 논의를 소개한다.

그는 2000년대 출판된 메노나이트 신학자 위버(Denny Weaver)의 『비폭력적 대속』(The Nonviolent Atonement)[20]을 첫 사례로 소개하고 있다. 그러면서 "형벌적 대리 속죄에 대한 성경적 교리는 가장 많이 공격을 받고, 가장 논란이 많이 되지만, 십자가에 관한 최근 연구에서 가장 확실시 된 결과이다"라고 주장한다.[21]

우리는 이 새로운 대속 이해에 관한 논의를 이 책에서 이후에 지속해서 다룰 것이다.

대체적인 결론부터 말하자면, 지라르 자신은 반신화적이고 반희생 제의적인 복음서들과 십자가의 승리를 주장하고자 했기에, 그리스도의 죽음을 이교적이고 신화적 의미에서 희생 제사(sacrifice)로 부르는 것조차도 거부했

---

18 S. Mark Heim, "Visible Victim: Christ's Death to End Sacrifice," *The Christian Century*, March 14, 2001, 19-23.
19 S. Mark Heim, *Saved from Sacrifice: A Theology of the Cross* (Grand Rapids: Eerdmans, 2006).
20 J. Denny Weaver, *The Nonviolent Atonement* (Grand Rapids: Eerdmans, 2001).
21 Jason B. Hood, "The Cross in the New Testament: Two Theses in Conversation with Recent Literature (2000-2007), *Westminster Theological Journal* (2009), 281-95. 지라르와 지라르의 영향을 받아서 그리스도의 대속에 대한 새로운 이해를 추구했던 신학자들에 대한 소개는 각주 1번에 방대하게 소개되어 있다 (p. 282).

지만, 이후 조직신학자 슈바거(Raymund Schwager)와의 신학적 대화 속에서 십자가의 스캔들과 역설의 차원에서 단 한 번의 영원한 희생 제사로서의 그리스도의 죽음과 대속을 받아들인다.

그리고 지라르의 영향을 받은 일부 신학자들의 대속 이해도 모두 같은 것이 아니기에 이 책에서 좀 더 디테일하게 소개할 것이다.

먼저, 후드 교수가 지라르 이론에 대한 일반적 소개를 위해 언급한 「기독교 세대지」(*The Christian Century*)에 기고된 글 "가시적 희생양: 희생 제사를 종식하는 그리스도의 죽음"을 통해서 십자가에 달리신 자의 죽음의 의미에 대해서 살펴보자: 오늘날 많은 사람은 예수의 죽음을 대리적 희생 제사나 인간이 받아야 할 형벌에 대한 대리적 수용이라는 개념으로 이해하기를 거부한다.

이 기사를 쓴 헤임(S. Mark Heim)은 십자가의 신비와 역설, 그리고 승리를 설명하기 위해 C. S. 루이스(C. S. Lewis, 1898-1963)의 『나니아 연대기』(*The Chronicles of Narnia*)에 등장하는 그리스도를 상징하는 사자 아슬란 이야기와 비교한다.

> 하나님께서 어떤 희생양의 자리에 들어가심으로 그리고 은폐되거나 신화화될 수 없는 희생양이 되심으로 희생양 만들기(scapegoating)의 통제를 파괴하신다.
> 하나님께서 평화의 대가로 무죄한 희생양의 고통을 긍정하기 위해서가 아니라, 역전시키기 위해 행동하신다. 부활은 예상하지 못한 반전과 같이 이 이야기에 등장한다.
> 악한 세력들은 아무것도 몰랐다.

죽임 당한 아슬란이 일어나자 고대로부터 희생 제사가 집행되었던 돌 제단은 산산이 부서지게 되었고 다시는 사용되지 못하게 되었다.

> 복음은 궁극적으로 희생양들의 교환에 대한 것이 아니라, 피 흘림의 종식에 관한 것이다.[22]

캠벨(Joseph Campbell, 1904-1987)과 같은 신화에 대한 열광주의자는 유대-기독교적 종교의 저급한 상징적 질(質)과 미숙한 도덕적 문자주의를 비난하기 좋아한다. 그들은 폭력에 대한 잔인한 표현과 박해와 살해에 대한 성경의 집중을 한탄스러워한다.

그들은 "성경적 전통에는 위대한 신화의 아름다움과 상상력이 풍부한 세련미가 없다"고 말한다. 혹자들은 "예수의 죽음에 대한 스토리는 곡식 왕(Corn King)의 희생 제사에 대한 할인가격의 버전이다"라고 말한다.

곡식 왕 신화에 의하면, 곡식의 영혼은 매년 쪼개어졌다가 매년 다시금 돌아온다. 지라르에게 있어서, 이러한 종류의 비판은 퇴행적이다. 대부분은 세계 신화들은 희생 제의적 폭력에 뿌리를 두고 있으면서도 "그것에 대한 우리의 공범성(共犯性)에 대한 인식"을 차단한다. 바로 이런 이유로 우리는 신화 속에서 그 폭력을 직접적으로 보지 못한다.

이와 대조적으로 성경은 그 폭력을 가시화시키며, 그러기에 희생자들도 "불편하게 가시화"시킨다.

"희생자들에 대한 현대의 민감성이 비록 이제 사람들이 성경에 대해서 불편함을 느끼도록 만들었지만, 그것은 본래 성경으로부터 나온 것이다."

만약 우리가 복음서들로 인해서 이미 깊이 영향을 받지 않았다면 복음서들이 희생양 만들기(victimization)를 조장한다고 할 수도 없었을 것이다.

"만약 십자가라는 확대경이 우리가 희생양들을 보게 하지 않았다면 우리는 세계 곳곳에서 희생당한 희생자들을 찾아낼 수 없었을 것이다."

신화적 희생 제의의 작동들은 "인류 사회에서 사람들이 자신들이 하는 일에 대해서 알지 못하는 것을 요구"한다. 그러나 복음서들에서는 희생 제

---

22 Heim, "Visible Victim: Christ's Death to End Sacrifice."

의의 과정이 매우 강한 명료성 가운데 드러나게 되었다.

"희생양이 희생양으로 계시된 것이다."

지라르는 인류학과 종교의 역사 속에서 폭력과 성스러움에 대해서 연구한 이후에 신약성경을 연구하게 되었는데, 그는 "큰 인식의 충격을 경험했다"라고 말한다.

"복음서들에서는 희생양 만들기의 과정이 그 성스러운 신비가 박탈당하게 되었다."

집단적인 박해가 고통스럽게 묘사되었다.

"예수의 죽음의 경우 무엇인가 다른 일이 발생했다."

예수의 무덤 주위로 사람들이 만장일치로 똘똘 뭉치지 않았다.

"대신 이상한 새로운 반대 공동체(counter community)가 생겨나서 하나님께서 부활로 무죄를 입증한 무죄한 희생양과 더 이상의 희생 제사를 요구하지 않는 그를 통한 새로운 생명으로 헌신하게 되었다."[23]

"신약성경의 계시적 성격은 히브리 성경 속에서 철저하게 연속적으로 나타난다."

"희생 제의적 메커니즘에 대한 인식과 거부가 이미 확립되었다."

이삭에 대한 희생 제사가 중단되었고, 구약 예언자들은 과부들과 약자들과 나그네들을 희생양 삼는 것에 대해서 정죄했고, 시편은 집단적 폭력의 무죄한 희생자에 대해서 깊은 관심을 가지며, 예수의 수난에 대한 내러티브는 예수의 죽음에 대한 "투명한 서술"을 하고 있다.

성경을 관통하는 이러한 일관되고 연속적인 메시지는 종교와 사회의 뿌리로서의 희생양 메커니즘을 계시하고, 또한 거부한다.

"예수는 희생당한 채 남아 있는 희생양이 아니며, 그에 대한 기억은 지워지지 않았고 우리가 희생양 만들기의 실체를 직면케 하고 있다."

---

23 Heim, "Visible Victim: Christ's Death to End Sacrifice."

복음서들은 "희생양들에 대해서 무의식적이지 못하게 만들고 있으며, 또한 신화들의 경우처럼 희생양들을 신비화하지 못하도록 하고 있다."

"히브리서에서 말하듯이, 그리스도는 희생 제사를 종식하기 위한 희생 제물이며, 그는 단번에 죽었다."

"그리스도의 목적은 대제사장이 해마다 다른 것의 피로써 성소에 들어가는 것과 같이 자신을 자주 드리려고 아니하셨는데, 그리하면 그가 세상을 창조한 때부터 자주 고난을 받아야 했을 것이지만, 이제 자기를 단번에 제물로 드려 죄를 없이 하시려고 세상 끝에 나타나셨다."(히 9: 25-26)

"하나님께서 우리의 희생 제의적 과정에 자기 자신을 '내어 주어서' 우리의 원죄를 감당하고 인간 혼자 감당할 수 없는 짐을 지셨다."

"십자가 사역은 우리가 스스로 변화시킬 수 없는 사이클 속으로 침입한 초월적 하나님의 사역이다."

"초대 기독교 작가들은 십자가에 못 박힌 사건을 기본적으로 사탄을 속인 사건으로 말했다."

그리스도께서 자신을 통상적인 희생 제의적 시스템으로 내어주심으로 말미암아 권세들이 계시 되었고 파열되게 되었다.

"미래의 희생 제의를 위한 성스러운 모델이 되는 신화적 희생양들과는 달리, 그리스도가 지속되는 희생양 만들기를 통해서 기억되는 것이 아니다."[24]

5. 그리스도의 대속과 미메시스적 폭력

다시 후드 교수의 논문으로 돌아가자.

그는 지라르의 희생양 이론을 상세하게 논의하고 있는 네덜란드 개혁주의 출신의 한스 부르스마(Hans Boersma, 1961-)의 책도 다루고 있다.[25] 2014

---

[24] Heim, "Visible Victim: Christ's Death to End Sacrifice."
[25] Hans Boersma, *Violence, Hospitality and the Cross: Reappropriating the Atonement Tradition*

년 이 책은 『십자가, 폭력인가 환대인가』(*Violence, Hospitality, and the Cross*)로 번역되었다.²⁶

현재 밴쿠버에 자리한 리젠트칼리지에서 조직신학을 가르치고 있는 한스 부르스마는 네덜란드에서 개혁주의 교회 목사의 아들로 태어났다. 네덜란드의 우트레흐트대학교(Utrecht University)에서 신학 석사 과정을 거쳐 동 대학에서 「리처드 백스터의 칭의론」에 관한 논문으로 박사 학위를 받았다.

네덜란드 개혁주의 학자로서 지라르의 이론을 매우 상세하게 논의하고 있기에 이 책에 대해서는 이후에 다시 논의할 것이다. 후드 교수는 부르스마가 "형벌적 대속 교리를 부드럽게 하고 있다"고 본다.²⁷

한스 부르스마는 위에서 언급한 책, 제6장 "대속과 미메시스적 폭력"의 전체에 걸쳐 지라르의 방대한 사유를 상세하게 논의하고 있다.

먼저 그는 "르네 지라르: 문화인류학과 비폭력"이라는 제목 아래서 지라르 만큼 폭력과 대속에 관한 질문에 대해 막대한 영향을 준 학자는 없을 것이라는 사실을 지적한다.

지라르가 신학자가 아님에도 불구하고 이러한 큰 영향을 주었다는 것은 참으로 놀라운 것이라고 그는 말한다. 그리고 지라르에 대해 그는 이렇게 소개한다.

> 역사가로서 훈련받은 지라르는 곧 문학비평과 문화인류학을 연구한다. 세르반테스, 플로베르, 도스토예프스키와 같이 잘 알려진 문학의 거장들과 함께 그리스 비극 작품들에 관한 연구를 통해서 지라르는 종교와 문화의 발생으로서의 욕망의 대상에 대한 인간의 경쟁을 해석하게 되었다.

(Grand Rapids: Baker Academic, 2004).
26 한스 부르스마, 『십자가, 폭력인가 환대인가』 윤성현 번역 (서울: 기독교문서선교회, 2014).
27 Hood, "The Cross in the New Testament: Two Theses in Conversation with Recent Literature (2000-2007), 282, 각주 4번을 보라.

지라르의 작품들을 소개하면서 "지라그가 일종의 메타 내러티브(Meta Narrative)를 수립하고자 하는 대담하고 독창적인 시도를 하고 있다"고 말한다. 그리고 지라르의 인문학적 거대 담론은 시기적으로는 최근 자연 과학에서 진행되고 있는 우주에 관한 만유 이론을 위한 연구와 비교될 수 있다고 한다.

부루스마는 지라르가 단지 전문적인 신학자가 아니라는 사실만 독특한 것이 아니라, 그가 "비그리스도인으로서 인류 문화의 발생적 원리들을 우연히 발견하게 되었다"는 독특한 사실을 강조한다. 그리고 지라르의 회심도 언급한다.

부루스마는 지라르의 미메시스 이론이 "놀라울만한 내적인 일관성과 학제적 성격을 가진 위대한 기획"으로서 그 이론적인 가치를 "신학적 검토들로부터가 아니라, 신앙공동체 밖의 원천으로부터 가져오고 있다"는 사실에 주목한다.

또한, 지라르가 "명망 있는" 스탠퍼드대학교의 교수임을 언급한다.[28] 그리고 지라르 주위로 수많은 학자가 모여서 국제지라르학회인 '폭력과 종교에 관한 학술대회'(Colloquium on Violence and Religion)를 조직해서 왕성한 학제적 연구를 진행하고 있다는 사실도 언급한다.

수많은 신학자가 지라르에 근거해서 그의 결론들을 자신들의 관심 있는 특정한 연구영역에 적용하고 있다는 사실도 언급하는데, 지라르학파에 속한 신학자들의 연구를 소개하기도 한다.

그들은 "모든 것을 아우르는 지라르 사유의 성격으로 인해 그의 이론 전체를 수용하거나 혹은 그의 이론 모두를 완전히 거부하기 쉽다"라고 말한다.

그러면서 "지라르를 따르는 보다 신중한 제자 중 몇몇은 이러한 유혹을 극복했다"고 말하고, 우리가 이후에 논의할 윙크(Walter Wink), 칼 라너의

---

28 Boersma, *Violence, Hospitality and the Cross: Reappropriating the Atonement Tradition*, 133-34.

후임으로 와서 오스트리아 인스부르크대학교(Innsbruck University)를 지라르 이론에 대한 학제적 연구중심지로 성장시킨 슈바거(Raymund Schwager) 등은 "보다 창조적이고 독립적인 방식으로 지라르가 발견한 빛 아래서 십자가의 의미를 연구했다"고 소개한다.

그러면서 "십자가를 하나님의 환대 장소로 파악할 수 있는 잠재적인 것이 지라르의 이론에 존재한다"고 말한다. 또한, "대속 신학의 발전을 위한 지라르의 기여의 잠재성에 대해 논하며 지라르를 따라 '사탄적 폭력의 폭로로서의 십자가'"를 말한다.[29]

부르스마는 밀뱅크(John Milbank)를 따라서 "지라르의 십자가 신학이 그 기원을 환대의 존재론보다는 폭력의 존재론에 뿌리를 두고 있다"라고 본다.[30]

하지만 십자가의 폭력의 드라마틱한 비극성을 회피하면서 소프트한 포스트모던적 환대의 존재론을 말하면서, 폭력에 대한 지라르의 거친 현실주의적 입장을 존재론화 시켜서 그의 미메시스 이론이 폭력의 존재론에 뿌리를 두고 있다고 비판하는 것은 과도하다.

나의 지도교수였고 '국제지라르학회'의 회장을 역임한 팔라버(Wolfgang Palaver)의 논문 "근대적인 폭력의 존재론화에 대한 지라르의 숨겨진 거리"에서 잘 지적된 것처럼, 지라르에게서 폭력의 존재론을 발견하거나 폭력의 존재론화(Ontologisierung der Gewalt)를 발견하고자 하는 시도는 그 근거가 약하다.[31]

---

29 Boersma, *Violence, Hospitality and the Cross: Reappropriating the Atonement Tradition*, 134.
30 Boersma, *Violence, Hospitality and the Cross: Reappropriating the Atonement Tradition*, 134.
31 Wolfgang Palaver, "Girards versteckte Distanz zur neuzeitlichen Ontologisierung der Gewalt," in *Dramatische Theologie im Gespräch. Symposion/Gastmahl zum 65. Geburtstag von Raymund Schwager*, hgg. Niewiadomski, Józef; Wandinger, Nikolaus (Münster, Hamburg, Berlin, Wien, London, Zürich: LIT-Verlag, 2003) (= Beiträge zur mimetischen Theorie, 14), 113 – 126.

6. 요한복음의 로고스와 헤라클레이토스의 로고스

지라르는 2007년 논문 「신화에 대한 복음적인 전복」(*The Evangelical Subversion of Myth*)[32]에서 하이데거와의 논쟁과 대화를 통해 서양 철학 전통에 존재하는 "헤라클레이토스(Heraclitus of Ephesus, Ἡράκλειτος, B. C. 535-475)의 그리스적 로고스와 유대-기독교적 로고스가 같은 것이라는 환상"에 대해서 지적한다.

그러면서 "이 그리스적 로고스가 폭력과 인류 폭력에 대한 오해 위에 기초하고 있다"라고 말한다.

헤라클레이토스의 그리스적 로고스가 "추방의 로고스"(Logos of expulsion)라면 "유대-기독교적 로고스는 추방된 진리, 또는 진리 그 자체이며, 그것은 여전히 추방되고 거부되고 있다"라고 적고 있다.[33]

유대-기독교적 로고스 혹은 요한복음의 로고스에 종교적으로 헌신되어 있는 학자로서 폭력과 폭력에 대한 성스러운 오해 위에 기초하고 있는 헤라클레이토스의 그리스적, 폭력적 추방의 로고스를 비판한다. 지라르가 폭력의 존재론을 말하거나 폭력을 존재론화한다는 것은 지라르의 방관한 이론을 전체적으로 파악하지 못한데서 나온 피상적 오해에 불과하다.

지라르는 헤라클레이토스적 로고스가 아니라, 요한복음의 추방되고 비폭력적인 로고스와 그 존재론을 지지하는 학자이다.

인류 문화의 폭력적 기원에 대해서 이론적으로 깊이 천착한다고 해서 그를 단순한 폭력 이론가나 폭력의 존재론을 대변하는 것처럼 이해하는 것은 피상적 오해일 뿐이다. 그의 이론은 폭력에 대한 가장 현실적이고 비극적 이해를 대변하지만, 궁극적으로는 갈등 이론이요 평화 이론이다.

---

32 René Girard, "The Evangelical Subversion of Myth," Robert Hamerton-Kelly (ed), *Politics & Apocalypse. Studies in Violence, Mimesis, & Culture* (East Lansing, Mich.: Michigan State University Press, 2007), 29-49.

33 Girard, "The Evangelical Subversion of Myth," 48.

그래서 많은 평화 이론가들이 지라르의 인류학적 사유에 깊이 관심을 가지는 것이다.

지라르보다는 데리다를 선택하는 것처럼 보이는 부르스마는 데리다 철학에 존재하는 니체와 하이데거가 대변하는 헤라클레이토스적인 로고스의 폭력과 그것으로부터 나온 독일 나치의 폭력에 대해서 알지 못하거나 침묵하고 있다.

지라르는 이미 그의 대작(Magnum Opus)인 『창세 이후로 감추어져 온 것들』(Des choses cachées depuis la fondation du monde, 1978)[34]의 제4장 '헤라클레이토스의 로고스와 요한복음의 로고스'에서 헤라클레이토스의 폭력적 로고스와 폭력적으로 추방된 비폭력적인 로고스인 요한복음의 로고스를 구분하고 있다.

지라르는 하이데거 철학에 흥미를 가졌는데, 특히 하이데거가 그리스 철학의 "로고스에 일치가 된 것들이 사실은 상반된 흐름을 가지고 있으며, **로고스는 그것을 폭력적으로 일치시키려고 한다**"라는 사실을 말하기 때문이었다.

지라르에 의하면, 하이데거는 그리스 철학의 로고스가 폭력과 연관되어 있다는 사실을 알았다. 즉, 하이데거는 헤라클레이토스의 로고스를 폭력으로 바르게 정의했다.[35] 또한, 헤라클레이토스의 로고스는 폭력적인 일치에 근거했고, 지금도 근거한다는 점에서 모든 인류문화의 로고스로 본다.[36]

지라르는 하이데거의 철학이 문화의 기원 속에 있는 초석적 폭력의 흔적들을 드러내게 했다는 점에서 그 자신의 뜻과는 상관없이 결과적으로 성경 계시에 참여했다고 본다.

34　René Girard, *Des choses cachées depuis la fondation du monde* (Paris: Grasset, 1978).
35　René Girard, *Das Ende der Gewalt. Analyse des Menschheitsverhängnisses* (Freiburg/Basel/Wien: Herder, 1983), 278.
36　Girard, *Das Ende der Gewalt. Analyse des Menschheitsverhängnisses*, 279–80.

그러나 지라르는 "하이데거는 성경적 계시에 대한 적의로 말미암아 요한복음의 비폭력적 로고스와 헤라클레이토스의 폭력적 로고스를 구분하지 못했다"라고 지적한다.[37]

서구의 가장 오래된 철학적 본문 중 하나인 헤라클레이토스의 유명한 테제, "곧 전쟁은 만물의 아버지요, 만물의 왕"이라는 말도 지라르에게 있어서는 희생양 메커니즘의 문화 건설적인 능력을 가리키는 철학적 표현이다.[38]

이렇게 지라르는 그리스 헤라클레이토스의 로고스 뿐 아니라, 인류문명의 로고스가 가지는 폭력적 기원을 정직하게 논의하고, 요한복음의 로고스와 기독교의 로고스를 폭력적으로 추방된 비폭력적인 로고스로 바르게 파악하고 있다.

실제로 헤라클레이토스적이고 디오니소스적이고, 또한 신화적인 것을 재활성화하려고 했던 니체와 하이데거의 탈로고스적인 로고스는 유대인에 대한 집단학살과 인종청소라는 야만적 행위로부터 자유롭지 못하다.

또한, 로고스중심주의를 해체하고자 했던 데리다의 해체주의 철학의 계보 속에 있는 헤라클레이토스적인 로고스에 대해서도 논의되어져야 하지만, 부르스마는 종교적이고 윤리적 전환을 한 것으로 논란이 되는 후기 데리다의 환대의 윤리학과 선물의 철학만 소프트하고 미학적으로 이야기하고 있는 듯한 인상을 준다.

평화를 위한 첫걸음은 폭력을 회피하는 것이 아니라, 폭력을 주제화하는 것이다. 폭력에 대한 진지하고 정직한 성찰 없는 평화 담론은 현실적이지 않다. 평화는 현실적이고 비극적으로 파악되어야 한다.

---

37 Wolfgang Palaver, *René Girards mimetische Theorie. Im Kontext kulturtheoretischer und gesellschaftspolitischer Fragen*(Münster–Hamburg–London: LIT Verlag, 2003), 335.
38 Palaver, *René Girards mimetische Theorie. Im Kontext kulturtheoretischer und gesellschaftspolitischer Fragen,* 313.

지라르의 십자가의 인류학에서 말하는 십자가의 폭력은 바로 그 폭력을 주제화함으로써 평화를 향한 연약하고 힘겨운 여정을 비로소 시작하게 한다. 지라르의 인류학적 이론이 국제적이고 학제적으로 갈등 이론과 평화 이론으로 주목받는 것은 바로 은폐되었던 폭력을 가장 현실적으로 주제화하고 있는 이론이기 때문이다.

십자가의 폭력 속에서 인류문명의 은폐된 폭력이 가장 가시적으로 주제화되었다. 부르스마의 입장이 지나치게 포스트모던적 시대 정신에 대해서 무비판적이고 낭만적이다. 부르스마는 십자가를 환대의 장소로 파악하면서 "레비나스, 데리다, 그리고 순전한 환대의 불가능성"이라는 제목으로 먼저 레비나스의 유대교적 환대를 다루고, 이후 레비나스에 근거해서 발전시킨 데리다의 환대 윤리학에 대해서 길게 논의하고 있다.[39]

그러나 데리다 철학에 대한 부르스마의 부분적인 비판에도 불구하고 전반적으로 부르스마는 데리다의 환대 개념을 지나치게 미학적으로, 그리고 낭만적으로 파악하고 있다. 주로 후기 데리다를 말하면서 니체와 하이데거의 계보에 서있는 전기 데리다의 해체주의 철학의 허무주의적 자기 해체에 대해서도 무비판적이다.

나는 이미 나의 책 『르네 지라르와 현대사상가들의 대화. 미메시스 이론, 후기구조주의 그리고 해체주의 철학』에서 바티모, 지젝, 데리다 등의 철학 사상에 대해서 논의한 바 있다.

소위 유대인 없는 유대교, 메시아 없는 메시아주의 또는 종교 없는 종교를 대변하는 데리다의 환대 개념은 십자가에 적용하기에는 지나치게 부드럽고, 소프트하고, 포스트모던적일 뿐 충분히 드라마틱하고 신학적이고 복음적이지 않다고 본다.

후기 데리다의 철학은 지라르의 영향으로 다시금 유대-기독교적 전통으로 근접하는 바티모(Gianni Vattimo, 1936-)나 유대-기독교적 가치를 변

---

39   Boersma, *Violence, Hospitality and the Cross: Reappropriating the Atonement Tradition*, 28ff.

호하면서도 회심하지 않은 지젝(Slavoj Žižek, 1949-)처럼 일종의 십자가 없는 기독교나 종교 없는 종교처럼 기독교에 대한 허무주의적 버전에 근접하고 있다.

지라르가 오히려 복음적이어서 포스트모던적 시대 정신 속에서 소외당했다. 십자가의 폭력은 환대라는 소프트한 데리다적-포스트모던적 개념으로 파악되기에는 스캔들과 같고 어리석고 신비로운 것이다. 십자가는 비극적이고 드라마틱하고 미메시스적으로 파악해야 한다.

지라르가 말하는 십자가의 인류학이 데리다가 말하는 환대의 윤리학보다 훨씬 더 선명하게 복음적이고 신학적이다. 부르스마가 데리다식의 환대의 윤리학과 선물의 철학을 십자가에 부분적으로도 적용한 것 같지만, '레비나스, 데리다, 그리고 순전한 환대의 불가능성'이라는 자신의 제목처럼 순수한 환대와 선물의 철학과 윤리학은 인류학적으로 불가능하거나 비현실적이다.

그러므로 지라르의 보다 미메시스적이고 드라마틱한 십자가 이해가 더 복음적이고 현실적이다. 십자가 사건의 예수 드라마를 삼위일체 하나님의 드라마(Theodramatik)로 파악하는 것이 더 신학적이지, 아직도 충분히 유대교적이거나 메시야적이거나 종말론적이지 않은 후기 데리다의 환대의 윤리학은 십자가에 어울리지 않는다.

니체와 하이데거를 따랐던 전기 데리다의 허무주의적 해체주의 철학에 대한 진지한 논의도 간과되어서는 안된다. 물론 후기 데리다가 윤리적이고 신학적 전환을 하여 다시금 유대교적인 전통으로 회귀하는 것은 환영할만한 일이지만, 십자가의 인류학으로 유대-기독교적 전통을 일관되게 변호하는 지라르에 비한다면, 데리다는 유대교로 근접할 뿐, 유대교로 들어온 것도 아니다.

부르스마는 "지라르의 복음에 대한 비희생 제의적 독법은 구약성경과 대속의 법률적인 범주들에 대한 경시로 이어진다"고 주장한다.

그는 지라르의 "희생양 메커니즘의 폭력"과 "사탄적 폭력의 폭로로서의 십자가"라는 제목으로 지라르의 이론을 상세하고 구체적으로 소개하고 논의한다.

그는 "확실하게 지라르는 구약과 신약 사이의 급진적인 괴리를 주장하지 않는다"고 바르게 파악했다. 지라르가 반복적으로 가인과 아벨 이야기, 요셉과 욥에 대한 구약성경의 스토리를 논의하면서, 그것이 박해자의 편이 아니라 희생자의 편을 선택한다는 점에 반신화적(countermythical)이라고 파악한다고 부르스마는 바르게 소개했다.

지라르는 구약 예언자들, 특히 그들의 "반희생 제의적(antisacrificial) 언설"을 "미메시스적인 행동 형태들의 파괴에 대한 증거로 이해한다"고 그는 적고 있다. 그러면서 지라르는 성경의 일치를 주장함에서 점차로 명확해졌고 명백하게 마르시온적인 입장을 거부했다.[40]

또한, 부르스마는 예수 그리스도의 죽음과 부활을 신화적 희생양 메커니즘과 비교하기 위해서 다음과 같은 지라르의 『나는 사탄이 번개처럼 떨어지는 것을 본다』에 나타난 다음과 같은 말을 인용한다.[41]

> 그리스도의 신성 배후에는 어떠한 이전의 악마화도 존재하지 않는다. 그리스도인들은 예수에게 어떤 죄악도 투영시키지 않는다.
> 그렇기에 그의 신성은 신화적 신성화와 같은 과정에 근거한 것이 아니다.
> 더욱이 신화들에서 발생하는 것과 반대로 예수를 하나님의 아들로 본 것은 만장일치적 박해의 군중이 아니라, 군중의 집단적 폭력으로부터 자신들을 분리시키고 그것의 만장일치를 파괴하는 작은 그룹의 반대자들, 곧 반항적인 소수자였다. 부활 이후의 제자들의 깨달음이 군중의 만장일치를 파괴했다.
> '박해의 텍스트들'로서 신화들은 희생양 메커니즘에 대해서 침묵한다.

---

40 Boersma, *Violence, Hospitality and the Cross: Reappropriating the Atonement Tradition*, 135-40.
41 René Girard, *I See Satan Fall Like Lightning* (Maryknoll, NY: Orbis, 2001), 123.

지라르의 입장에 의하면, 이들 억압의 문서들은 미메시스적인 전염에 사로잡혔던 사람들이 만들어 낸 산물이다. 그들 자신의 폭력이라는 부정의를 보지 못하고 그것은 은폐한다.

기독교 복음서들은 군중의 만장일치를 부순 부활 증인들의 산물로서 예수에게 가해진 희생양 메커니즘의 폭력을 노출시킬 수 있게 되었다. 이제 제자들은 예수께서 자발적으로 군중의 폭력에 자신을 주셨다는 것을 알게 된다.[42]

전문적인 신학자 부르스마처럼 전문적 조직신학자나 교의학자가 아닌 지라르에 대해서 몇몇 불만족스러운 것을 말하면서도 "지라르의 접근법에서 더욱 고무적인 요소 중 하나는 지라르가 십자가 사건과 부활을 연결하고 있는 방식이다"라고 말한다. 그리스도의 부활이 최초의 그리스도인들이 군중의 만장일치를 벗어나서 희생양 메커니즘을 인식하게 했다는 것이다.

그래서 부르스마는 "대속은 십자가와 부활이 조합된 결과이다"라고 말한다. 부르스마도 "지라르는 문화인류학적 관점에서 폭력과 비폭력의 이슈를 접근하기에 인류의 폭력의 기원들과 그 음흉한 작동방식에 집중하는 경향이 있다"라고 바르게 보았다.

"나는 사탄이 떨어지는 것을 본다: 승리자 그리스도(Christus Victor)의 요소들"이란 제목으로 부르스마는 지라르가 『나는 사탄이 번개처럼 떨어지는 것을 본다』에서 승리자 그리스도(Christus Victor)의 주제를 연결하고 있다고 소개한다.

지라르는 여기서 사탄을 속이고 승리한 그리스도에 대한 교부적 이해에 어필하면서 이러한 전통적인 승리자 그리스도에 대한 이해가 상실됐다고 안타까워한다.

"서구신학은 십자가에 의해 속은 사탄에 대한 이해를 거부함으로써 인류학의 영역에서 매우 값비싼 진주를 상실하게 되었다"라고 지라르는 말한다.[43]

---

42   Boersma, *Violence, Hospitality and the Cross: Reappropriating the Atonement Tradition*, 140-41.
43   Girard, *I See Satan Fall Like Lightning*, 150.

부르스마은 "십자가에 대한 비희생 제의적 독법"이란 제목으로 지라르의 이론을 계속 소개하고 평가한다.[44]

7. 십자가 사건에 대한 지라르와 슈바거의 대화

부르스마는 슈바거의 신학적 입장을 소개하는데, 슈바거는 지라르를 신학적으로 수용해서 학제적으로 발전시켜 국제지라르학회의 초대 회장을 지낸 인물이다.

지라르는 '희생 제의적 언어에 대한 경시로 인해 반복적으로 비판받았다'고 그는 말한다. 라이문트 슈바거와 다른 학자들은 히브리서의 희생 제의적 언어들이 하나님의 진노를 달래는 예수의 희생 제사를 통한 대속적 만족(satisfaction) 이론의 부분이나 파편으로 간주할 필요는 없다.

히브리서의 희생 제의적 언어는 아마도 "희생 제사를 접하는 자들이 동물을 살해하는 것과 같은 방식으로 그의 폭력적인 반대자들에 의해 예수가 살해되었다는 것에 대한 언급으로 이해될 수 있다"고[45] 부르스마는 슈바거를 인용해서 주장하고 있다.

이후에도 논의하겠지만, 지라르에게 있어서 가장 중요한 신학적 대화 상대자였던 슈바거와의 대화와 토론을 통해서 지라르는 초기의 반희생 제의적 강조를 후기에는 다소 완화하기도 했다.

"히브리서에 대한 다른 독법에 대한 이들 시도의 결과, 지라르는 마음을 바꾸어 희생 제사라는 개념들에 보다 열린 자세를 가지게 되었다"고 부르스마도 적고 있다.

---

[44] Boersma, *Violence, Hospitality and the Cross: Reappropriating the Atonement Tradition*, 143-149.

[45] Raymund Schwager, *Must There Be Scapegoat ? Violence and Redemption in the Bible*, trans. Maria L. Assad (San Francisco: Harper & Row, 1987), 024.

그러면서도 지라르의 수정된 입장에 대해서도 여전히 비판적 입장을 전개한다.[46]

> 이것이 나에게는 긍정적인 발전인 것처럼 보이지만, 지라르의 수정된 입장이 그가 십자가에 대한 처벌적이거나 (신의 진노를) 달래는(propitiatory) 견해를 수용하게 된 것은 아니다.
> 지라르는 희생 제사 개념을 수용할지는 모르지만, 이 희생 제사는 결코 신적인 징벌적 정의를 포함하고 있지 않다.

부르스마가 인용하고 있는 교의학자 슈바거는 문화인류학자로서 인문학적 지평에서 십자가를 이해하고 '십자가의 인류학'을 발전시킨 지라르와 십자가의 희생에 대해서 토론하고 대화했지만, 부르스마만큼 지라르에 대해서 비판적이지는 않다.

지라르는 신학자들과도 토론했으나, 교의학자는 아니다. 그는 종교인류학자로서 십자가의 인류학을 전개하면서 방법론적으로 십자가를 보다 수평적으로 해석하고자 할 뿐이다.

그가 보다 수평적으로 십자가의 해석학을 전개한다고 해서 십자가의 수직적, 계시적, 그리고 삼위일체론적 의미를 부정하거나 약화시키는 것은 결코 아니다. 그는 인문학자로서 십자가의 수직적 의미에 대해서는 '방법론적인 차원에서 절제하고 있다'고 볼 수 있다.

내가 2005년 독일에서 개최된 국제지라르학회 '폭력과 종교에 관한 학술대회'(Colloquium on Violence and Religion)에 참여해 지라르를 인터뷰 했을 때, 네델란드 국제지라르학회에서 주요한 위치를 차지하는 노학자도 참여했는데, 그는 「화해론과 희생 제의적 기독교: 안셀무스, 칼빈, 그리고 지라르」라는 논문을 '네델란드 신학 잡지'에 1988년에 기고했다.

---

46 Boersma, *Violence, Hospitality and the Cross: Reappropriating the Atonement Tradition*, 149.

그에 의하면, 안셀무스는 예수의 죽음을 만족(genoegdoening)으로는 이해했지만, 결코 희생 제사(offer, sacrificium)로는 부르지는 않았다.

안셀무스와 달리 칼빈은 '예수 그리스도 안에서 완성된 달래는 희생 제사'(zoenoffer, 속죄의 희생)에 대해서 말했다. "로마 가톨릭 신학의 경우에는 예수 그리스도의 죽음이 가지는 희생 제사의 성격은 오래전부터 영성체 신학 속에서 발견된다"고 그는 말한다.[47]

부르스마는 지라르에 관한 논의를 요약하면서, "지라르의 대속 신학에서 가장 매력적인 요소 중 하나는 그것이 전통적 대속 신학들의 중요한(인식된) 약점, 곧 신적인 폭력을 피할 수 있게 한다는 점이다"라고 말한다.

그러면서, "지라르의 십자가 이해는 급진적이고 비폭력적이다. 지라르의 이론이 그 인기가 지속해서 증가하는 주요 원인 중 하나는 그 이론이 그리스도인들이 (십자가와 관련해) 하나님께서 폭력에 연루되어 있다는 것을 인정해야만 하는 곤란한 상황을 회피할 수 있도록 도와주기 때문이다"라고 부르스마는 분석한다.

그러나 지라르의 이론이 제공하는 이러한 소득은 "선한 창조에 대한 부정이라는 댓가를 동반한다"라고 부르스마는 지적한다. 그러면서 모방적 욕망이 폭력을 가져온다는 지라르의 이론이 하나님의 선한 창조에 대한 부정을 가져온다는 것이다.[48]

하지만 이러한 비판은 옳지 않다. 지라르는 모방적 욕망의 선함(Goodness of Mimetic Desire)를 명확하게 말한다. 이후에 소개할 『지라르 읽기 교제』(The Girard Reader) 제5장의 제목은 "모방적 욕망의 선함"(Goodness of Mimetic Desire)이다.

---

47 A. F. Lascaris, "De verzoeningsleer en het offerchristendom: Anselmus, Calvijn en Girard," Nederlands Theologisch Tijdschrift 42 (1988), 3, 220-242.
48 Boersma, *Violence, Hospitality and the Cross: Reappropriating the Atonement Tradition*, 149-50.

일부 학자가 보기에는 지라르의 모방적 욕망 이론은 자유의지와 관련해서 성 어거스틴을 연상시키고, 타락에 대해서는 칼빈을 연상시킨다.[49]

그러나 지라르의 이론이 선한 창조를 믿지 않는 폭력의 존재론이라고 보는 부르스마의 비판은 과도한 것이다. 모방적 욕망이 많은 경우 갈등적, 폭력적, 그리고 파괴적 형태를 가지는 경우도 있지만, 그럼에도 불구하고 지라르는 명확하게 "모방적 욕망은 그 자체로 선하다"라고 말한다.[50]

8. 십자가 : 환대인가? 폭력인가?

부르스마는 욕망의 "내재적인 선함을 긍정하는 창조신학"이 지라르의 미메시스 이론에 없는 것처럼 주장하지만, 지라르는 명확하게 모방적 욕망은 그 자체로 선한 것이라고 주장한다.

"지라르의 대속 신학은 문화에 대한 부정적 견해로 이끄는 폭력의 존재론에 세워져 있으며, 그렇기에 환대의 긍정적인 정치학을 위한 견고한 기초로서 작용할 수 없다"고 부르스마는 말한다.[51]

그러나 지라르는 분명하게 종말론적이고 비폭력적인 하나님 나라에 대해서 말한다. 지라르에 대한 보다 균형 잡힌 시각을 가진 벨린저(Charles K. Bellinger, 1839-1905)는 키에르케고르와 지라르를 비교하면서 두 학자 모두 "세속적 폭력의 존재론을 거부하고 있다"고 바르게 평가했다.[52] 키에르케고르와 지라르에 관한 사상은 이후에 논의할 것이다.

---

49 R. Girard, *The Girard Reader*. Ed. by. James G. Williams (New York: Crossroad, 1996), 62ff.
50 R. Girard, *Quand ces choses commenceront. Entretiens avec Michel Treguer* (Paris: arléa, 1994), 70-71, 76.
51 Boersma, *Violence, Hospitality and the Cross: Reappropriating the Atonement Tradition*, 150.
52 Charles K. Bellinger, *The Genealogy of Violence: Reflections on Creation, Freedom, and Evil* (Oxford: Oxford University Press, 2001).

지라르의 십자가의 인류학을 폭력의 존재론으로 단정하는 부르스마는 "이 연구의 중심에는 십자가는 하나님의 환대를 표현하고 있다는 확신이 자리잡고 있다"고 주장한다. "환대라는 은유가 전통적인 대속 신학에서 다른 은유들보다도 훨씬 더 근본적"이라고 그는 주장한다.[53]

십자가의 폭력도 어느 정도 인정하지만, 십자가를 데리다(Jacques Derrida, 1930-2004)적인 의미에서의 환대로 요약하고 있다.

과연 십자가가 환대인가?
"십자가의 폭력이 문명의 폭력과 인류의 죄악과 폭력을 계시한다"는 지라르의 십자가의 인류학이 훨씬 더 복음적이지 않은가?
십자가의 폭력을 말한다고 해서 지라르가 폭력을 존재론화하고 있는가? 그러면서 유대교뿐 아니라, 기독교적 전통에도 속하지 않은 데리다의 허무주의적이고 자기해체주의적인 환대의 윤리학을 소프트하고 미학적으로 이야기하는 것은 과연 개혁주의적인가?

십자가는 '소프트'하게 보다는 '드라마틱'하게 파악되어야 한다. 개혁주의 신학자 부르스마가 문화에 대해서 낭만적 입장을 가지고 있어 아벨의 피 이후의 인류의 '가인의 정치학'에 대해 충분히 현실적이고 복음적인 이해를 하지 않고 있다.

이 책 후반부에서 '가인의 정치학'과 '예수의 정치학'의 문제를 다룰 것이다.

물론 개혁주의 신학자로서 부르스마는 평화주의적인 주장을 하거나, 폭력 없는 환대만을 이야기하지는 않는다. 부르스마는 "환대와 배제의 주제들을 선택함으로 의미 있는 환대는 의미 있는, 그렇기에 강제할 수 있고, 강제적인, 즉 폭력적인 경계들을 요구한다"라고 말한다.

---

53   Boersma, *Violence, Hospitality and the Cross: Reappropriating the Atonement Tradition*, 112.

하나님께서 십자가에서 폭력과 연루되지만 "환대가 하나님의 본질을 보여주며, 폭력은 단지 그의 환대의 미래를 보호하고 확실케 하는 수단들 중 하나다"라고 부르스마는 말한다. "하나님의 사랑이 진노를 필요로 하듯이, 하나님의 환대는 폭력을 요구한다"라고도 적고 있다.

또한, "하나님의 에스카톤(eschaton, 종말)의 절대적인 비폭력, 곧 그의 순수 환대는 우리로 하여금 폭력을 최대한으로 줄이고 영원한 정의와 평화의 나라를 세우는 환대를 시행하도록 항상 요청하고 있다"고 적고 있다.[54]

그는 폭력을 기독교적 환대의 실현에 있어서 불가피하게 요구되는 한 부분이라고 말한다. 부르스마는 순수 환대를 주창하는 데리다에 의지해서 환대를 말하지만, 그것의 시간적 실현에 대해서는 데리다와 같이 회의적이며, "환대는 에스카톤에서야 실현된다"라고 한다.

그러나 그는 "지라르가 폭력을 존재론화 시키기에 환대의 정치학을 불가능하게 한다"라고 주장하면서, 환대를 이야기하는 데리다와 같이 '포스트모던적 대속론'을 제시하고 있다.

부르스마의 책에서는 포스트모던적 시대 정신과 데리다의 해체주의 철학과 후기의 환대의 윤리학에 대한 개혁주의적 비판의식이 약하다.

파시스트적인 독일 국가사회주의적 폭력으로부터 사유적으로 자유롭지 못한 니체와 하이데거의 철학은 데리다와 들뢰즈(Gilles Deleuze, 1925-1995)와 같은 프랑스 포스트모더니즘 철학자에 의해서 미학적 물타기가 시도되었다. 개혁주의 신학자가 프랑스 포스트모더니즘 철학에 대해서 지나치게 무비판적-환대적이다.

그는 여전히 황혼기에 접어든 프랑스 포스트모더니즘 철학을 어느 정도 따르고 있고, 십자가의 인류학을 말하면서도 지속해서 동료 포스트모던 철학자들의 디오니소스적-미학적 계보학에 대해서 거리를 유지해 왔던 지라르를 제대로 평가하지 않고 있다.

---

54 Boersma, *Violence, Hospitality and the Cross: Reappropriating the Atonement Tradition*, 49-50.

부르스마는 전통적인 대속론들이 모두 하나님을 폭력에 연루시키고 있다고 주장하며, 개혁주의적 관점으로 통합하여 폭력과 환대의 긴장 가운데 그리스도의 십자가가 지니는 의미를 되짚고 포스트모던적 상황 가운데 개혁주의적 대속론을 제시하려고 한다. 그래서 그의 십자가 이해도 지나치게 포스트모던적이고 데리다적인 인상을 준다.

프랑스 포스트모더니즘을 일관되게 비판해 왔던 지라르의 '십자가의 인류학'이 데리다의 환대의 윤리학보다 훨씬 더 복음적이고 개혁주의적이다. 십자가의 폭력성과 비극성마저도 데리다의 선물의 철학이나 환대의 윤리학을 연상케 하는 소프트한 환대로 파악되고 있다. 부르스마는 디오니소스적-미학적 전환 이후의 포스트모던적 시대 정신에 대해서 충분히 비판적이지 못하다.

앞에서 말한 것처럼 부르스마가 의지하고 있는 데리다 보다 지라르가 훨씬 더 성경적이고, 복음적이며, 또한 개혁주의적이다. 네덜란드 개혁주의 출신의 신학자가 젊은 시절 니체와 하이데거를 따라 서구의 신학적이고 형이상학적 전통을 전복하고 해체하려고 했다가 이후 생애 후기에 와서야 다시금 눈물을 흘리면서 유대교로 '근접'하는 데리다를 선택하고, 젊은 시절 회심한 이후 일관되게 유대-기독교적 전통을 변호해 온 지라르를 비판하는 것은 이해가 되지 않는다.

지라르는 포스트모던적 시대 정신 속에서 소외되고, 배제되고, 때로는 추방되었던 유대-기독교적 텍스트, 전통, 그리고 가치를 복권하고 변증하는 인문학자이다.

그동안 인문학이 지나치게 후기기독교적, 탈기독교적, 또는 반기독교적인 경우가 있었다. 그러나 지라르는 지구적인 차원에서 그동안 추방되었던 인문학적 지평으로 유대-기독교적 전통의 복권을 시도하는 학자다.

지라르는 '인문학적 지평에서 십자가의 인류학을 제시하는 독특한 학자'이다. 초기에 니체와 하이데거의 계보에서 유대-기독교적 전통과 함께 서구 형이상학과 존재 신학 등을 해체하고 전복하는 해체주의 철학을 발전시켰던 데리다는 생애 후기에 와서야 유대교로 근접하고 있을 뿐이다. 그래서 그런지 지라르의 십자가의 인류학이 훨씬 더 개혁주의에 근접하는 이론이다.

9. 배제, 포용, 정체성, 그리고 희생양

미로슬라브 볼프(Miroslav Volf)는 부르스마의 『십자가, 폭력인가 환대인가』 한국어 번역본을 위한 추천의 글을 썼는데, 볼프는 지라르의 이론을 상세하게 그의 책 『배제와 포용, 정체성, 타자성, 그리고 화해에 대한 신학적 연구』(Exclusion and Embrace)에서 논의하고 있다.

그는 여기서 "십자가가 폭력의 악순환을 끊고 희생양 메커니즘을 폭로한다"라고 주장하는 지라르의 입장을 수용하고 있다.[55] 그가 배제와 포용을 화두로 관심을 두고 있는 인종 청소(Ethnic Cleansing)[56]의 문제도 이후 논의할 지라르학파의 개신교 신학자 해머턴-켈리(Robert Gerald Hamerton-Kelly, 1938-2013)를 비롯한 지라르학파의 학자들이 깊이 연구하는 주제이기도 하다.

또한, 트리니티복음주의신학교(Trinity Evangelical Divinity School)의 조직신학 교수인 케빈 밴후저(Kevin Vanhoozer, 1957-)도 이 책의 추천 글을 썼는데, 그는 여러 저술에서 지라르와 지라르학파의 신학자들을 자주 언급하고 논의에 포함하고 있다.

밴후저는 자신의 저서 『교리의 드라마: 기독교 신학에 대한 정경적-언어학적 접근』(The Drama of Doctrine)에서도 지라르뿐 아니라, '지라르의 이론

---

55 Miroslav Volf, *Exclusion and Embrace. A Theological Exploration of Identity, Otherness, and Reconciliation* (Nashville: Abingdon Press, 1996). 미로슬라브 볼프, 『배제와 포용』, 박세혁 번역 (서울: IVP, 2012).

56 Miroslav Volf, "Exclusion and Embrace: Theological Reflections in the Wake of 'Ethnic Cleansing,'" *Journal of Ecumenical Studies* 29 (1992), 230-248.

에 대한 신학적 수용의 제1세대 신학자'라고 할 수 있는 한스 우어스 폰 발타자르(Hans Urs von Balthasar, 1905-1988)와 슈바거 등의 저작들을 논의하고 있다.

『교리의 드라마: 기독교 신학에 대한 정경적-언어학적 접근』라는 책 제목에서 볼 수 있듯이, 밴후저는 폰 발타자르의 저서 『하나님의 드라마』 (*Theodramatik*)의 영향을 깊게 받았다. 이후 지라르의 이론에 대한 폰 발타자르와 슈바거의 신학적 수용에 대해서는 이후 자세하게 논의할 것이다.

밴후저는 "하나님은 긍휼을 원하지, 폭력적인 희생 제사를 원하시는 것이 아니다. 이것은 대속에도 적용된다. 예를 들어, 르네 지라르에 의하면, 예수의 죽음은 희생 제사(sacrifice)가 아니라, 모든 희생 제의적 희생양 메커니즘 뒤에 존재하는 기만과 폭력을 폭로하는 수단이다"라고 적고 있다.

또한, 그리스도의 십자가는 하나님께서 악에 대해서 용서를 되돌려주심으로 인류로부터 복수의 필연성에 대한 환상을 몰아내신다. 그렇기에, 대속의 성격은 궁극적으로 법정적(forensic)인 것이 아니라, 치유적(therapeutic)인 것이다.[57]

밴후저는 『대속의 영광: 성경적, 역사적 그리고 실천적 관점들』이라는 책에 기고한 논문 「포스트모더니티 속에서의 대속: 죄악, 염소들, 그리고 선물들」에서도 지라르를 언급하고 있다. 그에 의하면, 대속은 궁극적으로 하나님의 자기 수여(self-giving)에 대한 것이다.[58]

지라르는 2008년 스코틀랜드의 세인트엔드루스대학교(University of St. Andrews)에서 명예 문학 박사 학위를 받았다. 2010년, 같은 대학에서 개최된 저명한 기포드 강좌(Gifford Lecture)에서도 지라르의 이론을 자세하게 언급하고 논의하고 있다.

---

57 Kevin Vanhoozer, *The Drama of Doctrine: A Canonical-Linguistic Approach to Christian Theology* (Louisville:Westminster John Knox, 2005), 383.
58 Kevin Vanhoozer, "Atonement in Postmodernity: Guilt, Goats and Gifts." in *The Glory of the Atonement: Biblical*, Historical and *Practical Perspectives*, (eds) Charles E. Hill and Frank A. James (Downers Grove, IL: InterVarsity Press, 2004), 367-404.

리처드 도킨스(Richard Dawkins, 1941-)와 같은 "무신론자들의 승리주의"가 큰 목소리를 내는 시점에서 "가장 긴급하게 논의되어야 할 필요가 있는 것은 지라르의 이론"이라고 이 강좌에서는 주장되고 있다.[59]

이 기포드 강좌에서는 지라르의 지적인 기획이 니체 철학에 대한 전복이라고 소개한다.

나는 이미 니체 철학의 '백 년 포스트모던적 유산'과 시대 정신 속에서 배제되고 추방되었던 2000년 유대-기독교적 가치, 전통, 그리고 텍스트를 다시 변호하는 지라르의 이론을 니체가 말한 "디오니소스 대 십자가에 달리신 자"(Dionysos gegen den Gekreuzigten)를 화두로 『우상의 황혼과 그리스도: 르네 지라르와 현대사상』에서 자세하게 논의했다.[60]

지라르는 프랑스의 어느 개혁파 신학 교수와 대담을 나눈 이후 『만들어진 신?』(Dieu, une invention?)[61]이란 제목으로 출판하기도 했다. 또한, 풀러 신학대학원(Fuller Theological Seminary)의 심리학부는 템플턴재단후원 연구프로젝트로 지라르 이론을 응용해서 "모방, 미메시스 이론, 종교 그리고 문화적 발전"을 연구하고 있다.[62]

2012년 미국 기독교 대학 휘튼칼리지(Wheaton College)의 기독교응용윤리센터(the Center for Applied Christian Ethics, Wheaton College)에서도 지라르의 최근 저작을 중심으로 학술대회가 열리기도 했다.

알리스터 맥그래스(Alister McGrath, 1953-)의 『기독교 신학 입문』(An Introduction to Christian Theology)[63] 제13장 '그리스도 안에서의 구원에 관한 교리'에

---

59 http://www.st-andrews.ac.uk/gifford/2010/the-sacred-and-the-human/.
60 정일권, 『우상의 황혼과 그리스도. 르네 지라르와 현대사상』, (서울:새물결출판사, 2014).
61 René Girard, André Gounelle et Alain Houziaux, *Dieu, une invention ?* Questions de vie (Paris: Editions de l'Atelier, 2007).
62 Imitation, Mimetic Theory, and Religions and Cultural Evolution - A Templeton Advanced Research Program. http://www.mimetictheory.org/
63 Alister E. McGrath, Christian Theology: An Introduction, 5th edition (Malden, MA: Wiley-Blackwell, 2011). 이 책은 알리스터 맥그래서, 『신학이란 무엇인가 ? 알리스터 맥그래스의 기독교 신학 입문』, 김기철 번역 (서울:복있는 사람, 2014)으로 번역되었다.

서도 지라르의 사상이 자세하게 소개되는데, 여기서는 폭력과 십자가를 화두로 지라르의 이론을 논의하고, 그의 종교에 대한 인류학적 접근, 성스러움(The sacred)의 중심에 존재하는 파괴적인 폭력, 모방적 욕망, 희생양, 하나님의 어린양과 희생양으로서의 예수도 논한다.

맥그라스는 성경은 예수를 단지 희생양이나 희생 염소(scapegoat)로 하지 않고 하나님의 양(Agnus Dei)로 표현함으로 염소에 포함된 부정적인 속성들과 의미들이 제거해서 부당하게 희생당한 무죄한 자라는 사실을 더 극명하게 표현한다는 지라르의 주장을 언급한다.

그리고 맥그라스는 "지라르가 정통신학을 복권하기 위해서 자신의 십자가의 인류학(Anthropology of the Cross)을 발전시켰다"라는 사실도 언급한다. 맥그라스는 지라르의 인류학적 이론이 기독교 속죄론의 핵심적인 몇몇 주제들에 대해서 밝혀주는 것으로 평가한다. 물론 맥그라스는 속죄론에 대한 지라르의 이론의 한계도 지적한다.

지라르 스스로가 자신의 기독교 변증론은 신학적이라기보다는 인류학적인 지평에서 이루어지는 것이라고 말하기에, 신학 내에서만 사유하는 신학자들에게는 몇몇 불만족스러운 것이 있을 수 있다. 또한, 이 책에서 소개되겠지만, 지라르의 이론을 인문학적으로 뿐만 아니라, 신학적으로도 깊이 수용한 연구들도 풍부하게 존재한다는 사실도 기억해야 한다.

또한, 지라르는 신학자가 아니라, 인문학자라는 사실을 기억해야 한다. 그가 당대의 어떤 인문학자보다도 깊게 신학자들과 학문적 교류와 대화를 가지면서 다시금 유대-기독교적 전통을 그의 십자가의 인류학으로 변호하지만, 그는 인문학자로서 그 작업을 진행하고 있다.

지라르 자신의 신앙적 회심과 헌신으로 오랫동안 인문학계에서 '왕따를 당했다'는 사실을 신학자들은 기억해야 한다. 일부 신학자는 지라르의 이론에 충분히 초월적-수직적-계시적 차원이 부족하다고 불평하지만, 그러한 비판은 그다지 설득력이 부족하다.

신학자들을 도와서 기독교 정통신학을 복권하고자 하는 것이 자신의 지적인 기획이라고 말하지만, 신학적인 세부 내용에 대해서 지라르는 때로는 방법론적인 차원에서 논의를 절제하기도 한다.

10. 군중은 '비진리'다

2014년 방한한 필립 얀시(Philip Yancey)도 지라르에 대해서 잘 알고 있고, 자신의 저술에서 그를 논의하고 있다.

얀시는 골로새서 2:15의 "통치자들과 권세들을 무력화하여 드러내어 구경거리로 삼으시고 십자가로 그들을 이기셨느니라"에 대해 설명하면서, 지라르의 회심을 언급한다.

사도 바울은 하나님께서 성자의 부활 속에서 죽음의 파괴적인 세력을 물리치셨다고 말한다. 하지만, 골로새서 2:15에서는 부활을 언급하지 않고, 오직 십자가만 이야기하고 있다. 바울은 부활의 승리가 아니라, 십자가 자체가 승리라고 말하는 것이다.

이 맥락에서 필립 얀시는 지라르를 언급한다. 그는 프랑스의 철학자이자 인류학자인 지라르가 최근 몇 년 동안 바로 이 문제, 곧 "십자가의 승리를 아주 깊이 연구한 후 기독교로 개종해 동료들을 크게 놀라게 했다"라고 적고 있다. 지라르에게 감동을 준 것은, 예수님의 이야기에는 당시 유행하던 영웅 이야기의 요소들이 전혀 없다는 사실이었다.

바벨론이나 그리스 지역에서 발견된 모든 신화 이야기는 나약한 희생자가 아닌 힘센 영웅들을 찬양하고 있었으나, 예수님은 이와 정반대로 처음부터 '가난한 자, 억압받는 자, 병든 자, 소외당한 자 같은 약자의 편'에 서셨다. 이는 어느 지라르학파 학자의 표현처럼, "예수께서 스스로 무죄한 희생양으로 죽으심으로 말미암아 세계에서 가장 광범위한 역사적 혁명, 곧 희생자들에 대한 연민이 출현했다"라고 얀시는 적고 있다.

그는 이 책에서 지라르에게 깊은 영향을 준 시몬 베유(Simone Weil, 1909-1943)의 사상도 상세하게 다룬다. 그 외에 파스칼, 키에르케고르 등의 사유도 자신의 책에 반영하고 있다.[64]

「군중은 비진리다: 키에르케고르와 지라르에 관한 비교」라는 논문은 키에르케고르가 지속해서 말한 "군중은 비진리다"(The Crowd is Untruth)라는 말을 화두로 삼았다. 키에르케고르는 미묘하고 신학적으로도 심오한 폭력의 심리학 이해를 위한 기초를 제공했다고 이 연구는 본다. 지라르의 군중 이해는 키에르케고르보다 훨씬 이론적으로 정교하고 방대하다는 것이다.

군중심리학에 대한 지라르의 이론은 "고대 아즈텍 문명으로부터 현대사회에 이르기까지 방대한 사회과학적 데이터를 고려함으로써 현대의 철학적 인류학과의 대화 속에서 명확히 표현된 방대한 사회이론으로 발전하게 되었다."

지라르의 사상이 키에르케고르의 군중 이해와 연관된다면, 그 결과는 "폭력의 심리학 이해를 위한 근거로서 기독교 지성적 전통의 능력에 대한 매우 강한 증거가 될 것이다"라고 이 연구는 말하고 있다.[65]

다른 책에서도 필립 얀시는 현대사회에서는 주변화된 인물이 도덕적 권위를 가지는 사실을 지적하는 지라르를 언급하고 있다. 지라르는 현대의 각종 해방 운동, 곧 노예, 여성, 시민, 성소수자, 동물 등의 권리 운동과 해방 운동이 20세기에 가속화되고 있음을 본다. 이러한 희생자들, 약자들, 소수자들이 도덕적 권위를 가지는 현상은 새로운 현상으로 고대 문헌에서는 그 유례를 찾아볼 수 없다고 주장하는 지라르를 필립 얀시는 언급한다.

주변화된 인물이 아니라, 승리자가 역사를 기록하기에 바벨론, 그리스, 그리고 세계의 모든 신화들은 불쌍한 희생자들이 아니라, 강한 영웅들을

---

64 Philip Yancey, *Reaching for the Invisible God. What Can We Expect to Find?* (Grand Rapids: Zondervan, 2000), 141-143.
65 Charles K. Bellinger, "'The Crowd is Untruth': A Comparison of Kierkegaard and Girard." *Contagion: A Journal of Violence, Mimesis, and Culture* 3 (1996), 117.

예찬하고 있다. 지라르는 "약자들, 희생자들, 그리고 소수자들에 대한 현대 세계의 유례없는 관심과 염려의 기원을 예수라는 역사적 인물에서 발견한다"고 얀시는 적고 있다.[66]

또한, 다른 저술에서도 지라르의 영향을 받아 현대사회에서 여성들, 소수자들, 장애인들, 환경 운동가들이나 인권 운동가들은 모두 하나님께서 희생자의 편을 선 사건인 십자가로부터 나온 복음의 능력으로부터 그들의 도덕적 힘을 끌어오고 있다는 사실을 말한다. 즉, 현대의 소수자들, 약자들, 희생자들의 권리를 위해 투쟁하는 많은 권리 운동과 해방 운동들은 결국은 희생양에 대한 우선적 선택과 염려를 하는 기독교적 가치 전복으로부터 유래했다는 것이다.

이들 "'정치적으로 올바른(politically correct) 운동들'은 자주 자신 스스로를 '기독교의 적'으로 제시하지만, 역설적이게도 기독교의 복음이 그러한 해방운동이 가능할 수 있는 기반을 제공했다"고 얀시는 주장한다.

얀시는 지라르학과 학자인 베일리(Gil Bailie)의 『폭로된 폭력: 기로에 서 있는 인류』(*Violence Unveiled: Humanity at the Crossroads*)[67]를 언급하면서, "복음이 인류 역사 속에서 가장 놀라운 가치전복을 가져왔다"라는 사실을 말한다. 즉, 기독교 복음의 영향으로 희생자가 서구 세계의 거의 모든 곳에서 도덕적으로 높은 위치를 점하게 되었다는 것이다.[68]

베일리의 이 책은 지라르가 직접 서문을 쓰기도 했다.

나는 2005년 독일에서 개최된 국제지라르학회 '폭력과 종교에 관한 학술대회'(Colloquium on Violence and Religion)에 참여해서 베일리를 만났는데, 그는 무엇보다 정치적 올바름(political correctness)의 논리를 넘어 지라르의 문화 이론의 빛으로 불교를 종교학적으로 엄밀하게 연구하는 나의 작업에 큰

66　Philip Yancey, *What Good is God ? In Search of a Faith that Matters* (New York: FaithWords, 2010).
67　Gil Bailie, *Violence Unveiled: Humanity at the Crossroads* (New York: Crossroad, 1995).
68　http://www.christianitytoday.com/ct/1999/february8/9t2136.html

관심을 보여주었다.

베일리(Gil Bailie)의 『폭로된 폭력: 기로에 서있는 인류』의 서문에서 지라르는 "복음서와 신화의 밀접한 관련성이 유대-기독교적 전통의 유일성이 증명되는 수단이지, 그 유일성이 부정되는 수단은 아니다"라고 말하면서, "복음서는 어떤 사회과학이 제공하는 것보다 우월한 종교의 인류학을 내포하고 있다"라고 한다. 또한, 지라르는 종교적 상대주의의 피상성을 말한다.[69]

그리고 현대에서 가장 광범위하고 중대한 지성적인 전진을 성취했고, 인문학에서의 대통일 이론, 또는 만유 이론(the unified field theory)과 같은 것을 공식화했다"라고 베일리는 평가한다.

최근에 호의를 얻고 있는 오직 하나의 광범위한 이론(sweeping theory)이 있다면, 그것은 광범위한 이론들이 더 이상 가능하지 않다는 이론이다. 이것이 포스트모더니즘의 메시지이다. 바로 이런 분위기에서 지라르가 "어떤 광범위한 새로운 이론을 제안하면서 그것의 보편적 적용 가능성을 주장하기에, 지라르는 많은 사람들에게 스캔들"이었다.[70]

나는 비슷한 의미로 나의 책 『우주와 문화의 기원. 르네 지라르와 자연과학』에서 지라르의 미메시스 이론(Mimetic Theory)을 물리학에서 대통일 이론, 또는 만유 이론의 후보로 거론되는 M 이론과 유비적인 인문학의 M 이론으로 표현하기도 했다.

겐스(Eric Gans, 1941-)는 인류학에서 지라르의 연구는 "인간 과학들을 재고할 수 있는 '아르키메데스 점을 세상에 제공한다'고 평가했다.[71] 언어철학자이자 문화인류학자이기도 한 겐스는 지라르와의 학문적 교류를 통해서 인류문화와 기원에 대한 새로운 과학인 '발생적 인류학'(Generative

---

69 René Girard, "Foreword," in Gil Bailie, *Violence Unveiled: Humanity at the Crossroads* (New York: Crossroad, 1995), xii.
70 Gil Bailie, *Violence Unveiled: Humanity at the Crossroads*, 4-6.
71 Gil Bailie, *Violence Unveiled: Humanity at the Crossroads*, 5.

Anthropology)을 발전시켰다. 그의 발생적 인류학은 지라르의 근본 인류학(Fundamental Anthropology)과 밀접하게 관련되어 있다.

두 학자 모두 언어의 기원에 대해서 관심을 가지는데, 지라르는 언어의 기원을 희생양 메커니즘에서 발견한다.

내가 2005년 독일에서 개최된 '폭력과 종교에 관한 학술대회'에 참석해서 지라르를 직접 만났을 때, 언어학자들이 다수 참여했었다.

베일리는 "사회적 조소의 희생자들에 대한 성경적 연민이 다문화주의의 황금시대를 가져왔다"고 바르게 지적했다. 오늘날의 다문화주의에 대한 공적인 논쟁이 가능해진 것은 '희생자들에 대한 성경적 연민'이 그 토론과 논쟁의 도덕적인 세력으로 자리잡고 있기 때문이다.[72]

현대사회는 희생자가 가지는 반박의 여지가 없는 특권이 진리를 결정하는 사회이다. 거의 모든 현대사회에서의 사회적, 정치적, 그리고 도덕적 논쟁에서 양 진영은 모두 자신들이 희생자들이거나 희생자들을 위한다고 주장한다. 그러나 이러한 현대사회를 가능케 했던 것은 "성경적 계시가 폭력을 신성화시키는 능력을 점차적으로 파괴했기 때문"이다.[73]

11. 디오니소스-오르페우스-바쿠스 신화

칼 융(Carl Jung, 1875-1961)의 강한 영향을 받은 신화학자 조셉 캠벨(Joseph Campbell, 1904-1987)에 대해서 베일리는 비판적으로 분석하고 있다. 캠벨이 기존의 비교종교학의 상투적인 문구를 반복하면서, "기독교 속에서 디오니소스-오르페우스-바쿠스 신화의 또 하나의 초라한 변이를 보고 있다"라고 베일리는 비판한다.

---

72 Gil Bailie, *Violence Unveiled: Humanity at the Crossroads*, 9.
73 Gil Bailie, *Violence Unveiled: Humanity at the Crossroads*, 22-24.

"우주 생명의 맥박인 '죽고 소생하는 신'에 대한 신화는 그리스도의 십자가 죽음 이전에 오랫동안 잘 알려져 왔기에 특별한 것이 없다"라고 캠벨은 『신의 가면: 창조적 신화』(*The masks of God : creative mythology*)에서 적고 있다.[74]

엘리아데(Mircea Eliade, 1907~1986)는 창조적 신화에서 '창조적 살해'의 코드를 읽어내는데, 이것은 지라르가 말하는 희생양에 대한 초석적 살해다.

십자가에 달리신 자의 '얼굴'은 신의 가면을 벗기신다. 바쿠스 희생 제의적 축제와 비극 극장의 신 디오니소스는, 또한 가면의 신이다. 신의 가면은 희생양을 살해하기 전에 일시적으로 시뮬라시옹 되는 희생 제의적이고 축제적인 위기를 상징한다. 신의 가면은 디오니소스적 폭력을 은폐하고 있다.

십자가에 달리신 자는 신들의 가면을 벗기신다. 십자가에 달리신 자의 '얼굴' 속에 자신을 계시한 하나님은 객과 고아와 과부의 하나님이다. 십자가에 달리신 자의 슬픈 얼굴에 타자의 '얼굴'이 수렴된다.

가면을 쓴 신들은 창조적이고 초석적인 살해의 집행자인 동시에 그 은폐된 희생양들이다. 세계의 모든 '창조적 신화'는 성스러운 폭력을 신의 가면 속에 은폐하고 있다. 십자가에 달리신 자의 얼굴은 신의 가면들 속에 은폐되어온 폭력적 성스러움을 고발하고 종식시킨다.

캠벨은 "군중의 살해에 대한 이야기에서 세계 신화들이 경이롭게도 잘 보존하고 있는 "은유적인 보물들을 기독교가 빼앗아갔다"라고 기독교를 경멸했다. 기독교는 상승적인 은유(Anagonic Metaphor)를 포기하고, "실제적인 역사적 사건들을 주장함으로 그 조잡함을 드러낸다"라고 캠벨은 말한다.

하지만 베일리는 중세 마녀화형에 대한 이야기를 상승적인 은유로 예찬할 수 있는지 반문하면서, "캠벨은 너무 많이 니체, 쇼펜하우어, 그리고 칼 융의 주술에 걸려있다"라고 캠벨에 대해 바르게 비판한다.

---

[74] Joseph Campbell, *The Mask of God : Creative Mythology* (New York : Viking Press, 1968), 26.

캠벨과 같이 그리스도의 십자가 죽음과 디오니소스-오르페우스-바쿠스 신화들의 유사성에 대한 '클리쉐'(cliché, 상투적인 문구)를 반복하는 자들은 복음서는 "희생자의 관점에서 십자가 죽음에 대한 이야기를 적고 있다는 사실을 보지 못한다"라고 베일리는 분석한다.

군중 살해(Mob Murder)의 이야기를 상승적 은유(Anagonic Metaphor)로 해석하기를 거부하고 대신 "실제적인 역사적 사건들에 관심을 가지는 것은 신화에 대한 복음서의 승리를 의미한다"라고 베일리는 주장한다. "희생 제의적 살해로부터 탄생한 정신이 공동체에 영감을 주어 그 살해자들이 그 살해를 성스럽고 창조적인 것으로 기억하도록 한다"고 베일리는 적고 있다.[75]

캠벨은 칼 융과 그의 제자들이 분석했던 무의식적인 것을 신화 속에서 발견하고자 한다. 하지만 칼 융이 말했던 신화 속의 집단 무의식은 의식하지 못하도록 인지 불능을 일으키는 희생양 메커니즘과 연결해서 생각해야 한다. 신화의 가장 근본적인 코드가 살해되고 신성화되는 신들과 희생양들에 대한 스토리라면, 칼 융과 그의 제자들이 말하는 신화적이고 집단적인 무의식은 희생양에 대한 무의식과 관련이 있다.

지라르에게 있어서 희생양 메커니즘이 완벽하게 작동하기 위한 전제조건은 그 메커니즘에 대한 '인지불능'(Méconnaissance)이다.[76] 지라르가 "메커니즘이라는 표현을 사용하는 것은 희생양 만들기(scapegoating)에는 무의식적, 자동적, 그리고 기계적이 차원이 존재하기 때문"이다.

"심지어 진리를 발견하고, 신화적 조작을 회피하고자 하는 단호한 노력도 만약 신화적 실체의 중심에 존재하는 희생양 만들기와 희생 제의적 결합을 해독한 도구가 존재하지 않는다면 실패할 수밖에 없다.

바로 희생자들에 대한 성경적 연민이 "'실제적인 역사적 사건들'에 대한 참된 역사적 관심을 불러일으켰고, 이것이 우리가 '서구 문화'라 부르는 세계 최초의 반문화적(counter-cultural) 문화를 탄생시켰다"라고 베일리는 말

75　Gil Bailie, *Violence Unveiled: Humanity at the Crossroads*, 128-130.
76　René Girard, *Das Heilige und die Gewal* (Zürich: Benzinger, 1987), 154, 37, 175f.

한다.[77]

또한, 그에 의하면, "인류학적 시각에서 보면, 복음서들의 독특성은 구조적이다. 복음서들은 창세 이후로 인류의 문화적 시스템들이 구조화되어온 '발생적 미메시스적 희생양 메커니즘'을 완벽하게 **재생**하며, 그런 다음에 **해독**한다."[78]

---

77 Gil Bailie, *Violence Unveiled: Humanity at the Crossroads*, 131.
78 Gil Bailie, *Violence Unveiled: Humanity at the Crossroads*, 201.

제3장

기독교에 대한 비판적 변증

1. 희생양 메커니즘의 치유와 극복

지라르의 미메시스 이론은 이후 오스트리아 인스부르크대학교(Universität Innsbruck)와 지라르가 활동하고 있는 미국 스탠퍼드대학교(Stanford University)를 중심으로 학제적이고 국제적인 연구로 확장되었다. 슈바거(Raymund Schwager) 교수가 조직한 지라르 다큐멘터리센터와 데이터베이스가 오스트리아 인스부르크대학교에 존재한다.

지라르의 문명 이론과 기독교 변증론을 공동연구하기 위해서 유럽에서 지라르의 학제적 연구 중심지로 성장한 인스부르크대학교에서 공부하고 있는 나에게 특별히 의미가 있었던 사건은 독일 튀빙겐대학교(University of Tübingen) 개신교 신학부가 지라르의 기독교에 대한 비판적 변증 작업에 대해 영예로운 '레오폴드루카스상'(Dr. Leopold-Lucas-Preis 2006)을 수여한 것이었다.

나는 당시 나의 지도교수이자 국제지라르학회 '폭력과 종교에 관한 학술대회'(Colloquium on Violence and Religion) 회장을 역임했던 볼프강 팔라버(Wolfgang Palaver)교수와 다른 지라르학파의 학자와 함께 참여해서 축하의 인사를 전하며, 지라르와 대화를 나누었다. 튀빙겐대학교의 어느 젊은 독일 교수가 먼저 제안해서 지라르와의 사진도 촬영했다.

팔라버(Wolfgang Palaver)는 지라르의 미메시스 이론을 문화 이론적이고 사회정치적인 질문들 속에서 소개한 지라르 이론에 대한 독일어권의 가장 대

표적인 입문서를 저술했다.[1]

국제지라르학회인 '폭력과 종교에 관한 학술대회'의 공식적인 목표는 문화의 발생과 유지에 있어서의 폭력과 종교 사이의 관계성에 대한 미메시스적인 모델을 연구하고 비판하고 발전시키는 것으로 표현되어 있다.

> 독일 튀빙겐대학교에서의 '레오폴드루카스상'은 다음과 같은 공식적 표현을 사용함으로 지라르의 학문적 업적을 평가하고 있다:
> 지라르는 인류 공동체의 삶의 기초들에 대한 그의 문학 이론적이고, 문화 과학적이고, 철학적이고, 그리고 신학적인 연구, 잘못된 초월 관계들의 역동성에 관한 연구, 폭력으로 기울어지는 인류의 경향성 기원들에 대한 그의 폭로, 그리고 진정성 있고, 비판적이면서 구원하는 종교적 능력들을 통한 폭력의 통제와 극복에 관한 연구로 높이 평가되어야 한다.

이 시상식에 대한 튀빙겐대학교의 언론보도에서는 지라르의 문화 이론적 연구서인 『폭력과 성스러움』(*La Violence et le Sacré*)[2]에서 폭력의 문제와 그것의 통제를 문화의 근본적 문제로 파악하는 "가차 없는 리얼리즘"을 보여준다고 평가했다. 또한, 희생양 메커니즘의 극복에 있어서 "유대-기독교적 전통의 진정한 잠재적 역량"을 지라르가 보고 있다고 전한다.

그리고 당시 튀빙겐대학교에서 신학 부문 베스트셀러였던 지라르의 『나는 사탄이 번개처럼 떨어지는 것을 본다』[3]를 언급하면서, 그의 이론이 이론이 인문과학과 문화과학과의 학제적 대화로 초대하고 있다고 평가했다.

---

1   Wolfgang Plaver, *René Girards mimetische Theorie. Im Kontext kulturtheoretischer und gesellschaftspolitischer Fragen* (Beiträge zur mimetischen Theorie Band. 6). 3. Auflage (Münster:LIT Verlag, 2008), 335.
2   René Girard, *La Violence et le Sacré* (Paris: Grasset, 1972).
3   René Girard, *Ich sah den Satan vom Himmel fallen wie einen Blitz. Eine kritische Apologie des Christentums*. Aus dem Französischen von Elisabeth Mainberger-Ruh (Munich and Vienna: Carl Hanser Verlag, 2002).

『나는 사탄이 번개처럼 떨어지는 것을 본다』의 독일어 번역에서는 "기독교에 대한 비판적 변증"(*Eine kritische Apologie des Christentums*)이라는 부제가 붙었고, 또한 이 책의 후기(Nachwort) 독일의 대중적인 철학자 슬로터다이크(Peter Sloterdijk, 1947-)는 "질투의 제국에서 잠을 깨다. 르네 지라르의 인류학적 메시지에 대한 메모"라는 제목으로 썼다.[4]

니체와 하이데거를 따르면서 인도에서 오쇼 라즈니쉬의 제자로서 오렌지 색깔의 옷을 입은 세계포기자(Sannyasin, 남성 출가자에 대한 힌두교적 표현)로서 수행을 하고 스와미 피터(Swami D. Peter)라는 이름을 받았다.

또한, 그 과거를 크게 떠나지 않은 슬로터다이크는 여전히 니체를 따라 "의심할 바 없이 '무관심의 윤리'(Ethik der Desinteressierung)의 가장 성숙한 형태는 '통찰의 칼'로 집착을 자르는 불교적인 가르침에서 발견할 수 있다"라고 이 후기에서 적고 있다.

이는 지라르의 학문적 위상이나 업적을 무시하지는 않지만, 여전히 지라르에 대한 보다 복잡한 심경을 후기에서 표현하고 있는 것이다. 슬로터다이크에 의하면, '인과적인 사슬에 대한 섬세한 분석'을 통해서 '불교는 적어도 몇몇 사람들을 욕망의 아레나로부터 끄집어내어 피할 수 없는 상실감으로부터 해방하고자 하는 시도를 했다'는 것이다.

또한, "니체가 불교에서 개인과 집단을 위한 가장 중요한 감정적인 위생학을 발견한 것은 우연이 아니다"라는 것이다. 그러면서 르상티망에 대한 니체의 분석을 높이 평가한다.[5] 그는 지라르가 모방적 욕망의 발생과 구조를 밝히고, 욕망의 삼각형 구조를 분석함으로써 인간의 '미메시스적인 조건'(*conditio mimetica*)을 해명했다고 평가한다.[6]

---

4 Peter Sloterdijk, "Erwachen im Reich der Eifersucht. Notiz zu René Girards anthropologischer Sendung," in R. Girard. *Ich sah den Satan vom Himmel fallen wie ein Blitz. Eine kritische Anthropologie des Christentums* (München: Hanser, 2002). 243-54.

5 Peter Sloterdijk, "Erwachen im Reich der Eifersucht. Notiz zu René Girards anthropologischer Sendung," in R. Girard. *Ich sah den Satan vom Himmel fallen wie ein Blitz. Eine kritische Anthropologie des Christentums* (München: Hanser, 2002), 247-8.

6 Sloterdijk, "Erwachen im Reich der Eifersucht. Notiz zu René Girards anthropologischer

슬로터다이크는 "지라르가 '윤리적 권고'를 '원천들에 대한 보수적 성찰의 방법'으로 제시한 데 비해, 니체는 보다 '창조적인 기획을 제시'한다"라고 말한다.

즉, 니체는 "큰 아량의 윤리학으로의 전환을 통해서 질투-도덕과 위선자-도덕의 고대 서양적인 힘의 장(Kraftfeld)을 해독하고자 하는 목적으로 불교적 유형의 금욕 심리학의 성과들과 새로운 디오니소스적인 긍정의 가르침 사이의 종합"을 제시한다.[7]

최근 지라르를 언급하는 위르겐 하버마스와는 달리 슬로터다이크는 지라르의 비판적인 기독교 변증론의 후기를 쓰면서도 여전히 유럽 68문화혁명의 흔적을 보여주고 있다. 그는 불교를 미학적으로 낭만화하고 있다. 슬로터다이크의 경우처럼, 불교를 평화스러운 종교의 대명사로 이해하는 것은 한 때 '유럽의 지적인 엘리트들의 유행'이었다.

그러나 2003년 독일 종교학회는 "이제 유럽에서 더 이상 불교를 낭만적으로 이해할 수 없게 되었다"라고 하며, "불교는 유럽에서 어제의 불교가 아니다"라고 선언했다.[8]

이미 오래전부터 종교학자들과 아카데믹한 불교학자보다 그동안 서구적인 오리엔탈리즘과 아시아적인 자기 오리엔탈리즘에 의해서 낭만적으로 미학화된 불교의 지적인 유행과 스노비즘(snobbism, 고상한 체하는 속물근성, 또는 출신이나 학식을 공개적으로 자랑하는 일)으로부터 결별해서 점점 엄밀하게 불교를 연구하게 되었지만, 슬로터다이크는 여전히 그 유행의 황혼에서 불교적 지혜를 예찬하고 있는 것 같다.

물론 쉼, 버림, 멈춤, 포기, 명상 등 불교적 지혜가 줄 수 있는 긍정적인 것을 긍정하고 인정할 수 있지만, 그것이 불교 전부는 아니다.

Sendung," 249.
7 Sloterdijk, "Erwachen im Reich der Eifersucht. Notiz zu René Girards anthropologischer Sendung," 252.
8 Karénina Kollmar-Paulenz and Inken Prohl, "Einführung: *Buddhismus und Gewalt*," In *Zeitschrift für Religionswissenschaft* 11 (2003), 143.

2. 복음서는 신화의 죽음이다

'레오폴드루카스상' 시상식에서 나는 튀빙겐대학교(University of Tübingen) 조직신학 교수인 크리스토프 슈뵈벨(Christoph Schwöbel, 1955-) 교수와도 이야기를 나누었다. 지라르의 이론에 천착하기 이전 나는 삼위일체론 신학을 연구하고 있었기에, 현대 삼위일체론적 신학의 전문가인 슈뵈벨 교수와의 만남은 소중했다.

이 시상식에서 있었던 지라르 강의는 <복음서는 신화의 죽음이다>(Die Evangelien sind der Tod der Mythologie)라는 제목으로 튀빙겐대학교 언론을 통해 소개되었고,[9] 『학문과 기독교 신앙』(*Wissenschaft und Christlicher Glaube*)이라는 책으로 출판되었다.[10]

튀빙겐대학교 개신교 신학부의 구약학 교수인 베른트 야노브스키(Bernd Janowski, 1943-) 교수가 이 시상식이 이루어지기까지 큰 영향을 준 것으로 전해 들었다.

그는 지라르에 대해서 깊이 관심을 가진 개신교 신학자인데, 독일 하이델베르크대학교(Heidelberg University)의 조직신학 교수인 미하엘 벨커(Michael Welker, 1947-)와 함께 『신학적이고 문화적인 상황 속에서 본 희생』(*Wissenschaft und Christlicher Glaube*)을 편집, 출판했는데, 이 책에는 지라르의 영향을 받은 것이 잘 반영되어 있다.[11]

이 책에 실린 「성스러운 폭력과 권력의 가치: 르네 지라르의 희생 이론과 문화 신학」이라는 논문은 지라르를 상세하게 논의하고 있다.[12]

---

9 "Die Evangelien sind der Tod der Mythologie". René Girard mit dem Dr. Leopold-Lucas-Preis 2006 ausgezeichnet. See http://www.uni-tuebingen.de/uni/qvo/Tun/tun128/tun128-forum-2.html

10 R. Girard, Eilert Herms, *Wissenschaft und Christlicher Glaube. Lucas-Preis 2006* (Tübingen: Mohr Siebeck, 2007).

11 Bernd Janowski and Michael Welker (ed), *Opfer: Theologische und kulturelle Kontexte* (Frankfurt am Main: Suhrkamp, 2000).

12 William Schweiker, "Heilige Gewalt und der Wert der Macht: René Girards Opfertheorie

벨커도 『계시된 하나님, 기독론』(God the Revealed: Christology)에서 지라르를 상세하게 언급하고 있다.[13]

지라르에게 깊은 영향을 받은 야노브스키 교수의 「그는 우리의 죄악을 지셨다. 이사야 53장과 대리의 드라마」라는 논문은 이 성경 본문이 희생양 메커니즘을 투명하게 보여주는 것으로 파악한다.[14] 세상 죄를 지고 가는 하나님의 어린 양이요, 무죄한 자의 전형인 예수는 오래전 구약성경 이사야 53장에서는 슬픔의 사람으로 묘사된다.

지라르도 이 성경 구절을 자신의 희생양 이론 속에서 자세하게 논의했는데, 예수 그리스도의 예표와 원형으로 이해되는 이 <고난받는 종의 노래>에서 희생양을 에워싸고 있는 군중을 본다.[15]

> 그는 멸시를 받아 사람들에게 버림 받았으며 간고를 많이 겪었으며 질고를 아는 자라(사 53:3상)

그는 굴욕을 당하고 고문을 당했으나, 아무 말도 하지 않았다. 마치 도살장으로 끌려가는 어린 양처럼, 끌려가기만 할 뿐 아무 말도 하지 않았다.

그를 찌른 것은 우리의 반역죄요, 그를 으스러뜨린 것은 우리의 악행이었다. 몸에 채찍을 맞음으로써 우리를 성하게 해주었고, 그 몸에 상처를 입음으로써 우리를 치유해주었다고 성경은 말한다.

---

und die Theologie der Kultur," in *Opfer: Theologische und kulturelle Kontexte*, ed. Bernd Jankowski and Michael Welker(Frankfurt am Main: Suhrkamp, 2000), 108-125.

13   Michael Welker *God the Revealed: Christology* (Grand Rapids, MI: William B. Eerdmans, 2013), 202페이지, 각주 33.

14   Bernd Janowski, "Er trug unsere Sünden. Jesaja 53 und die Dramatik der Stellvertretung," *Zeitschrift für Theologie und Kirche* 90/1 (1993), 1-24. 이 논문은 다음의 책을 통해서도 출판되었다: Bernd Janowski, "Er trug unsere Sünden. Jesaja 53 und die Dramatik der Stellvertretung," in *Der leidende Gottesknecht: Jesaja 53 und seine Wirkungsgeschichte*, hgg. von B. Janowski/P. Stuhlmacher, FAT 14, Tübingen 1996,

15   R. Girard, "Are the Gospels Mythical?" in *First Things: A Journal of Religion, Culture, and Public Life*, April 1996.

이사야 53장 <고난받는 종의 노래>에서 대리의 드라마(Dramatik der Stellvertretung)를 보는 야노브스키 교수는 지라르의 희생양 이론을 주제로 오스트리아 인스부르크대학교(Universität Innsbruck)에서 개최된 심포지움의 논문들을 출판한 『드라마틱한 구원론. 심포지움』(Dramatische Erlösungslehre. Ein Symposium)을 언급한다.[16]

그는 이 심포지움에 참여해서 「대리: 르네 지라르와 라이문트 슈바거의 대화 속에 나타난 교의학적 범주에 관한 고찰」(Stellvertretung: Erwägungen zu einer dogmatischen Kategorie im Gespräch mit René Girard und Raymund Schwager)이란 논문을 발표하고 출판한 독일 개신교 사회윤리학자 한스 리처드 로이터(Hans-Richard Reuter, 1947-)의 논문도 인용하고 있다.[17]

나는 독일 마르부르크대학교(University of Marburg)에서 공부하면서 지도교수(Doktorvater)로서 당시 독일 개신교 신학 내에서 지라르를 잘 알고 있는 한스 리하드 로이터 교수에게 먼저 연락을 했다. 그는 나의 지라르 연구는 환영했지만, 분석적이고 엄밀한 불교 연구에 대한 반응은 미온적이어서 그 이후 과정은 성사되지 못했다.

독일은 개신교에서 불교가 많은 경우 낭만적으로 이해되어 왔다. 그 이후 나는 참으로 우연히도 마르부르크대학교에서 지라르학파의 초기 멤버였던 딕커만(Bernhard Dieckmann) 교수를 만나게 되었고, 그가 나의 지도교수였던 팔라버(Wolfgang Palaver)교수에게 강한 추천서를 써주었다.

16　Bernd Janowski, "Er trug unsere Sünden. Jesaja 53 und die Dramatik der Stellvertretung," in *Der leidende Gottesknecht: Jesaja 53 und seine Wirkungsgeschichte*, 29, 각주 10 ; Józef Niewiadomski - Wolfgang Palaver (Hg.), *Dramatische Erlösungslehre. Ein Symposium* (Innsbruck, 25.-28. September 1991) (Innsbrucker theologische Studien 38) (Innsbruck: Tyrolia 1992).

17　Hans-Richard Reuter, "Stellvertretung: Erwägungen zu einer dogmatischen Kategorie im Gespräch mit René *Girard* und Raymund Schwager," in *Dramatische Erlösungslehre. Ein Symposium* (Innsbruck, 25.-28. September 1991), 179-199. 그리고 29페이지 각주 10번과 46페이지 각주 61번에서도 지라르의 희생양 메커니즘과 그의 이사야 53장의 이해에 대해서 논의하고 있다.

이후 나는 여러 가지 고뇌와 결단을 거친 이후 지라르 연구중심지로 성장한 오스트리아 인스부르크대학교로 발길을 옮기게 되었다. 나는 그곳 알프스 중턱에서 정치적 올바름(political correctness)의 논리를 벗어나 더욱 엄밀하고 학문적인 연구에 집중할 수 있게 되었다.

'드라마틱한 구원론' 심포지엄에서 발표된 논문들은 조직신학부 교의학 교수인 니뷔아돔스키(Józef Niewiadomski)와 기독교 사회론 분야의 교수인 팔라버가 편집해서 출판했다.

이 책에는 "지라르를 위한 로핑크의 추천"(Lohfinks Empfelhung für Girard)도 포함되어 있는데,[18] 독일의 구약학 교수인 노베르트 로핑크(Nobert Lohfink)는 슈바거, 한스 우스 본 발타자르(Hans Urs von Balthasar)와 같이 지라르를 신학적으로 수용한 제1세대 학자다.

그는 20세기 신학자들이 복음을 부끄러워하기 시작했을 때, 프랑스 인문학자 지라르가 복음서를 다시 서구정신사의 중심에 세웠다고 했다. 그는 지라르의 『창세 이후로 감추어져 온 것들』(Des choses cachées depuis la fondation du monde)의 독일어 번역본의 서문(Vorwort)를 썼다.[19] 성경 구절에서 빌려온 이 프랑스어 원제는 독일어 번역본에서는 『폭력의 종말. 인류의 불행에 대한 분석』으로 의역되어서 출판되었다.[20]

지라르의 대작(opus magnum)이라 할 수 있는 이 책은 독일어권에서 지라르에 대한 인식과 관심이 확산함에 따라서 2009년 프랑스어로부터 직접 완역해서 다시 출판되었다.[21]

---

18 Robert North SJ, Lohfinks Empfelhung für Girard, "Józef Niewiadomski - Wolfgang Palaver (Hg.), *Dramatische Erlösungslehre*. Ein Symposium (Innsbruck, 25.-28. September 1991) (Innsbrucker theologische Studien 38), 85-96.
19 René Girard, *Des choses cachées depuis la fondation du monde* (Paris: Grasset, 1978).
20 René Girard, *Das Ende der Gewalt. Analyse des Menschheitsverhängnisses* (Freiburg/Basel/Wien: Herder, 1983).
21 René Girard, Ralf Miggelbrink, *Das Ende der Gewalt. Analyse des Menschheitsverhängnisses. Erkundungen zu Mimesis und Gewalt mit Jean-Michel Oughourlian und Guy Lefort*. Vollständige Neuübersetzung aus dem Französischen von Elisabeth Mainberger-Ruh (Freiburg u.a.: Herder 2009).

지라르를 신학자들에게 강하게 추천했던 구약학자 노베르트 로핑크(Nobert Lohfink)의 동생은 튀빙겐대학교의 신약학 교수인 게르하르트 로핑크(Gerhard Lohfink)이다.

그가 쓴 『예수는 어떤 공동체를 원했나?』(Wie hat Jesus Gemeinde gewollt?)는 한국에도 잘 알려져 있다.22 노베르트 로핑크의 「구약성경 – 폭력의 폭로」(Altes Testament - die Entlarvung der Gewalt)라는 논문도 지라르의 영향을 보여준다.23

3. 급진적인 폭력 비판으로서의 십자가와 평화 윤리

로이터 교수는 개신교 사회윤리학자로서 독일 뮌스터대학교(Universität Münster) 개신교 신학부 학장을 지내고 독일 본회퍼(Dietrich Bonhoeffer)재단의 학문적 자문단에서 활동하고 있다. 또한, 본회퍼의 『행위와 존재』(Akt und Sein)를 편집하고 출판하기도 했다.24 나는 인스부르크대학교에서 본회퍼 강독 세미나도 한 학기 동안 참여했다.

로이터 교수와 마찬가지로 기독교 사회윤리학자인 볼프강 후버(Wolfgang Huber)도 지라르에 대해서 잘 아는 학자다. 로이터 교수와 함께 그는 지라르의 이론을 언급하는 『평화 윤리』(Friedensethik)를 출판했다.25

---

22 게르하르트 로핑크, 『예수는 어떤 공동체를 원했나?』 정한교 역 (왜관: 분도출판사, 1985); Gerhard Lohfink, *Wie hat Jesus Gemeinde gewollt? Zur gesellschaftlichen Dimension des christlichen Glaubens* (Freiburg: Herder, 1982).

23 Norbert Lohfink, "Altes Testament – die Entlarvung der Gewalt," in Norbert Lohfink und Rudolf Pesch(Hgg.), *Weltgestaltung und Gewaltlosigkeit. Ethische Aspekte des Alten und Neuen Testaments in ihrer Einheit und ihrem Gegensatz* (Schriften der Kath. Akademie in Bayern 87) (Düsseldorf: Patmos Verlag, 1978), 45-61.

24 Hans-Richard Reuter (hrg), *Dietrich Bonhoeffer. Akt und Sein*. 3. Aufl. (München: Chr. Kaiser Verlag. 2008).

25 Wolfgang Huber – Hans-Richard Reuter, *Friedensethik* (Stuttgart: W. Kohlhammer, 1990).

팔라버도 평화 윤리 연구 시리즈에 포함된 『정치적인 것의 신화적 원천들: 카를 슈미트의 친구와 적에 관한 이론』(Die mythischen Quellen des Politischen: Carl Schmitts Freund-Feind-Theorie)을 출판했다.[26] 가장 비극적이고 현실적인 관계 이론이자 갈등 이론인 지라르의 이론은 궁극적으로, 그리고 규범적으로는 평화 이론이다.

이 책의 마지막 부분에서 우리는 기독교 신학 내에서의 평화주의 전통에서 수용한 지라르의 이론도 스케치할 것이다. 기독교 사회론 분야에서 나온 나의 독일어 단행본 『세계를 건설하는 불교의 세계 포기의 역설 – 르네 지라르의 미메시스 이론의 빛으로』도 독일 개신교 윤리 저널 「Zeitschrift für Evangelische Ethik」 최근 신간으로 소개되기도 했다.[27]

독일 하이델베르크대학교 조직신학 교수였고, 또한 최근까지 독일 개신교 전체를 대표하는 협의회(EKD: Evangelische Kirche in Deutschland)의 회장이었던 볼프강 후버(Wolfgang Huber)는 조직신학 분야 중에서도 기독교 사회 윤리학자이다. 내가 인스부르크에서 공부한 분야도 조직신학부 내의 기독교 사회론(Christliche Gesellschaftslehre) 분야이다.

나의 지도교수 팔라버와 인스부르크 지라르학파를 잘 알고 있고, 또한 인스부르크를 방문한 적도 있다. 그는 여러 강연과 저술에서 지라르에 대해서 논의하고 언급하고 있다. 2011년 『기독교 신앙 – 개신교적 지향』에서도 지라르를 논의에 포함하고 있다.[28]

볼프강 후버는 2010년 남아프리카 프레토리아대학교(University of Pretoria)에 초대되어 "민주적인 남아프리카에서의 폭력: 신학과 교회에 대한 도전"이라는 강의를 통해 지라르를 많이 언급했다.

26　Wolfgang Palaver, *Die mythischen Quellen des Politischen: Carl Schmitts Freund-Feind-Theorie* (Beiträge zur Friedensethik) (Stuttgart: W. Kohlhammer, 1990), 1998.
27　*Zeitschrift füur evangelische Ethik*. Heft 03/2011. 55.Jahrgang, 234.
28　Wolfgang Huber, *Der christliche Glaube: Eine evangelische Orientierung*, 5. Aufl. (Gütersloh: Gütersloher Verlagshaus, 2009).

이 강연을 비롯한 후버의 다른 논문들은 남아프리카공화국 프레토리아 교의학과 기독교 윤리 분야의 어느 교수의 편집에 의해 『기독교적 책임과 의사소통적 자유. 다원주의적 사회의 미래를 위한 도전』(Christian Responsibility and Communicative Freedom. A Challenge for the Future of Pluralistic Societies)으로 출판되었다.[29]

2010년에는 후버는 미국 워싱턴에서 "글로벌화된 세계 속에서의 종교와 폭력"이라는 제목으로 강의했는데, 여기서도 지라르를 논의에 포함하고 있다.[30]

독일개신교협의회(EKD) 홈페이지에 실린 후버의 2009년 강의 "오늘날의 세계에서의 종교, 정치, 그리고 폭력"에서도 지라르가 말하는 기독교에 대한 비판적 변증을 언급한다.

기독교에는 "폭력적인 희생적 죽음(Opfertod)에 대한 개념이 중심적 위치"를 차지하고 있는 종교다.

하지만 "이 희생적 죽음은 동시에 그 안에 생각할 수 있는 가장 급진적인 폭력 비판을 포함하고 있다. 바로 그렇기에 인류의 삶에 존재하는 폭력 잠재성을 부인하지 않고, 주제화하고, 그것에 접근하며, 폭력을 정당화하지 않고, 폭력으로 향하는 인류의 경향성을 무시하지 않고, 폭력에 대한 찬양에 대항하며, 폭력의 문제를 회피하지 않는 힘을 종교가 발전시킴에 있어서 기독교에서 모범적인 것을 볼 수 있다"라고 후버는 말한다.[31]

십자가의 폭력은 역설적이게도 창세 이후로 은폐되어온 문명의 폭력을 가시화시키고 주제화시키는 하나님의 아픔이요 슬픔이다. 십자가에 달리신 자에게 가해진 폭력이 예수교의 중심에 자리 잡고 있기에, 기독교는 어

---

29 Wolfgang Huber, *Christian Responsibility and Communicative Freedom. A Challenge for the Future of Pluralistic Societies. Collected Essays,* ed. by Willem Fourie (Münster: LIT Verlag, 2012), 194.
30 Wolfgang Huber, "Religion and Violence in a Globalized World," *Bulletin of the GHI* 41, Fall 2010, 51-66. http://www.ghi-dc.org/files/publications/bulletin/bu047/bu47_051.pdf
31 www.ekd.de/vortraege/huber/090630_huber_mainz.html

떤 종교보다도 폭력에 대해 매우 섬세하고 상처받기 쉬운 감수성을 가진다.

복음서는 폭력을 '주제화'한다. 희생양이라는 개념 자체가 희생양 메커니즘에 대한 비판적 에피스테메(epistēmē, 과학적 지식, 직업적·전문적 지식, 지식 일반을 가리키는 말)를 의미하듯, 폭력이 주제화될 때 그 폭력은 점차 그 야만성을 상실하게 된다. 기독교는 그 연약함 중에서도 가장 급진적인 폭력 비판을 문명 속에서 지속해 왔다.

기독교가 범한 폭력과 야만도 존재하지만, 많은 희생자, 약자들, 소수자들의 권리를 보호하는 정교한 사법제도와 사회체제를 점차 만들어왔다.

지라르가 말하듯이 복음서를 인류학적으로 읽으면 우리는 그곳에서 폭력으로 쉽게 기울어지는 인류의 강한 경향성을 발견하게 된다. 십자가 사건은 인류의 카타르시스적인 것의 은폐된 진실에 큰 깨달음을 주는 사건이다.

볼프강 후버는 2005년 기독교 영성에 대한 기념강좌에서도 지라르의 욕망 이론과 희생양 이론을 깊게 성찰하고 있는데, 이 강의도 독일개신교협의회(EKD)의 홈페이지에 올려져 있다.

후버는 "지라르에 영향을 받아서 '요셉 이야기와 구약 예언자들에 대한 박해 이야기'로부터 준비되고, 나사렛 예수의 실천으로 강화된 기독교적 스토리텔링(Erzählung)으로부터 희생양에 대한 근심의 문화가 탄생했다"라는 사실을 강조한다.

이 희생양에 대한 성경적 근심과 관심은 기독교적 세계의 한계를 추월해서 "도덕적인 공공재산"이 되었다. 하지만 기독교적 가치로부터 파생된 이 도덕적인 공공재산은 여전히 독일에서도 "희생양을 통한 자기 구원이라는 원시적 형태와 경쟁하고 있다."

독일의 젊은이들의 "너는 '패배자'(Loser), 너는 '희생양'(Opfer)"이라는 말들이 통상적인 욕설이 되어버린 현실을 비판한다.

후버는 희생양에 대한 근심이나 사회 속에서의 긍휼의 문화는 "얼마나 이 (성경적) 스토리텔링이 현존하느냐에 달려있다"고 지적한다. 또한, "예배

나 명상이나 기도 속에서 이 스토리텔링의 '현재화(Vergegenwärtigung)는 긍휼 문화의 갱신'을 위해서 큰 의미를 지닌다"라고 그는 바르게 주장한다.

성경은 인간의 존엄성을 창조 이야기에서부터 끌어온다. 인간은 하나님의 형상으로 지음을 받았다. 인간의 가치는 불가침적이다. 후버는 진화론적이거나 휴머니즘적인 인권 이해는 성경적이고 초월적인 인권개념 보다는 그 지속 가능성에 있어서 약하다고 바르게 파악했다.[32]

일본에서도 활동하면서 지라르의 미메시스 이론을 경제학에 적용했던 폴 두무셸(Paul Dumouchel)도 일본의 '이지매 현상'에 대해서 상세하게 논의한 바 있다.[33]

나는 후버의 입장과 비슷한 관점에서 『우상의 황혼과 그리스도. 르네 지라르와 현대사상』[34]에서 니체가 전복하고자 했던 2000년 유럽 도덕이 유대-기독교적 텍스트와 십자가에 달리신 자에 대한 스토리텔링의 열매라는 것을 보여주었다.

이 책에서 나는 최근 지라르에 대해서 논의하고 언급하는 하버마스를 소개했다. 하버마스와 독일 프랑크푸르트학파와 지라르의 강한 영향을 받은 오스트리아 인스부르크 지라르학파는 종교적이고 신앙적인 문제에서 다르다고 할지라도, 사회철학적인 면에서 맥과 뜻을 같이하는 면이 있다.

독일 프랑크푸르트학파의 비판 이론(Kritische Theorie)이 비판적 사회 이론이라면, 오스트리아 인스부르크 지라르학파가 천착하는 미메시스 이론(Mimetische Theorie)은 비판적 문명 이론이라 할 수 있을 것이다. 사생아적인 것이 존재한다손 치더라도 유럽에서 계몽주의 전통은 문명사적으로 볼 때 유대-기독교적 계몽의 계보학에서 탄생했다.

---

32 http://www.ekd.de/vortraege/huber/051022_huber_urach.html
33 Paul Dumouchel, "Ijime," *Contagion. Journal of Violence, Mimesis, and Culture*. Volume 6 (Spring 1999), 77-94.
34 정일권, 『우상의 황혼과 그리스도. 르네 지라르와 현대사상』(서울:새물결플러스, 2014).

『우상의 황혼과 그리스도』에서 소개했듯이, 볼프캉 후버가 최근의 하버마스의 저작에 대해서 서평을 썼다.

지라르의 문화 이론은 독일어권 로마-가톨릭의 정의와 평화에 관한 사회윤리 분야에 공식적으로 수용되고 적용되고 있다. 앞에서 언급한 개신교 사회윤리학자 로이터는 2000년 독일 주교회의가 발행한 사목문서(Hirtenwort)『정의로운 평화』(Gerechter Friede)[35] 중, 특히 제1부에 성경적 평화 신학은 성경에 나타난 폭력에 관한 주제화의 맥락에서 전개하고 있다는 점에 주목한다.

로이트는 이 문서에서 슈바거와 노베르트 로핑크와 같이 지라르의 문화 이론의 영향을 받은 '성경 주석의 공식적이고, 교직적인(lehramtlichen) 수용의 과정'을 분석한다.[36] "슈바거와 로핑크는 성경적 전통이 이룩한 '본질적인 문화 업적'(Kulturleistung)을 희생양 메커니즘의 폭로에 있다"라고 본다.

유대-기독교적 전통은 '폭력'을 포함하고 있는데(gewalthaltig), 이는 '초석적 폭력'(Gründungsgewalt)을 가시화시키기 때문이다.

이 문화의 '초석적 폭력'은 구약 예언자들에 의해서 비판받았고, 예수 그리스도의 폭력적 운명 속에서 최종적인 급진성으로 폭로되고, 또 단 한 번의 영원한 방식으로 극복되었다.[37]

---

35 "Gerechter Friede." Katholische Deutsche Bischofskonferenz. Hirtenwort 2000.9
36 H. -R. Reuter, *Rechtsethik in theologischer Perspektive. Studien zur Grundlegung und Konkretion* (Gütersloh: C. Kaiser 1996), 71-92.
37 Hans-Richard Reuter, "'Schritte auf dem Weg des Friedens' und 'Gerechter Friede.'" Kirchliche Friedensethik im Vergleich. Ökumenische Rundschau. Jg. 50. Heft 3 (Juli 2001).

4. 지라르가 기독교를 구했다.

지라르의 『나는 사탄이 번개처럼 떨어지는 것을 본다. 기독교에 대한 비판적 변증』의 출판 이후, 독일 유력 일간지 「디 벨트」(*Die Welt*)는 "신들은 잔인하다. 그러나 하나님은 선하시다. 지라르가 기독교를 구했다"라는 제목으로 그를 상세하게 보도했다.

인류는 동물적 단계에서 문화적 단계로 넘어오면서 제사 공동체(Opfergemeinde)가 되었다. 최초의 제사는 인간 제사였다.

지라르에 의하면 박해의 문서로서 신화는 희생양에 대한 폭력을 은폐하고 있다. 복음서는 이러한 박해의 문서로서의 신화가 아님에도 불구하고, 오늘날까지 복음서는 언제나 신화로서 읽힌다. 바로 근대가 이러한 독법을 성공적으로 제안했다. 그래서 박해의 문서(Verfolgungstexte)인 신화와 계몽의 문서(Aufklärungstexte)인 복음서가 구분 없이 이해되었다.

지라르에게 있어서 복음서는 신화의 문자적인 정반대다. 십자가에 달리신 자의 수난에서는 신화와 정반대의 것이 발생했다. 예수의 "처형의 신성화"(Sakralisierung der Hinrichtung)는 발생하지 못했다. 이 복음서의 영향으로 근대가 동텄다. 근대는 "기독교의 영향사"로 시작되었다. 유럽적 근대가 종교적 요구에 앞서는 도덕적인 것의 우선성을 발견했다.[38]

"기독교는 다른 종교들보다 우월하다"라는 제목으로 독일 유력 일간지 「디 벨트」(*Die Welt*)는 2005년 지라르와의 대담을 소개하고 있다. 현대사회에 팽배한 "상대주의의 독재"를 비판적으로 성찰할 것을 지라르는 권유하고 있다. 그는 보편타당한 진리를 존재하지 않는다고 말하는 포스트모더니즘을 비판한다.

또한, "불신앙의 유행현상"에 대해서도 지적한다. 유럽의 전통적 유대-기독교적 유산의 미래에 대해서 염려하면서, 지라르는 "문화들의 평등성에

---

38 Karsten Laudien, "Die Götter sind grausam. Aber Gott ist gut: René Girard rettet das Christentum," *Die Welt*, 28.09.2002.

대한 포스트모던적 이념"이 정치적으로 가장 강하게 관철된 네델란드에서 발생한 최근의 이슬람과 관련된 문제도 지적하고 있다. 지라르는 자신의 학문적 연구는 기독교 신앙이 또 하나의 신화가 아니라는 것을 보여주고자 했다고 말한다.

복음서의 기록의 구조가 신화와 유사하게 보이지만, 그 해석은 큰 차이가 있다. 그리스 비극의 영웅들의 비극적 죽음을 보고서 당시 보통 사람들은 다시금 평화스러운 일상으로 되돌아갔다. 하지만 기독교 신앙에서 희생양은 무죄하다. 그를 살해한 자들이 유죄다.

한 희생양에 대한 집단살해가 더 이상 성스러운 초석적 행위(Gründungsakt)가 되지 못하고, 거짓으로 드러나게 된다. 십자가의 승리는 폭력의 희생양 순환에 대항한 사랑의 승리를 상징한다고 지라르는 말한다.[39]

이미 1973년 프랑스 아카데미상을 받은 그의 주저 『폭력과 성스러움』(La Violence et le Sacré)을 당시 「르 몽드」지는 다음과 같이 평가했다.

> 1972년은 인문학의 연보에 하얀 십자가가 그어져야 한다.[40]

「르 몽드」는, 또한 이 책을 인류 정신사의 위대한 발견이라고 평가했다. 이 책은 국내에서 수능시험 논술 필독서, 사법고시 필독서 등으로 선정되기도 했다. 지라르의 야심찬 기획은 "인간 과학의 기독교화"를 위한 것으로 이해되기도 한다.[41]

신화는 거짓말이라고 지라르는 단언한다. 빛인 복음서가 아직도 어두운 신화를 '해독한다.'[42]

---

39   Nathan Gardels, "Das Christentum ist allen anderen Religionen überlegen," *Die Welt* (14.05.2005).
40   *Le monde,* Paris, 27. Okt. 1972
41   François Lagarde, *René Girard ou la christianisation des sciences humaines* (New York: Peter Lang, 1994).
42   르네 지라르, 『그를 통하여 스캔들이 왔다』 (서울: 문학과 지성사, 2007), 85.

「복음서는 신화적인가?」란 논문에서 지라르는 "세계의 신화들이 복음서를 해석하는 법을 보여주는 것이 아니라, 정반대로 복음서가 신화들을 해석하는 방법을 계시한다"고 말한다.

약 200년 전부터 인류학자들은 세계의 모든 초석적(foundational) 신화들은 예수 그리스도의 고난과 부활과 유사하다는 사실을 발견하고 기독교도 또 하나의 신화라고 간주했고, 이러한 견해는 심지어 그리스도인들에게도 뿌리를 내렸다고 지라르는 분석한다.

지라르는 고대인들이 모든 예술 중에서 '가장 미메시스적인(mimetic) 제의적 춤'(ritual dancing)을 곧 살해될 희생양을 중심으로 희생 제사의 참여자들을 결집하는 효과적인 수단으로 생각했다는 사실을 세례 요한의 참수에 대한 성경의 기록을 논하면서 지적하고 있다.

복음서는 신화와는 달리 예수의 무죄성을 선포한다. 디오니소스 신화들은 가장 경악스러운 린치도 정당한 것으로 간주한다. 『바쿠스의 여신도들』(The Bacchantes)에서 펜테우스(Pentheus)는 그의 어머니와 자매들에게 정당한 방식으로 살해되었다. 왜냐하면, 디오니소스 신에 대한 그의 경멸이 그의 살해를 정당화할 만큼 심각한 잘못이었기 때문이다.

오이디푸스도 그의 운명에 책임이 있다. 오이디푸스 신화에 의하면 그는 참으로 그의 아버지를 죽이고 그의 어머니와 결혼했기에, 테베를 휩쓸었던 역병에 책임이 있다. 그렇기에 그를 추방하는 것은 허용할 수 있는 일일 뿐 아니라, 일종의 종교적 의무였다.

지라르에 의하면, 복음서에는 희생양 메커니즘이 완전히 가시화되는데, 왜냐하면 그것이 저항에 직면하게 되고, 더 이상 효과적으로 작동하지 않기 때문이다. 미메시스적인 전염에 대한 저항이 신화의 발생을 저지시켰다.

복음서의 빛으로 다음과 같은 결론을 내릴 수 있다:

세계 신화들은 결국 희생양 메커니즘의 미메시스적인 전염에 굴복한 공동체의 목소리다. 신화는 희생양에 대한 만장 일치적인 살해로 인해 평화

롭고 카타르시스적인 결론으로 끝난다. 하지만 복음서는 신화가 조직적으로 은폐하는 그것을 폭로하고 계시한다.

지라르는 "신화의 애매모호성"과 "복음서의 명료성"을 대비시킨다. 어떻게 거짓 신들과 그들의 폭력적 문화 시스템이 발생되는지를 보여줌으로써 복음서는 우상숭배에 대한 성경적 비판을 지속하고 있다.

만약 복음서 자체가 신화적이었다면, 그것은 신화를 비신화화시키는 지식을 우리에게 제공할 수 있었다.[43]

지라르의 새로운 거대 담론은 쉽게 소개한 『지라르 읽기 교제』(The Girard Reader)는 그의 사상을 잘 요약하고 있다. 4부의 제목은 "희생양과 박해의 문서로서의 신화"이며, 7장의 제목은 "역사적 레페랑으로서의 희생양"(The Scapegoat as Historical Referent)이다.

지라르는 신화 속에서 일종의 사회적 마녀사냥의 일그러진 논리와 박해의 논리를 분석해 내면서, 희생양을 단순한 상징이 아니라, 역사적 지시 대상(référent)과 실체로 파악한다.

또한, 10장의 제목처럼 지라르는 "성경의 독특성과 복음서"를 다루고, 11장에서는 "그리스도의 비희생 제의적(nonsacrificial) 죽음"을 말한다. 그리고 12장의 제목처럼 "그리스도의 신성"을 변호한다.

6부의 제목은 "프로이트와 니체에 대한 도전"인데, 15장에서는 "프로이트와 오이디푸스 콤플렉스"를 다루고, 16장에서는 "니체 대 십자가에 달리신 자"(Nietzsche versus the Crucified)라는 제목으로 디오니소스와 예수 그리스도의 반립적 관계에 대해서 논한다.

에필로그로서 지라르와의 대담은 "십자가의 인류학"이라는 제목으로 소개되었다.[44]

---

43 René Girard: "Are the Gospels Mythical?". First Things (April 1996).
44 R. Girard, *The Girard Reader*. Ed. by. James G. Williams (New York: Crossroad, 1996).

5. 신화와 그 희생양 메커니즘에 대한 계몽

지라르의 대작(opus magnum)인 『창세 이후로 감추어져 온 것들』(Des choses cachées depuis la fondation du monde)[45]에서 제1권에서 자신의 이론을 근본 인류학(Anthropologie Fondamentale)으로 제시하고, 제2권은 유대-기독교적 성경을 논하며, 제3권은 상호개인적 심리학(Interdividual Psychology)을 다룬다.

지라르는 이 책에서 자신을 그리스도인으로 선언하고, 복음서에 대한 '비희생 제의적(nonsacrificial) 독법과 그리스도의 신성'을 옹호했다. 이러한 입장으로 인해서 프랑스에서 한편으로 지라르는 센세이셔널한 사건(cause célèbre)이었고, 또 다른 한편으로는 혐오의 대상(bête noire)이었다.

왜냐하면, 그는 서구 문화의 가장 깊은 통찰들이 성경적 계시로부터 나왔다는 입장과 함께 보편적인 인류학적 이론을 제시했기 때문이다.

이러한 지라르의 입장은 언어의 전포괄적인 본질을 신뢰하고, 기독교를 무시하거나 경멸하는 경향을 가진 학자들에게 충격을 주었고, 또 그들로부터 격리되게 했다.

그러나 언어 밖의 레페랑(지시대상, référent)으로서의 인간 경험의 실재를 긍정하는 길을 찾고자 하거나 역사를 주관하는 성경적 하나님에 대해서 말하고자 하는 방법을 발견하고자 했던 많은 사람에게는 그의 명료한 개념들과 '유행하는 지적인 유행'에 대항하는 정직한 입장은 보물에 대한 발견'처럼 인식되어 졌다.[46]

1973년 프랑스 아카데미상을 받은 그의 『폭력과 성스러움』(La Violence et le Sacré)을 당시 르몽드지는 인류 정신사의 위대한 발견이라고 평가했다.[47] 이러한 지라르의 학문적 업적에도 불구하고, 그는 그동안 포스트모던적 학문공동체에서 '스캔들'이었다.

---

45 René Girard, *Des choses cachées depuis la fondation du monde* (Paris: Grasset, 1978).
46 Girard, *The Girard Reader*, 4.
47 René Girard, *La Violence et le Sacré* (Paris: Grasset, 1972).

그는 신약성경에 등장하는 그리스어 '스칸달론'(scandalon)의 의미 그대로 부딪히면 넘어지는 돌과 같기도 했다. 왜냐하면, 지라르는 포스트모던적 시대 정신 속에서 많은 경우 추방되고 배제되었던 유대-기독교적 텍스트를 다시금 심도 깊게 논의해 자신의 미메시스 이론(Mimetic Theory) 안에서 포용했기 때문이다.

지라르는 서구 문명의 중요한 원천이었던 유대-기독교적 텍스트를 의도적으로 추방하거나 배제하지는 않는다. 그는 자신의 일부 책 제목을 성경으로부터 직접 빌려오기도 했다. 『창세 이후로 감추어져 온 것들』도 신약성경에서 빌려온 것이다.

지라르의 미메시스 이론을 학제적으로 대화하고 응용하는 데 있어서 주도적인 역할을 했던 에꼴 폴리테크니크(École Polytechnique)의 사회정치학자이자 스탠퍼드대학교(Stanford University)의 장 삐에르 뒤피(Jean-Pierre Dupuy)는 <그리스도와 카오스: 르네 지라르와의 대담>이란 글에서 다음과 같이 이 '지라르 현상'에 대해서 말한 바 있다.[48]

> 지라르는 하나의 현상이다.
> 세계의 많은 학자는 그를 당대에 생존하는 위대한 학자들 하나로 평가하며, 또 어떤 이들은 그를 프로이트 혹은 마르크스에 비교하기도 한다.
> 또한, 지라르는 일부 인문과학자들에게는 종종 스캔들로 받아들여진다. 지라르 만큼 그동안 스캔들처럼 폄하를 많이 받은 학자도 없을 것이다.
> 이러한 폄하에도 불구하고 많은 학자는 지라르에게서 영감을 얻지만, 또한 그것을 숨기는 것이 더 현명하다고 생각한다.
> 소르본느의 닭이 울기 전에 이러한 학자들은 이렇게 세 번이나 다짐한다.

---

48 Jean-Pierre Dupuy, "Le Christ et le Chaos: Entretiens avec René Girard" (*Le Nouvel Observateur* no.1554, 18.8.1994, 60). 뒤피의 이 말은 다음의 책에도 번역되어 실렸다: René Girard, *Wenn all das beginnt. Ein Gespräch mit Michel Treguer.* Aus dem Französischen von Pascale Veldboer (Münster–Hamburg–London: Thaur, 1997), 189.

'나는 이 사람을 알지 못한다.'

지라르의 이론은 바로 이 이론이 겪고 있는 폭력적인 폄하를 설명하고, 또한 그것을 예견할 수 있다는 점에서 더욱 도발적이다.

그는 유대-기독교적 전통에 관한 진지한 연구로 인해, 때로는 스캔들처럼 인식됐지만, 그가 고립되어 있었던 것은 아니다.

지라르 자신이 주도해서 1966년에 존스홉킨스대학교(Johns Hopkins University)에서 "비평언어와 인간 과학"(The Language of Criticism and the Sciences of Man)이라는 제목으로 학술대회를 개최했는데, 이때 자크 데리다(Jacques Derrida), 자크 라깡(Jacques Lacan), 롤랑 바르트(Roland Barthes), 루시엥 골드만(Lucien Goldmann) 등이 참여했다.

이 대회는 미국에 프랑스 철학과 이론을 유행시킨 분수령과 같았다. 데리다도 이 대회를 출발점으로 명성을 얻기 시작했다. 데리다가 여기서 발표한 「인간 과학 담론에서의 구조, 기호, 그리고 놀이」(*La structure, le signe et le jeu dans le discours des sciences humaines*)는 해체주의 철학의 고전적 텍스트 중 하나로 여겨진다.[49]

지라르의 "십자가의 인류학"은 전통적인 십자가 신학과 연결되며, 또한 성령의 초월적 사역에 열려있다. 옛날부터 이교도 옹호자들은 복음서의 장면과 신화의 장면들의 '유사성'을 내세워 "기독교의 특이성"을 부정해 왔다.

어떤 신들이나 디오니소스, 오시리스, 아도니스와 같은 반신들도 예수 그리스도의 수난을 연상케 하는 집단 형벌을 받았다. 이런 폭력은 사회의 무질서가 절정에 달하거나 질서 자체가 아예 사라졌을 때 나타나는데, 그 뒤에는 일종의 '부활'인 그 희생양의 당당한 재등장이 이어진다.

---

49 Michael Kirwan, *Discovering Girard* (Cambridge, MA: Cowley Publications, 2005), 10

이 희생양은 다시 질서를 세우는데 이 과정에서 그는 신성이 있는 것으로 여겨지면서 신격체로 격상된다.[50] 창세 이후로 은폐되어 온 희생양 메커니즘에 관해 지라르는 이렇게 말한다.[51]

> 이런 인류학적 진실이 밝혀지기 위해서는 십자가가 꼭 필요했습니다.
> 그것은 성령의 선물입니다.
> 십자가만이 제자들에게 성령을 내림으로써 희생양의 무고함을 드러낼 수 있습니다.

즉, 그는 사회적 초월성과 구분되는 참된 초월성을 성령론적 지평에서 발견한다.

오스트리아의 일간지 「디 프레세」(*Die Presse*)는 "르네 지라르는 성경을 문학적으로 읽었다. 놀라운 결과가 나왔다: 기독교는 신화와 그 희생양 메커니즘에 대한 계몽이다"라는 제목으로 지라르의 이론을 소개했다.[52]

신화가 집단폭력의 "수동적인 반영"이라면, 유대-기독교는 희생양과 모방적이고 폭력적인 군중을 만들어내는 집단 장치에 대한 "적극적인 폭로"이다.[53]

그는 "나의 작업은 십자가의 인류학을 위한 하나의 노력이며, 이는 정통 신학을 복원시키는 것이다"라고 주장한다. 즉, 지라르는 "자신의 모든 연구는 십자가의 인류학을 제시함으로 신학자들을 돕는 것에 헌신되어 있다"고 말한다.[54]

---

50 지라르, 『그를 통하여 스캔들이 왔다』, 63-4.
51 지라르, 『그를 통하여 스캔들이 왔다』, 95.
52 *Die Presse* 22.11.2002.
53 지라르, 『그를 통하여 스캔들이 왔다』, 68쪽.
54 Girard, *The Girard Reader*, 288: "Mine is a search for the anthropology of the Cross, which turns out to rehabilitate orthodox theology."

또한, (자신의) 이 복음적 인류학에 대한 발견은 결코 전통적 신학에 모순되지 않고, 반대로 위협받게 된 전통적 신학의 신뢰성을 강화한다고 주장한다.[55]

지라르는 기독교가 아카데미에서 "정치적으로 올바른 마지막 희생양"(last politically correct scapegoat)이라고 말한 바 있다.[56]

6. 지라르의 회심

지라르는 "어떤 인간도 희생양 메커니즘을 계시할 수는 없다"라고 말한다. 또한, 복음서는 "신화의 파괴"라고 주장하면서, 신화의 구조가 복음서에서 반복되지만, 진실한 방식으로 반복됨으로 신화적 구조가 폭로되게 되었다도 했다.

장-뤽 마리옹(Jean-Luc Marion)의 『존재 없는 하나님』(*God Without Being*)[57]을 지라르는 성스러움 없는 하나님(God without the sacred), 성스러운 폭력 없는 하나님(God without the violent sacred), 희생양 만들기 없는 하나님(God without scapegoating)으로 번역될 수 있다고 말한다. 지라르는 레비나스와 마리옹이 존재의 이해에 있어서는 너무 무조건적으로 하이데거적이라고 비판한다.

하이데거의 존재는 성스러움(the sacred), 특히 폭력적인 성스러움(the violent sacred)이라고 본다. 이 사실은 하이데거의 『형이상학 입문』과 『존재와 시간』에서도 발견되며, 후기의 「신화 시인적인 하이데거」(*mythopoetic Heidegger*)에서 발견할 수 있다고 지라르는 말한다.[58]

---

55 R. Girard, "Foreword," in Gil Bailie, *Violence Unveiled: Humanity at the Crossroads* (New York: Crossroad. 1995), xii.
56 Robert G.Hamerton-Kelly, *The Gospel and the Sacred: Poetics of Violence in Mark* (Minneapolis: Fortress, 1994), xi.
57 Jean-Luc Marion, *God Without Being* (Chicago: University of Chicago Press, 1991).
58 Girard, *The Girard Reader,* 279-283.

마리옹은 2005년 국제지라르학회인 '폭력과 종교에 관한 학술대회'에 키노트 스피커로 초대되었다. 이 학회 때 나는 지라르를 직접 만나서 불교 연구와 힌두교 시바 신화에 대해서 인터뷰했다. 지라르와 마리옹 사이의 토론을 직접 들을 좋은 기회였다.

지라르는 "희생양 이론이 인상주의적이거나 문학적 차용에 빚지고 있지 않다고 말한다. 그는 그 이론이 인류학적 텍스트들에 기초에서 완전히 확증될 수 있다고 믿는다. 그는 문화 현상의 발생과 구조를 밝히는 자신의 이론이 가지는 "과학적 주장들"과 "조직적 성격"을 강조한다. 그는 자신의 지적인 여정을 통해서 결국 유대-기독교적 문서들로 오게 되었다고 말한다.

하지만, 그는 오랫동안 현대주의자들의 정통주의가 원했던 것처럼, 유대-기독교적 텍스트에 적대적이었다. 그는 현대에 와서 유대-기독교적 텍스트들이 점차로 현대철학과 모든 "인간 과학들"에게 낯설게 되었음을 지적한다. 심지어 아프리카의 신화들보다 더 낯설게 되어버렸다는 것이다. 그래서 그는 폭력적으로 추방되고 배제된 유대-기독교적 텍스트들을 정당하게 복권 시켜 평가하고자 한다.[59]

지라르가 미메시스, 모방, 그리고, 폭력과 성스러움에 깊이 천착하게 된 이유는 그가 2차 세계대전 프랑스에서 어린 시절을 보내었다는 사실과 관련되어 있다. 최근의 연구에 의하면, 지라르는 당시 프랑스 레지스탕스 운동에 참여했다. 이 시기에 대해서 말하면서, 지라르는 당시의 경험이 얼마나 자신의 이론과 사상에 그 영향을 주었는지를 말한다.

당시 그는 한 젊은 불가지론자(몇몇 명제, 특히 신의 존재에 대한 신학적 명제의 진위 여부를 알 수 없다고 보는 철학적 관점, 또는 사물의 본질은 인간에게 있어서 인식 불가능하다는 철학적 관점)였는데, 한편으로는 파시즘, 그리고 또 다른 한편으로는 공산주의의 전염적인 매혹에 사로잡히는데 가장 강하게 저항하는 젊은 기독교인 노동자 그룹에 강한 인상을 받았고, 이는 이후 자신의 종

---

59 Girard, *The Girard Reader*, 174.

교적 헌신에까지 영향을 주었다고 말한다.

그래서 지라르는 이후 먼저 지적인 회심을 하고, 이후에 좀 더 종교적인 회심을 하게 되는데, 1959년 부활절에 그는 기독교로 다시 돌아오게 되었다. 10세부터 36세 때까지 교회와는 관련이 없었고, 정치적으로, 그리고 지적으로 좌파 사상가였던 지라르는 회심했다.

지라르는 서구 정신사와 인문학 지평에서 기독교 복음을 변증하는 기독교 문화 철학자이자 사상가다. 신화는 집단적 폭력과 그 희생양을 은폐하는 '거짓말'이며, 기독교 복음은 그 은폐된 희생양 메커니즘을 폭로하고, 희생당한 자의 관점에서 기록되었다고 말한다.

그는 "(제가) 기독교인이 된 것은 제 연구 결과가 나를 이렇게 인도했기 때문"이라는 실존적 신앙고백을 하면서, 신비로운 회심의 체험을 공개적으로 언급하기도 했다.

"저의 연구가 저를 기독교로 개종시킨 것이었다. 이 둘은 서로 연결되어 있고, 또 뒤섞여 있다"고 그는 말한다.[60] "위대한 문학작품이 실제로 제가 기독교로 회심하게 했다"라고 말한다. 지라르는 "기독교가 여전히 가장 생산성 높은 인문학"이라는 것을 입증하고 있다.[61]

지라르에 의하면, 유대교의 예언자들이 처음으로 성스러운 사회적 질서의 관점이 아닌 희생자들을 향한 하나님의 관심의 관점에서 역사를 바라보기 시작했다.[62]

로마의 건국 신화의 경우, 레무스(Remus, 로마를 건설한 것으로 알려진 전설적인 왕 로물루스의 쌍둥이 형제)의 살해는 정당화되었다. 왜냐하면, 레무스의 파계(transgression), 또는 죄악 때문인데, 그는 로물루스에 의해 설정된 도시의 안과 바깥 사이에 경계선을 존중하지 않았다. 도시가 아직 존재하지 않았기에, 레무스의 살해 동기는 그다지 중요하지 않으면서도 동시에 핵심적인

---

60 르네 지라르, 『문화의 기원』(서울: 기파랑, 2006), 60.
61 지라르, 『문화의 기원』, 20.
62 Girard, *The Girard Reader*, 145.

것이었다.[63]

지라르에게 있어서 '버려진 돌은 희생양으로서의 그리스도'이다. 자신을 폭력에 내맡김으로써 그리스도는 모든 종교의 구조적 매트릭스를 계시하고 뿌리째 뽑는다. 그리스도의 죽음에 대한 비희생 제의적(nonsacrificial) 독법과 해석을 제안하는 지라르에 의하면, 복음서들은 희생 제사에 대해서 말하지만, 그것은 오직 그것을 거부하고, 그 효력을 부정하기 위해서만 그 표현을 사용한다.

예수께서는 바리새인들을 향해서 호세아서의 "반-희생 제의적인"(anti-sacrificial) 구절을 인용하고 있다. 하나님은 희생 제사가 아니라, 긍휼을 원한다(마 9:13). "복음서에서는 어떠한 경우에도 예수 그리스도의 죽음이 하나의 희생 제사(sacrifice)를 의미하지 않는다"라고 지라르는 말한다. 물론 그리스도의 고난은 인류에게 구원을 가져다주는 행위로서 제시되지만, 그것이 희생 제사로 제시된 것은 아니라는 것이다.

그래서 그는 그리스도의 고난에 대한 '희생 제의적'(sacrificial) 해석은 '가장 크고 역설적인 오해'로서 비판받고 노출되어야 한다고 보는데, 이 역설적인 오해는 동시에 필요한 어떤 것으로, 곧 자신의 폭력을 이해하는 데 있어서의 인류의 '급진적인 무능력'을 가장 극명하게 보여주는 것이라고 본다.

또한, 지라르는 "복음서에서는 희생 제사의 전복(subversion)이 발생했다"라고 말한다.[64] 지라르의 복음서와 십자가 사건에 대한 비희생 제의적(nonsacrificial), 혹은 반희생 제의적 해석과 독법은 초기 로마 가톨릭 신학 내부에서도 약간의 논쟁을 일으켰다.

왜냐하면, 종교개혁 이후의 개신교 신학보다는 로마 가톨릭 신학은 예수 그리스도의 죽음을 희생 제사로 보았기 때문이다. 그래서 지라르의 비희생 제의적 독법은 오히려 종교개혁적 이해에 근접하고 있다.

---

63 Girard, *The Girard Reader*, 149.
64 Girard, *The Girard Reader*, 177-178.

물론, 이후 슈바거와의 대화를 통해서 지라르는 단 한 번의 영원한 희생 제사라는 십자가의 역설 관점에서 희생 제사의 전복으로서의 복음서에 대한 강조를 다소 약화하기도 했지만, 그럼에도 그는 반신화적이고 반희생 제의적 십자가 사건의 승리를 지속해서 강조한다. 곧, 지라르의 십자가의 인류학은 십자가에 달리신 자의 단 한 번의 영원한 자기 희생의 역설과 승리를 동시에 말하는 것이다.

또한, 지라르는 이교적으로 퇴행하는 중세의 희생 제의적 기독교(sacrificial Christianity)를 비판한다. 칼빈주의 신학 전통에 서있는 나로서는 지라르의 이론은 오히려 종교개혁적 전통에 근접하는 것으로 받아들여졌다.

지라르에 큰 영향을 받은 슈바거가 칼 라너(Karl Rahner, 1904-1984)만큼 한국에서도 잘 알려지거나 바르게 이해되지 못한 이유 중 하나도 보다 현대적이고 종교개혁적인 입장에 근접하는 측면이 있기 때문이기도 한 것 같다.

7. 기독교 복음의 르네상스

칼 라너의 후임으로 전통 있는 오스트리아 인스부르크대학교의 조직신학부 교의학 교수로 온 슈바거 교수는 스위스 사람이다. 그는 지라르의 『폭력과 성스러움』(*La Violence et le Sacré*)의 [65] 프랑스어판을 읽은 이후 큰 감동을 받아 지라르에게 전화를 걸어 만나자고 했고, 그 이후로 두 학자는 평생의 학문적 동반자요, 친구로 남았다.

칼빈주의의 강한 영향을 받은 스위스 출신의 예수회 신학자 슈바거뿐 아니라, 또 다른 예수회 신학자인 한스 우어스 폰 발타자르(Hans Urs von Balthasar, 1905-1988)도 지라르를 수용한 1세대 신학자들에 속한다.

---

65 René Girard, *La Violence et le Sacré* (Paris: Grasset, 1972).

폰 발타자르는 칼 바르트에게 큰 영향을 받은 학자로서 드라마와 신학, 그리고 드라마와 계시의 관계를 강조하는 『하나님의 드라마』(Theodramatik)를 출간했다. 그의 드라마틱한 신학은 변증법과 비극주의적인 과정신학과는 구별된다.

그는 지라르를 신학적으로 수용한 제1세대 신학자에 속하는데, 그는 『하나님의 드라마』 제3권에서 지라르의 희생양 메커니즘에 대해 길게 논의했다.[66]

슈바거는 지라르의 이론을 신학적으로 수용해서 인문학과의 학제적 대화 속에 발전시킨 교의학자인데, 지라르의 문화 이론과 폰 발타자르의 드라마 개념에 영향을 받아 드라마틱한 신학(Dramatische Theologie)을 발전시켰다.[67] 그는 예수 그리스도의 사건을 구원 드라마(Heilsdrama) 속에서 파악했다.[68]

지라르의 문명 이론에 대한 공동연구를 위해 머물렀던 알프스 중턱의 오스트리아 인스부르크대학교에서 나의 사회인류학적 불교 연구는 이렇게 스위스 출신의 칼 바르트의 개혁주의적 전통과 오스트리아 출신의 칼 라너, 그리고 지라르의 미메시스 이론과 슈바거의 드라마틱한 신학 사이에서 '드라마틱'했다.

'니체 대 십자가에 달리신 자'라는 주제 아래 지라르는 "니체와 지라르가 모두 그리스도 중심적(christocentric)이었다"라고 말한다. 두 학자 모두에게 십자가에 달리신 자는 역사의 중심이다.

니체에게 있어서 십자가에 달리신 자는 과거 역사의 중심이지만, 도덕성에 대한 그의 다스림은 이제 신에 대한 살해로 끝나고 새로운 시대가 도래

---

66 Hans Urs von Balthazar, "Der Sündenbock-Mechanismus," *Theodramatik III* (Einsideln:Johannes Verlag, 1980), 276-91.
67 Józef Niewiadomski (Hg.), *Dramatische Theologie im Gespräch*. Symposion / Gastmahl zum 65. Geburtstag Raymund Schwagers (Beiträge zur mimetischen Theorie 14) (Münster: Thaur 2003).
68 Raymund Schwager, *Jesus im Heilsdrama. Entwurf einer biblischen Erlösungslehre* (ITS 29). 2. Auflage, (Innsbruck: Tyrolia, 1996).

했다. 지라르에게 있어서 십자가에 달리신 자는 인류 문화의 희생양 메커니즘을 계시하는 '죄 없으신 희생양'이다.[69]

지라르는 "새로운 '프랑스 니체'",[70] 곧 프랑스에서 리메이크된 니체가 아니라, 디오니소스적 철학자가 되고자 했던 게르만적 니체의 본래 모습에 관심을 가진다.

지라르에 의하면, 푸코(Michel Paul Foucault, 1926-1984)는 그의 "조직적인 반-서구적 자세가 그동안의 지성적 엘리트들의 이데올로기적인 성향에 잘 맞았다"라고 분석한다.

프로이트(Sigmund Freud, 1856-1939), 데리다, 하이데거처럼 반기독교적이기에, 많은 추종자를 얻었던 학자들과는 다른 입장을 가졌다. 그동안 많은 학자가 반기독교적이었기에, 그들은 수많은 열성적 지식인들과 페미니스트들을 끌어들일 수 있었다고 지라르는 분석한다.

포스트모더니즘의 수호성인 니체도 같은 경우다. 지라르는 니체의 참된 통찰들에 대해서 큰 존경심을 느끼고 있었지만, 그의 많은 추종자들에 의해 니체는 제대로 이해되고 있고 있다고 생각했다. 그러면서, 지라르는 말했다.[71]

> 또한, 그는 광인이었다. 그에 대한 맹목적인 숭배는 어리석을 뿐만 아니라, 파괴적이기도 하다.

동시에, 지라르는 후기 기독교적 사회에서 발견할 수 있는 기독교 진리의 왜곡과 풍자 현상에 대해서도 아래와 같이 지적했다.

> 현대 세계의 모든 과잉은 기독교적 진리의 왜곡이다.

---

69 Girard, *The Girard Reader*, 243.
70 Girard, *The Girard Reader*, 245.
71 Girard, *The Girard Reader*, 276-277.

기독교에서의 새로운 유형의 개인이 존재한다는 것이 세상에서 제일 중요한 것이라고 그는 분석한다. 기독교적 인간은 새롭고, 그렇기에 전통적인 문화들에 의해서는 '전복적'인 것으로 간주되어왔다.

"참으로 철저하게 미메시스적이고 타자 중심적인(other-centered) 우리의 나르시스적인 문화는 기독교적 인간의 일탈이나 풍자이지, 그것의 완성은 아니다"라고 지라르는 분석한다.[72]

지라르가 기독교 신앙으로 회심한 이후, '십자가의 승리와 기독교의 유일성을 학문적으로 논증하는 당대 최고의 기독교 변증가'라는 사실에는 대체로 이견이 없는 것 같다. 이런 자신의 이론을 통해 그는 세속화된 인문학계를 다시금 유대-기독교 전통으로 회귀시키는 거목으로 평가받는다. 그는 현대 이론 논쟁의 중심에 서 있으면서도 기독교 신앙을 학문적으로 변증하고 있다.

지라르는 상대주의의 독재를 비판하고, 기독교의 르네상스(Christian Renaissance)를 꿈꾼다. 그는 이탈리아의 가장 대표적인 포스터모던 철학자 잔니 바티모(Gianni Vattimo, 1936-)와 만나 토론 중에 '기독교 복음의 르네상스'에 대해서 예견한 적이 있다.

지라르는 "종교적 상대주의는 다른 상대주의와 마찬가지로 하나의 형이상학적 확신이다"[73]라고 주장함으로 그동안 풍미했던 종교다원주의적이고 문화 상대주의적인 담론들을 비판한다.

---

72 Girard, *The Girard Reader*, 279.
73 지라르, 『그를 통하여 스캔들이 왔다』, 64쪽.

8. 미메시스 이론과 종교적 상대주의

지라르는 슈바거의 60세 기념 논문집 「희생양들의 저주와 축복에 관하여」(*Vom Fluch und Segen der Sündenböcke, Raymund Schwager zum 60. Geburtstag*)에 기고한 논문 "미메시스 이론과 신학"에서 미메시스 이론이 가지는 변증학적 목적과 의미에 대해서 말한다.[74]

이 기념 논문집은 <미메시스 이론 시리즈>(Beiträge zur mimetischen Theorie)의 제1권이었고, 나의 『세계를 건설하는 불교의 세계 포기의 역설 - 르네 지라르의 미메시스 이론의 빛으로』는 이 권위 있는 연구 시리즈의 제28권으로 출판되었다.

지라르는 먼저 "미메시스 이론과 종교적 상대주의"란 제목으로 상대주의적인 시대 정신을 비판적으로 성찰한다. 지라르는 슈바거의 사유는 신학적 상황 속에서 전개되었지만, 자신의 사상은 현대 인류학을 통해서 점차로 유대-기독교적 사유의 유산에 접근했다고 말한다.

미메시스 이론 속에서 지라르는 "오늘 우리 시대를 지배하는 상대주의의 지성적인 근거들을 흔들 수 있는 수단을 본다"라고 말한다.

그는 고대로부터 이교주의의 변증가들은 기독교의 유일성을 부정해 왔다는 사실을 지적한다. 성경적 스토리와 수많은 신화적 이야기들의 유사성이 그 근거로 사용되었다. 디오니소스, 오시리스, 아도니스와 같은 이교적 신들이나 반신들도 예수 그리스도의 고난을 연상케 하면서 집단적 광기 속에서 '순교'를 당하였다.

19세기와 20세기의 인류학자와 민족학자들은 대부분 반식민주의자로서 '기독교적 유일성에 대한 강조', 기독교의 '비반복적인 것과 유일회적인 것'의 강조를 평가 절하하고, 보편적인 종교의 본질을 추구했다.

---

74 René Girard, "Mimetische Theorie und Theologie," in: Józef Niewiadomski, Wolfgang Palaver(Hg), *Vom Fluch und Segen der Sündenböcke, Raymund Schwager zum 60. Geburtstag* (Beiträge zur mimetischen Theorie Bd. 1) (Wien/München: Thaur, 1995), 15-29.

유대-기독교적 전통과 신화의 차이는 무엇인가?

지라르에 의하면, 바로 이 차이를 바로 이해한 학자가 니체라는 것이다. 유대-기독교적 전통에서 희생양은 죄가 없고, 집단적 폭력이 유죄로 선고된다. 신화에서는 희생 제사를 집행하는 공동체와 집단은 항상 죄가 없는 것으로 묘사된다.

그렇기에, 오이디푸스(Oedipus)는 실제로 유죄이며, 역병의 책임자로 지목된다. 그래서 테베(Thebae, 고대 이집트 제국의 수도) 사람들은 정당하게 그를 추방했다. 예수는 무죄이고, 그의 죽음은 그러기에 부정의를 의미한다.

지라르에 의하면 니체는 신화와 유대-기독교적 전통의 차이를 바로 파악했지만, 그것을 도덕의 문제로만 파악했다. 즉, 유대-기독교적 전통은 노예 도덕이다. 하지만 지라르는 이는 단지 도덕의 문제가 아니라, 진리의 문제라고 말한다. 그것은 폭력적인 미메시스에 의해서 살해당하거나 추방당한 희생양의 진리에 대한 문제이다.

지라르는 "유대-기독교적 유산에는 도덕과 진리의 일치가 존재하지만, 니체와 많은 현대사상가들에게는 이것이 존재하지 않는다"라고 말한다.

그에 따르면, 신화의 기원은 군중 현상에서 볼 수 있고, 군중 현상의 기만적 허상이 신화이다. 신화가 희생양과 공동체 사이의 실제 관계를 왜곡함으로써 우리를 속이고 있다는 것이다. 하지만, 유대-기독교적 텍스트는 이 왜곡된 관계를 바로 교정함으로 진리를 말한다. 유대-기독교적 텍스트들은 "신화들이 은폐하는 진리를 폭로한다"라는 것이다.

그렇기에 희생자에 대한 변호는 단지 불명확한 도덕과 관련된 것이 아니라, '희생양들의 진리를 폭로'하는 것이다. 유대-기독교적 전통은 신화적 체계 전체를 흔든다. 희생양의 죄를 최소화하는 신화도 부분적으로 존재하긴 하지만, 희생양을 살해하는 집단과 공동체를 비난하는 신화는 존재하지 않는다고 지라르는 말한다.[75]

75　Girard, "Mimetische Theorie und Theologie," 19.

유대-기독교적 전통은 동일한 사회적 위기의 도전 앞에서 신화와 다르게 반응한다고 지라르는 분석한다. 신화들의 경우 이 희생양 시스템들은 너무도 완벽하게 작동되어 그 누구도 이 시스템을 벗어날 수 없으며, 어떠한 반대도 허용되지 않는다.

지라르는 "성경적 우위성은 인종이나 민족이나 국가의 개념들로서 정의될 수 없다"라고 말한다. 성경 안에는 자민족 중심적인 것이 존재하지 않는다. 유대-기독교적 공동체들은 "폭력적 전염의 보편성(Globalität)에 저항했다.

그리고 작은 소수 공동체가 저항했다. 유대-기독교적 계시는 '독특하면서도 유일한 전통'인데, 이 전통의 중심에는 '저항하는 소수자들이' 살아있다.

그래서 '만장 일치적 폭력의 카타르시스적이고 정화시키는 효력을 반영하기에, 언제나 조화스럽고 건설적인 것으로 머무는 신화적 판단과는 달리' 유대-기독교적 유산은 집단적 폭력행위를 노출하고 고발하기에 복음서에서 강조된 것처럼 '분열'을 말한다. 진리의 폭발은 폭력적 만장일치의 기만에 뿌리를 두고 있는 사회적 조화를 파괴한다.[76]

"미메시스 이론은 유대-기독교적 유산이 결코 신화가 아님(kein Mythos)을 보여준다"라고 지라르는 적고 있다. 어떠한 종교도 유대-기독교적 전통에서만큼 희생자들을 변호하지 않는다는 사실을 니체는 잘 파악했다고 지라르는 본다.

그러나 니체는 이 희생자들에 대한 우선적 변호를 하는 기독교 도덕을 노예 도덕으로 평가함으로 열등성에 대한 증거로 주장했지만, 지라르는 희생양에 대한 성경적 근심과 관심을 우위성에 대한 증거로 이해한다.

지라르는 유대-기독교적 유산이 "인류의 근본적인 유혹"에 저항한 것으로 본다. 베드로가 예수를 세 번 부인한 것은 바로 이 사회적 중력, 전염 그

76　Girard, "Mimetische Theorie und Theologie," 20.

리고 압력에 저항하지 못하고 굴복한 것을 보여준다는 것이다.
그리고 지라르는 주장한다.

> 19세기와 20세기의 인류학자들과 민족학자들은 '기독교에 대한 적대적 입장'으로 인해 '유대-기독교적 유산을 신화로 전락시키고 어두움을 통해서 빛을 설명'하려고 했다.
> 그래서 명료성을 더하기보다는 오히려 몰이해를 가져왔다.
> 이 해석 방향에 대한 방법론적 역전, 곧 유대-기독교적 해석학을 통한 신화 해석이 성공으로 이끈다.

희생양들의 무죄를 계시함으로 '성경적 계시는 희생양들을 탈 신성화'시킨다.
지라르에 의하면, "그리스도는 또 하나의 '신성화된 희생양'은 아니다. 또한, '그리스도의 신성이 희생양들의 신성화'로부터 나온 것이 아니다. '신성화 과정(der Prozeß der Sakralisierung)은 기만하는 방식으로 희생양들의 유죄성을 요구'한다.
만약 희생양의 무죄가 인식된다면, 폭력을 그에게 전가시킬 수 없게 된다. 만약 그리스도의 신성이 폭력적인 신성화로부터 나왔다면, 부활의 증인들은 그의 무죄를 선포한 작은 소수자 그룹이 아니라, 그들의 죽음을 요구했던 군중들이었을 것이다."
지라르는 "신약성경은 탈 신성화(Entsakralisierung)의 과정을 완성한다"고 본다. 신약성경에서만큼 "희생양들의 미메시스적인 탄생과 인류 문화에서의 초석적 역할과 구조화의 역할이 명확하게 계시된 곳은 없다"라고 그는 말한다.[77]

---

[77] Girard, "Mimetische Theorie und Theologie," 23.

사회적 상황에서 파악한다면, 그리스도의 고난도 희생양 메커니즘이 인류 문화들을 지배하는 그 과정들을 보여주는 수많은 예 중 하나인 것처럼 보인다. 그러나 성경의 기록들은 '가장 탈신화화된 스토리'이다.

그래서 인류문화에 있어 초석적인 역할과 함께 그 구조화와 차이화 과정을 이루는 희생양 메커니즘을 '계몽하기에 가장 적합하다'고 지라르는 평가한다. 지라르는 자신의 '미메시스 이론의 우선적인 관심'이 종교적 상대주의에 대항해서 모든 변증적인 힘들을 모으는 것이라고 말한다.

그리스도의 죽음을 희생 제사(sacrifice, Opfer)로 파악하기를 거부했던 지라르는 슈바거와 이 문제에 대해서 깊은 대화를 나누었다.

그리스도의 죽음을 전통적인 희생 제의 개념성(Opferbegrifflichkeit)으로 이해할 경우, 기독교가 다시금 '원시적 종교의 형태'에 동화되어 버릴 위험 때문에 지라르는 오랫동안 이 희생 제사 개념을 거부했다.

9. 신화의 수수께끼와 십자가의 승리

지라르는 이처럼 말했다.

> 그리스도의 희생과 원시적인 희생 제사 사이에는 더 이상의 것을 생각하지 못할 정도로 너무도 큰 차이가 존재한다.
> 그리스도는 희생 제의적 놀이를 하기 위해서 자신을 제물로 내어주신 것이 아니다.
> 그는 그 놀이를 종식하기 위해서 자신을 주신 것이다.
> 미메시스 이론은 원시적 희생 제사와 그리스도의 희생이라 불리는 것 사이에 존재하는 대립의 급진주의를 설명하고자 한다.

복음서에서 예수께서는 예언자들의 희생 제사에 대한 비판을 수용해서 말한다.

내용적인 측면에서 존재하는 급진적 차이에도 불구하고, 같은 희생 제사 개념을 그리스도의 죽음에도 사용하는 역설을 지라르는 이후에 '모든 인류 역사 속에서의 모든 종교적인 것의 역설적인 일치'라는 개념으로 이해하고자 했다.[78]

지라르에 의하면, 하나님께서 스스로 희생양의 도식을 다시 사용하지만, 이번에는 그것을 전복시키기 위해 스스로 대가를 치르신다. '희생양 메커니즘의 신(神)적인 사용'(die göttliche Indienstnahme des Sündenbockmechanismus) 은 바로 인류 종교성의 일치를 보증하는 것이다.[79]

> '유대-기독교적 탈 신성화'는 신성화된 희생양들의 원시주의를 극복한다. 수없이 존재하는 신성화된 희생양 중 또 하나의 희생양이 아니라, 그리스도는 바로 그 마지막 희생양이 되었다.
> 그리스도는 그 앞의 수많은 희생양을 탈 신성화시키며, 또한 그 이후 희생양들의 신성화를 막는다.[80]

지라르는 형식적으로 유사하게 보이지만, 실제로는 급진적으로 대립하는 두 종류의 신에 대해서 말한다.

원시적인 신들은 희생양들의 효과(Wirksamkeit)로부터 직접적으로 생산되지만, 기독교의 하나님은 역설적으로 그 희생양 메커니즘의 무효과(Unwirksamkeit)로부터, 그리고 거짓 신들의 파괴로부터 나온다.

---

[78] Girard, "Mimetische Theorie und Theologie," 27.
[79] René Girard, "Tatsachen, nicht nur Interpretationen," in *Das Opfer – aktuelle Kontroversen. Religions-politischer Diskurs im Kontext der mimetischen Theorie*, ed. Bernhard Dieckmann (Beiträge zur mimetischen Theorie 12) (Münster: Thaur, 2001), 28.
[80] Girard, "Mimetische Theorie und Theologie,"28.

'지상적 종교의 지역적, 지상적, 시간적인 희생양들은 슈바거가 말한 것처럼 참된 사람인 동시에 참된 하나님인 완전한 희생양과 대조'된다."[81] 이처럼 그리스도의 단 한 번의 영원한 희생 제사라는 역설은 십자가의 역설 속에서 이해될 수 있다.

희생 사유(Opferdenken)에 보다 친화적인 로마 가톨릭 전통과는 달리 종교개혁 이후의 개신교와 프랑스 계몽주의는 희생에 대한 현대적 거부를 대변한다고 볼 수 있다. 정치적 자유주의는 본질적으로 바로 원시적인 희생 사유에 대한 비판으로 특징 지워진다. 이러한 희생에 대한 현대적 비판과 거부는 현대의 시작인 토마스 홉스(Thomas Hobbes, 1588-1679)로부터 오늘날의 위르겐 하버마스(Jurgen Habermas, 1929-)의 사상에까지 이른다.

자기 보존은 초기 자유주의의 최고의 계명이었다. 하버마스도 현대의 이성 도덕(Vernunftmoral)은 '희생에 대한 폐지'(Abschaffung des Opfers)를 확증한다고 말한다.[82]

또한, 계몽 문화(Aufklärungskultur)의 규범적인 핵심은 바로 공적으로 요구된 희생(sacrificium)을 폐지하는 것이라고 했다.[83]

나의 지도교수였던 팔라버가 바르게 분석했듯이, 지라르의 이론은 정치적인 가톨릭주의를 비판하고 계몽주의적 희생 비판의 성경적 뿌리들을 보여준다.[84]

즉, 중세적 희생 제의적 기독교와 가톨릭주의를 비판한다는 점에서 지라르는 프랑스 계몽주의와 종교개혁 이후의 개신교 전통에서 발견할 수 있는

81　Girard, "Mimetische Theorie und Theologie,"29.
82　Jürgen Habermas, *Erläuterungen zur Diskursethik*, (Frankfurt am Main: Suhrkamp Verlag 1991), 136.
83　J. Habermas, *Die postnationale Konstellation. Politische Essays* (edition Suhrkamp 2095) (Frankfurt: Suhrkamp,1998),152.
84　Wolfgang Plaver, *René Girards mimetische Theorie. Im Kontext kulturtheoretischer und gesellschaftspolitischer Fragen* (Beiträge zur mimetischen Theorie Band. 6). 3. Auflage (Münster:LIT Verlag, 2008) ; Jacob Nordhofen, *Durch das Opfer erlöst? Die Bedeutung der Rede vom Opfer Jesu Christi in der Bibel und bei René Girard*, Wien 2008.

희생 비판(Opferkritik)과 맥을 같이 한다. 이같은 희생양 메커니즘에 대한 지라르의 비판적 이해는 종교개혁적이고 계몽주의적이다.

팔라버는 드 메스트르(Joseph Marie de Maistre, 1753-1821), 후안 도노소 코르테스(Juan Donoso Cortés, 1809-1853), 그리고 히틀러 나치 시대의 카를 슈미트(Carl Schmitt, 1888-1985)와 같은 반혁명적인 가톨릭 사상가들의 입장을 희생 제의적(sakrifiziell, 또는 opferkultisch)인 것으로 비판한다. 드 메스트르는 19세기 초 프랑스 전통주의를 대표하는 사상가로서 프랑스혁명에 반대하고 절대왕정과 교황의 지상권을 주장했다.

독일의 법학자이자 정치학자인 카를 슈미트는 로마 가톨릭적인 정신 풍토 속에서 자라나 날카로운 근대 비판을 전개하면서 독자적인 헌법학과 정치사상을 전개했다. 그는 『정치적 낭만주의』(politische Romantik), 『로마 가톨릭주의와 정치 형식』(Römischer Katholizismus und politische Form) 등에서 로마 가톨릭의 입장에서 주관주의, 경제주의 그리고 기술주의를 고발하고 날카로운 근대 비판을 전개하였다.

또한, 그는 바이마르 공화국 시대에는 내우외환의 독일 위기를 극복하기 위해 자유주의 의회주의 비판을 전개함과 동시에 독재론의 구축에 정력을 기울였다.

카를 슈미트는 성악설(性惡說)의 입장에 서서 결단을 중시하는 조제프 드 메스트르(Joseph de Maistre,1753-1821)와 도노소 코르테스(Juan Donoso Cortés, 1809-1853)라는 반혁명적인 가톨릭 사상가에게 공감하여 결단을 회피하고 영원의 대화를 실행하는 자유주의의 환상을 비판했다.

카를 슈미트는 예외에 우위(Vorrang des Ausnahme)를 두는 위기의 사상가로 예외 상태에서의 결단을 말하는 결단주의(Dezisionismus)를 대변했다.

팔라버의 교수 자격 논문인 「하빌리타치온」(Habilitation)의 주제가 카를 슈미트의 '법이론'이었다. 나는 인스부르크대학교 조직신학부 안에 있는 기독교 사회론(Christliche Gesellschaftslehre) 분야에서 지라르의 문명론을 연구하면서, 나의 지도교수와 함께 카를 슈미트의 『정치적인 것의 개념』(Der

Begriff des Politischen)과 『대지의 노모스』(*Der Nomos der Erde*)[85]를 함께 읽으면서 연구했다. 박사 학위 논문에서 토마스 홉스의 정치이론을 지라르의 이론으로 분석한 팔라버 교수는 카를 슈미트 연구에서도 잘 알려진 학자다.

특히, 지라르의 이론의 관점에서 토마스 홉스와 카를 슈미트의 이론을 전문적으로 연구한 학자이다.[86] 지라르의 희생 이론이 초기에 로마 가톨릭 교회와 신학에서 수용되는 데 어려웠던 이유 중 하나는 그의 이론이 오히려 종교개혁과 계몽주의 정신에 근접하는 희생 비판(Opferkritik)의 요소를 가지고 있었기 때문이다.

앞에서 언급한 반혁명적 가톨릭 사상가들에게서 발견할 수 있는 희생 제의적 희생 사유는 성경적이라기보다는 이교적인 희생의 논리와 희생양 메커니즘에 근접하고 있다고 팔라버 교수는 분석한다. 신화 속에 등장하는 신성화된 희생양들과는 달리 성경의 하나님은 인류의 모든 희생자와 연대하는 비폭력적인 "희생자의 하나님"(Dieu des Victimes)이다.[87]

앞에서 본 것처럼, 이교적인 희생 사유와 기독교 사이에 존재하는 근본적인 차이로 인해서 지라르는 처음에는 그리스도의 헌신과 죽음에 '희생, 또는 희생 제사'(Opfer)라는 개념을 거부했다. 그는 "하나님은 긍휼을 원하고 제사를 원하지 않는다"라는 마태복음 9:13의 말씀을 언급한다.

지라르는 십자가에서의 그리스도의 죽음을 희생 제사로 파악하는 것은 '전체 역사에서의 가장 역설적이고도 가장 가공할만한 오해'라고 표현했다.[88]

85　Carl Schmitt, *Der Nomos der Erde im Völkerrecht des Jus Publicum Europaeum* (Berlin: Duncker & Humblot, 1950).

86　여러 저서와 논문들이 있지만, 우선 다음의 논문들을 소개한다: Wolfgang Palaver, "*Carl Schmitt's 'Apocalyptic' Resistance against Global Civil War*," in Hamerton-Kelly, Robert (Hrsg.), *Politics & Apocalypse* (East Lansing, Mich.: Michigan State University Press, 2007), 69-94 ; Wolfgang Palaver, "*Hobbes and the Katéchon: The Secularization of Sacrificial Christianity*," in Contagion: Journal of Violence, Mimesis, and Culture, Vol. 2 (Spring 1995) 37-54.

87　René Girard, *Hiob – ein Weg aus der Gewalt* (Zürich: Benziger, 1990), 195-211.

88　René Girard, *Das Ende der Gewalt. Analyse des Menschheitsverhängnisses* (Freiburg/Basel/Wien: Herder, 1983), 233.

또한, 신화와 성경을 너무 쉽게 동일시하는 현대적 흐름을 비판하기 위해서 원시적 희생 논리(Opferlogik)와 기독교적 헌신을 같은 개념으로 표현하기를 거부했다.

기독교적 전통이 다시금 희생 용어(Opferterminologie)를 사용한다면 그것은 복음서의 입장으로부터 퇴행하는 것으로 그는 보았다. 지라르는 그러한 오해를 신약성경의 히브리서에서 발견한다. 즉, 히브리서는 그리스도의 죽음을 구약성경의 희생 제사로부터 해석하기 때문이다.[89]

이러한 지라르의 입장은 보수적인 로마 가톨릭 신학의 희생 이해뿐 아니라, 또 다른 한편으로 희생 없는 상태에서의 무정부주의와 혁명에 대한 예찬과도 다른 것이다.

복음서에서는 그리스도의 죽음이 결코 희생 제사(Opfer)로 표현되지 않았다고 지라르는 말한다. 바울에게서도 희생 제사 대신 '사랑의 행위, 또는 '은혜의 행위'로 표현되었다. 희생 제의적 언어가 사용된 매우 드문 경우에도 그것은 일종의 메타포로 사용되었지, 히브리서에서 볼 수 있는 희생 제의적 의미는 아니었다고 지라르는 말한다.[90]

10. 십자가의 해석학이 성스러운 폭력을 폭로한다

앞에서 우리는 단 한 번의 영원한 희생 제사로서 희생양 메커니즘을 내부로부터 고발하고 폭발시키고 종식한 십자가 사건의 역설에 대해서 살펴보았다. 지라르의 "십자가의 인류학"은 마틴 루터 이후의 십자가 신학(Theologia Crucis)과 20세기의 하나님 아픔의 신학과 맥을 같이 한다.

십자가 사건에 대한 지라르의 인류학적 독법은 십자가의 역설만 보는 것이 아니라, 십자가의 승리를 보게 한다. 기독교 신학과 관련된 내용이 잘

---

89 Girard, *Das Ende der Gewalt. Analyse des Menschheitsverhängnisses*, 253-286.
90 Girard, *Das Ende der Gewalt. Analyse des Menschheitsverhängnisses*, 253.

요약된 지라르의 저서 『나는 사탄이 번개처럼 떨어지는 것을 본다』의 독일어판에는 '기독교에 대한 비판적 변증'이라는 부제가 붙어 있는데, 그 책의 제2부 제목은 '신화의 수수께끼'이며, 제3부 제목은, '십자가의 승리'이다.

지라르에 의하면, 기독교는 신화와 그 희생양 메커니즘을 밝혀주는 계몽이다.[91] 신화가 집단 폭력의 '수동적인 반영'이라면, 유대-기독교는 희생양과 모방적이고 폭력적인 군중을 만들어내는 집단 장치에 대한 '적극적인 폭로'이다.[92]

지라르는 유대-기독교 유일신론적 전통과 세계관을 가장 설득력 있게 변호하는 인문학자다. 그는 범신론이나 다신론은 끊임없이 신들을 생산하는 장치들이라고 본다. 지라르에 의하면 유일신론의 신은 희생양 메커니즘에서 완전히 벗어나 있다. 이에 반해 다신교는 수많은 희생양의 초석에서 발생한다.

고대사회에서는 희생양 메커니즘이 작동할 때마다 새로운 신이 발생하고 제작된다. 그러나 유대교는 이런 식으로 신을 생산하는 장치를 처음부터 엄격히 거부했다. 유대교에서 신은 더 이상 희생양이 아니고, 희생양도 더 이상 신격화되지 않는다. 이것이 우리가 이른바 '계시'라고 부르는 것이라 지라르는 말한다.[93]

지라르에 의하면, 범신론이나 다신론은 희생양 메커니즘에 의해서 끊임없이 희생양(신들)을 생산하는 장치이며, 그 신들은 우리의 전통적인 신들처럼 마을과 마을의 경계를 구분 짓는 한 지역의 수호신으로 신격화된다.

즉, 이 지역 신의 정체는 그 지역적 공동체가 살해하고 신격화시킨 인간 희생양들이다. 그래서 언제나 마을 어귀나 경계에 그 신들은 자리를 잡고 있다. 이렇게 인문학적이고 인류학적인 지평에서 유대-기독교적 전통, 가

---

91 René Girard hat die Bibel literaturwissenschaftlich gelesen. Das erstaunliche Ergebnis: Das Christentum ist die Aufklärung der Mythologie und ihrer Sündenbock-Mechanik.(Die Presse 22.11.2002).
92 지라르, 『그를 통하여 스캔들이 왔다』, 68.
93 지라르, 『문화의 기원』, 112.

치, 유산, 그리고 텍스트를 자기반성적이고 비판적으로 재변증하는 지라르의 입장은 정통적이라 할 수 있다.

영국의 급진정통주의(Radical Orthodoxy) 신학의 대표적인 학자 존 밀뱅크(John Milbank, 1952-)는 지라르에게 큰 영향을 받았다. 그는 폭력에 대한 집착으로부터 인간의 욕망을 훈련하기 위한 시도에서, 평화의 존재론적 우위성에 대한 내러티브로서 어거스틴의 역사신학을 재발견하고자 한다.

그는 자신의 저명한 저서 『신학과 사회이론(세속적 이성을 넘어서)』(Theology and Social Theory)의 한 부분에서 '폭력과 속죄'를 주제로 지라르의 연구를 상세하게 논의하고 있는데, "어거스틴적인 관점을 새롭게 하기 위한 시도는 이제 르네 지라르의 작업들을 이해해야만 한다"라고 하면서 지라르의 이론을 소개한다.[94]

밀뱅크는 지라르 이론에 큰 관심을 가지면서 세속적 허무주의의 저변에 흐르는 존재론적 폭력을 극복하고자 한다. 밀뱅크는 다른 모든 문화에서 이해되는 "성스러움"(the sacred)를 점차로 폭로하고, 또한 거부하기에 성경은 유일하다는 지라르의 주장을 받아들인다.

다른 문화들은 희생양들의 추방을 신비화하지만, 성경은 아벨 이후로, 희생양들의 편을 들고 있다.[95] 밀뱅크의 『신학과 사회이론(세속적 이성을 넘어서)』에서 제시된 접근 방법들은 이후 급진정통주의(Radical Orthodoxy) 신학으로 발전되게 된다.[96]

밀뱅크는 오직 기독교만이 허무주의와 폭력에 대한 대안을 제시할 수 있다고 주장한다. 그는 몇 가지 이견을 제외하고는 대체로 지라르의 기독교 변증론을 지지한다.

94　John Milbank, *Theology and Social Theory: Beyond Secular Reason* (Oxford: Blackwell, 1990), 3. Violence and atonement (the work of René Girard) (395–402)
95　Milbank, *Theology and Social Theory: Beyond Secular Reason*, 396.
96　John Milbank, Catherine Pickstock, and Graham Ward, eds., *Radical Orthodoxy: A New Theology* (London: Routledge, 1999).

밀뱅크는 지라르, 슈바거, 그리고 나의 지도교수였던 팔라버를 비롯한 인스부르크 지라르학파 학자들과도 학술대회를 통해 대화를 나누었다.

1994년 독일에서 <신학과 혹은 세속적 사유: 정치철학, 경제학, 그리고 사회학에 관한 토론>이란 제목으로 개최된 심포지엄에 지라르, 밀뱅크, 장 피에르 뒤피, 슈바거, 팔라버 등이 참여해서 토론했다.[97]

현재 옥스퍼드대학교 신학부 교수이자 밀뱅크와 같이 급진정통주의(Radical Orthodoxy) 신학을 대표하는 와드(Graham Ward) 교수도 2003년 인스부르크대학교에서 개최된 <폭력과 종교에 관한 학술대회>(Colloquium on Violence and Religion)에 참여해서 논문을 발표했다.

또한, 지라르의 논문「희생자들의 하나님」이 그가 편집해서 출판한『포스트모던적 하나님. 신학적 읽기 교제』에 실려서 출판되었다. 이 논문에서 지라르는 '인류 사회는 박해자들의 신에 대한 집단적이고 무의식적인 숭배의 조건 아래서 발전되었다'라고 보았는데, 지라르는 이러한 박해자들의 신을 참된 의미에서 신적이라기보다는 악마적인 것으로 파악했다.[98] 또한, 와드 교수는 이 책에서 "르네 지라르- 입문"을 기고했다.[99]

지라르는 "자신의 기독교 변증론이 신학적 지평에서보다는 인류학적 지평에서 이루어지는 '기독교 변증'이다"라고 말한다. 지라르의 미메시스 이론과 기독교 변증론은 니체 이후의 포스트모던적 조건과 시대 정신과 소통하면서도 기독교를 변증할 수 있는 가장 설득력 있는 이론으로 평가받고 있다.

---

97 "Theology and/or Secular Thinking: Discussion on Political Philosophy, Economy, and Sociology" Symposium in Wiesbaden-Naurod/Germany (June 8-11, 1994).'폭력과 종교에 관한 학술대회'(Colloquium on Violence and Religion)의 공식 회보인 COV&R-Bulletin No. 6 (March 1994)을 보라.
98 René Girard, 'The God of Victims', in *The Postmodern God: A Theological Reader*, trans. Yvonne Freccero, ed. Graham Ward (Oxford: Blackwell Publishers, 1997), 108.
99 Graham Ward, 'René *Girard*: Introduction' in Ward, G. (ed.), *The Postmodern God, a Theological Reader* (Oxford: Blackwell Publishers, 1997), 96-103.

지라르의 인류학적 이론에 깊이 영향을 받은 학자들은 개신교 신학자뿐 아니라 로마-가톨릭 신학자들도 많다. 과학과 종교(Science and Religion) 분야뿐 아니라, 지라르의 이론을 단초로 해서 학제적으로 전개된 폭력과 종교(Violence and Religion)에 관한 연구 분야에서도 공동연구가 잘 이루어져 왔다. 종교개혁 이후의 분열의 역사에도 불구하고 2000년 유대-기독교적 전통의 공동 유산에 대한 존중의 정신으로 이루어지는 공동연구다.

국제지라르학회인 <폭력과 종교에 관한 학술대회>(Colloquium on Violence and Religion)의 공동 창설자 중 해머튼-켈리(Robert Gerald Hamerton-Kelly (1938-2013)는 개신교 신학자이자 목사이다. 그는 지라르의 이론에 대한 국제적이고 학제적인 연구를 지원하는 재단인 <이미타치오: 인간과학의 통합>(Imitatio: Integrating the Human Sciences)의 회장을 역임하기도 했고, 그의 『성스러운 폭력: 바울의 십자가의 해석학』(Sacred Violence: Paul's Hermeneutic of the Cross)도 지라르에게 깊이 영향을 받은 책이다.[100]

> "십자가의 해석학"이 "성스러운 폭력"을 폭로하고 전복시키고 치유한다. 그에 의하면 바울에게 있어서 십자가 사건의 주요한 효과는 성스러운 폭력에 대한 폭로다.[101]

「바울에 대한 지라르적인 해석: 고린도 교회에 보내는 서신들에 나타난 경쟁, 미메시스, 그리고 희생양 만들기」(A Girardian Interpretation of Paul: Rivalry, Mimesis and Victimage in the Corinthian Correspondence)라는 중대한 논문에서도 해머턴-켈리는 지라르의 해석학을 바울의 사상에 조직적으로 적용하고 있다.[102]

100　Robert G. Hamerton-Kelly, *Sacred Violence: Paul's Hermeneutic of the Cross* (Minneapolis: Augsburg Fortress, 1992).
101　Hamerton-Kelly, *Sacred Violence: Paul's Hermeneutic of the Cross,*
102　R. Hamerton-Kelly "A Girardian Interpretation of Paul: Rivalry, Mimesis and Victimage in the Corinthian Correspondence" *Semeia* 33 (1985), 65-81.

사도 바울은 다음의 성경 구절에서 상당히 희생 제의적 표현을 사용하면서 자신을 희생양으로 묘사하고 있다.

> 우리는 그리스도의 연고로 미련하되 너희는 그리스도 안에서 지혜롭고 우리는 약하되 너희는 강하고 너희는 존귀하되 우리는 비천하여 바로 이 시간까지 우리가 주리고 목마르며 헐벗고 매맞으며 정처가 없고 또 수고하여 친히 손으로 일을 하며 후욕을 당한즉 축복하고 핍박을 당한즉 참고 비방을 당한즉 권면하니 우리가 지금까지 세상의 더러운 것과 만물의 찌끼 같이 되었도다 (고전 4:10-13).

여기서 재미있는 사실은 "세상의 더러운 것과 만물의 찌끼"에 대한 언급이다. '세상의 더러운 것'에 해당하는 헬라어 ὡς περικαθάρματα는 본래 아리스토텔레스의 카타르시스와 어원적으로 관련이 있는 단어이다. 즉, 세상의 '희생양이 되었다'는 것이다.

지라르는 아리스토텔레스의 카타르시스의 제의적 뿌리, 곧 카타르마(인간 희생양)에 대해서 지적한 바 있다. 즉, 카타르마들의 비극적 죽음, 몰락, 굴욕, 그리고 피을 보는 관중들은 카타르시스, 곧 심리적 정화감을 느낀다.

해머턴-켈리는, 또한 고린도에서의 가장 중요한 종교적 제의였던 디오니소스 제의에서의 미메시스의 중요성에 대해서 지적한다.[103]

하나의 희생양이 될 정도로 그리스도에 대한 모방(mimesis)을 추구하고자 했던 사도 바울은 이를 통해 제의화 된 스파라그모스(sparagmos), 곧 광기 속에 집행되는 사지 절단과 관련되는 디오니소스 희생 제의의 미메시스적인 작용을 비판하고 있다.

---

[103] Hamerton-Kelly "A Girardian Interpretation of Paul: Rivalry, Mimesis and Victimage in the Corinthian Correspondence," 72.

11. 신화에 대한 복음적인 전복

해머턴-켈리는 폭력, 미메시스, 그리고 문화에 관한 연구 시리즈로서 『정치학과 묵시록』(Politics & Apocalypse)을 편집해서 출판했는데, 이 책에 지라르는 「신화에 대한 복음적인 전복」(The Evangelical Subversion of Myth)을 기고했다.[104] 팔라버는 "글로벌 시민 전쟁에 대항하는 카를 슈미트의 「묵시록적 저항」"이라는 논문을 기고했다.[105]

지라르에 의하면, 『토템과 타부』(Totem und Tabu)에서 프로이트는 "자신이 인류 기원의 수수께끼를 연구하기 이전에 이미 기독교 복음서들이 그 작업을 앞서 했다"라고 적고 있다.

> 기독교 교리에는 가장 진솔한 방식으로 최초 죄악의 행위를 인정하고 있다.[106]

프로이트는 최초의 살해에 대해서 정신분석학적 해석을 시도했다.[107]
지라르는 누가복음 11:50의 말씀을 프로이트의 최초 살해와 자신의 초석적 살해 개념과 연결한다.

> 창세 이후로 흘린 모든 선지자의 피를 이 세대가 담당하되 곧 아벨의 피로부터 제단과 성전 사이에서 죽임을 당한 사가랴의 피까지 하리라 (눅 11:50).

---

104 René Girard, "The Evangelical Subversion of Myth," Robert Hamerton-Kelly (ed), *Politics & Apocalypse. Studies in Violence, Mimesis, & Culture* (East Lansing, Mich.: Michigan State University Press, 2007), 29-49.
105 Wolfgang Palaver, "Carl Schmitt's 'Apocalyptic' Resistance against Global Civil War," in Hamerton-Kelly, Robert(ed.), *Politics & Apocalypse*, 69-94.
106 Sigmund Freud, *Totem and Taboo*, trans. James Strachey (New York: W. W. Norton and Company, 1950), 154.
107 Girard, "The Evangelical Subversion of Myth," 29.

지라르는 창세 이후로(ἀπὸ καταβολῆς κόσμου)에서 카타볼레(katabole)는 "어떤 종류의 혼란을 종식하는 질서화(ordering), 또는 재질서화(reordering), 곧 위기에 대한 클라이맥스적인 해결"을 의미한다고 분석한다.

플라톤의 『고르기아스』(*Gorgias*, 대화 편 519a)에 "배설적(purgative) 카타르시스, 혹은 발작적인(paroxysmal) 격발에 유비적인 의학적 용법이 있다"라고 말한다.

성경의 처음 부분에 등장하는 아벨의 살해에서 볼 수 있듯이, 그리스 창세 이후로(ἀπὸ καταβολῆς κόσμου)라는 표현은 "신화와 제의의 역동성을 연상시키고 있다"라고 지라르는 말한다.

또한, "종교적 살해들을 아벨에까지 역추적하는 것, 그리고 최초의 살해와 '창세 이후로와의 연관'은 단지 최초의 살해와 세상의 설립 사이에 존재하는 연대기적인 일치를 보여주는 것은 아니다"라고 말한다.

그리고, "인류의 시초까지 거슬러 올라가는 인류 문화와 살해 사이의 결탁이 존재하는데, 예수에 의하면 이것이 그가 살던 시대에까지 전해 내려와서 바리새인들 사이에서도 아직 작동하고 있다"라고 그는 적고 있다.

그뿐만 아니라, 마태복음 23:35-36과 누가복음 11:49-51은 '최초의 살해에 대한 계시'라고 지라르는 분석한다.[108]

지라르에 의하면, 인류의 모든 문화는 폭력으로부터의 폭력적인 도피를 반복하는데, 사람들은 문화적 기초와 정교화의 가장 원시적인 형태들을 이미 특징 지우고 있는 진리에 대한 폭력적인 은폐를 반복하고 있다. 모든 인류 문화는 진리에 대한 폭력적인 매장으로부터 시작되고, 또 지속되고 있다.

지라르는 "처음부터 살인한 자"로 사탄을 묘사하는 요한복음 8:44에 주목한다. 사탄을 살해자로 지칭하는 것은 보통 가인과 아벨 이야기에 대한 베일에 가린 언급으로 해석하는데, 대부분 주석가의 입장과 같이 지라르는

---

108 Girard, "The Evangelical Subversion of Myth," 30-31.

이 성경 구절이 마태복음 23:35의 "그러므로 의인 아벨의 피로부터 성전과 제단 사이에서 너희가 죽인 바라갸의 아들 사가랴의 피까지 땅 위에서 흘린 의로운 피가 다 너희에게 돌아 가리라"와 무관하지 않은 것으로 이해한다.

"아벨의 살해는 최초의 인류 문화로 제시된 가인적인 문화의 기초라는 의미에서 최초의 살해이다"라고 지라르는 말한다. 그는 아벨의 살해 뒤의 문화 발생 메커니즘을 본다. 지라르는 아벨의 살해에서 '모든 신화와 제의들의 발생 메커니즘'을 본다. 복음서는 인류 문화의 시작점에 살해가 있었다고 말한다.

"만약 내가 옳다면, 모든 현대적 태도는 복음서 텍스트와 대조적으로 퇴행적이며, 또한 억압적이다"라고 지라르는 적고 있다. 최초의 살해는 왜곡된 문화적 의미들과 가치들의 무한정한 원천이었다. 모든 이전의 종교와 인류 문화의 원천으로서의 희생양 메커니즘은 상징성의 메커니즘 자체라는 것이다.[109]

당시 바리새인들은 오래전에 죽은 예언자들에 대한 무덤을 만들기를 좋아했다. 그 회칠한 무덤에 대해 지라르는 다음과 같이 말한다.

> 무덤 안에서 썩어가는 시체와 무덤 밖의 아름다운 구조는 최초의 희생양 관계에서 인류 문화의 전체 과정과 닮아있다.
> 무덤 내부와 외부는 원시적 성스러움(sacra)의 이중적 성격, 곧 폭력과 평화, 죽음과 생명, 무질서와 질서라는 이중적인 요소가 결합된 성스러움을 연상시키며, 또한 재생산하고 있다.
> 실제로 인류 문화의 가장 오래된 흔적들은 바로 무덤들이었고, 그것은 인류의 최초의 기념비였다.

---

109 Girard, "The Evangelical Subversion of Myth," 32-34.

무덤 자체가 오해된 희생양 희생의 최초의 은유적이고 실용적인 이동을 의미한다. 또한, 무덤은 '인류 문화의 최초의 상징적 기념비'였다.

지라르는 "희생양 만들기의 최초의 상징적 변형으로서의 무덤"에 대해서 이처럼 말한 것이다.[110]

성경의 계시는 "인류 문화의 폭력적 진실에 대한 폭력적 억압을 계시한다"라고 지라르는 표현한다. 헤라클레이토스의 그리스적 로고스와 유대-기독교적 로고스가 같은 것이라고 이해하는 것을 지라르는 모든 서구적 사유에서 가장 오래된 '환상'이라고 한다.

이 환상은 중세 시대에도 존재했는데, 헤라클레이토스적 로고스를 요한복음의 로고스의 선구자로 파악했다. 또한, 요한복음의 로고스를 그리스적 로고스의 복사나 강탈로 보는 현대의 역사적 학파들도 이 환상을 가지고 있다는 것이다.

"하이데거가 유대-기독교적 로고스로부터 그리스적 로고스를 분리하려고 했던 첫 학자였지만, 이 두 로고스에서 모두 폭력을 보았기에 그것을 성공시키지 못했다"라고 지라르는 분석한다.

이 그리스적 로고스는 인류의 폭력에 대한 오해에 기초한 로고스다. 그것이 추방의 로고스라면 유대-기독교적 로고스는 추방된 진리, 또는 진리 그 자체이며, 여전히 추방되고 거부된다"라고 지라르는 적고 있다.[111]

12. 바르트와 지라르: 진리와 은총의 승리

지라르의 십자가의 인류학은 여러 면에서 칼 바르트의 신학과 유사하다. 이후에 논의하겠지만, 지라르를 신학적으로 수용하는데 최초의 신학자이

---

110 Girard, "The Evangelical Subversion of Myth," 39, 40.
111 Girard, "The Evangelical Subversion of Myth," 46, 48.

면서 가장 중요한 신학자라 할 수 있는 스위스 출신의 슈바거 교수도 "희생제의와 신화에 대한 십자가의 승리를 말하는 지라르의 사유가 일견 바르트와 유사하다"라고 지적한 바 있다.

최근 바르트와 지라르에 대한 비교 연구가 증가하고 있다. 이미 1990년에 바르트 신학 저널인 『변증법적 신학』(*Zeitschrift für Dialektische Theologie*)에는 「진리의 승리와 은총의 승리, 계시, 종교, 십자가, 그리고 하나님에 대한 르네 지라르와 칼 바르트의 연구」(*Triumph der Wahrheit und Triumph der Gnade. René Girard und Karl Barth über Offenbarung, Religion, Kreuz und Gott*)라는 논문이 출판되었다.[112]

이 논문은 바르트와 지라르 사이에 존재하는 많은 유사성을 발견하고 있는데, 기독교 계시에 대한 이해와 기독교와 종교의 구분, 그리고 사랑을 하나님의 존재에 대한 가장 적절한 표현으로 간주하는 것 등에 유사성이 존재한다는 것이다.

특별히, 희생양 메커니즘이 주기적으로 생산하는 거짓 초월성과 거짓 신들에 대한 지라르의 비판과 해독이 인류의 종교를 불신앙으로 파악하는 바르트의 입장과 유사하다는 것이다.

바르트는 자신의 『교회 교의학』(*Gottes Offenbarung als Aufhebung der Religion*)에서 "하나님께서는 예수 그리스도 안에서 인간의 종교와는 전적인 대립 가운데 자신을 계시한다"라고 말한다. 예수 그리스도의 십자가 죽음에서 참된 하나님의 본질이 나타났다.

『스코틀랜드 신학 저널』(*Scottish Journal of Theology*)에도 「비폭력적 하나님의 정치학: 르네 지라르와 칼 바르트에 대한 성찰들」이라는 논문이 출판되었다.[113] 이 논문은 한스 우어스 폰 발타자르(Hans Urs von Balthasar)와 토마스

---

112 Adrianus van Egmond, "Triumph der Wahrheit und Triumph der Gnade. René Girard und Karl Barth über Offenbarung, Religion, Kreuz und Gott, " Zeitschrift für Dialektische Theologie 6, no. 2(1990), 185-205.

113 George Hunsinger, "The politics of the nonviolent God: Reflections on Rene Girard and Karl Barth," *Scottish Journal of Theology*, Volume 51/1 (February 1998), 61-85.

토랜스(Thomas F. Torrance, 1871-1959)의 대속론, 지라르의 사회인류학, 그리고 바르트 신학에서의 비폭력에 관한 논의를 통합하고 있다.

이 논문을 작성한 학자는 미국 프린스턴신학교(Princeton Theological Seminary)의 조직신학 교수이면서도 그 신학교에 있는 칼 바르트 연구센터 소장을 역임하기도 했다. 이 논문은 이후 『파열적 은총: 칼 바르트 신학 연구』(*Disruptive Grace: Studies in the Theology of Karl Barth*)라는 책의 제1장으로 다시 출판되었다.[114]

2005년 내가 독일에서 개최된 국제지라르학회 <폭력과 종교에 관한 학술대회>(Colloquium on Violence and Religion)에 참석했을 때 이 프린스턴신학교 교수와 학생들이 다수 참석했었다.

나는 이 학술대회에서 지라르를 만나 진행되고 있는 사회인류학적 불교 연구를 소개하고, 인도 시바 신화에 관해서 이야기를 나누었다.

이 학자는 지라르와 바르트에 관한 논문을 제1장으로 선택했는데, 이 논문을 그는 다음의 장들을 연결하는 '최고의 업적'(capstone)으로 부르고 있다.[115] 이 학자는 그 논문의 제1장에서 그리스도의 대속이 가지는 수직적 의미와 수평적 의미에 대해 논의하면서 "자신에게는 르네 지라르의 이론이 풍부하고, 아주 흥미롭고, 그리고 시사적인 것으로 등장한다"라고 평가한다. 문화인류학과 문학비평을 가르치는 지라르의 이론이 "현대 그리스도인들에게 강력한 도전을 주고 있다"라는 것이다.

이는 지라르에 대해 신학과 윤리학을 그 본질적인 일치성에서뿐 아니라, 그리스도의 십자가를 중심으로 생각할 수 있도록 우리에게 도전을 준다고 평가한다. 또한, 지라르는 "신학과 윤리학이 비폭력적 사랑의 우위성에 의해 결정되는 것으로 보도록 도전한다"라고 그는 적고 있다.

---

114 George Hunsinger, "The Politics of the Nonviolent God: Reflections on René Girard and Karl Barth," in *Disruptive Grace: Studies in the Theology of Karl Barth* (Grand Rapids: Eerdmans, 2000).

115 George Hunsinger, "The Politics of the Nonviolent God: Reflections on René Girard and Karl Barth," in *Disruptive Grace: Studies in the Theology of Karl Barth*, 4.

물론 그는 비폭력적 하나님의 우위성에 대한 지라르의 근본적인 통찰들을 붙잡으면서도 지라르에게 있어서 대속에 대한 이해가 다소 부족한 것으로 본다. 그래서 그는 부족한 대속에 대한 신학적이고, 교의학적 이해를 폰 발타자르, 토마스 토랜스, 그리고 바르트의 이해로 보충하고자 한다.[116]

다른 곳에서도 밝혔지만, 지라르는 교의학자나 조직신학자가 아니라, 인문학자요 인류학자라는 사실을 기억해야 한다. 그래서 교의학자나 신학자들이 볼 때 지라르의 대속 이해가 충분히 신학적이거나 교의학적이지 않게 보일 수 있다.

왜냐하면, 지라르가 수직적인 계시성을 인정하면서도 방법론적인 측면에서 보다 수평적인 차원으로 인류학적이고 인문학적인 관점을 가지고 복음서와 성경을 읽고, 또한 인류학적인 기독교 변증을 시도하기 때문이다.

이 학자는 슈바거와 함께 지라르를 신학적으로 수용한 스위스의 신학자 한스 우어스 폰 발타자르에 대해 논의한다. 폰 발타자르는 지라르의 희생양 메커니즘에 대한 분석을 높이 평가하면서도, "지라르가 지나치게 순전히 문화적, 사회적, 세계 내적인 관점에서 예수 그리스도의 십자가 죽음과 희생을 파악한다"라고 비판한다.

그래서 예수 그리스도의 구원 사건을 본질적으로 삼위일체론적인 상황 속에서 이해해야 한다고 주장하며, 예수 그리스도의 구원의 의미는 문화적 메커니즘으로 파악될 수 없고, 삼위일체론적으로 이해되어야 한다는 것이다.

폰 발타자르는 예수께서 그의 고통 가운데서 '세상 죄를 짊어지시고 가신다'라는 개념 자체가 현대에 와서 완전히 포기되고 상실되었지만, 지라르가 희생양의 중요성에 대한 그의 강조로 말미암아 이 상실된 의미를 회복시켰지만, 지라르도 그리스도 안에서의 구원의 신비를 완전히 파악하지

---

116 George Hunsinger, "The Politics of the Nonviolent God: Reflections on René Girard and Karl Barth," in *Disruptive Grace: Studies in the Theology of Karl Barth*, 22.

는 못했다는 것이다.[117]

삼위일체론적 교의학자로서의 폰 발타자르가 사회인류학자 지라르에 대해서 가지는 신학적 불만족은 이해할 만하지만, 지라르는 교의학자가 아니라는 사실을 이해해야 한다.

지라르는 포스트모던적 시대 정신 속에서 소외되고 추방되었던 유대-기독교 텍스트를 어떤 학자보다도 더 열정적이기도 진지하게 읽고 변호하지만, 그런데도 그는 인류학자로 남고자 한다.

인류학자로서 지라르는 십자가 사건을 보다 수평적, 사회적, 문화적, 그리고 인류학적으로 읽어내고자 한다. 지라르는 삼위일체론적이고 수직적인 계시와 성령의 사역을 절대 부정하지 않는다.

『화해된 인류: 대화 속의 칼 바르트』에게서도 지라르와 바르트에 대한 비교 연구가 이루어졌다. 이 책 제3부 기독론과 대속의 첫 페이지에 저자는 지라르의 『욥기』에 나오는 표현을 인용한다.

> 그리스도는 무엇보다도 희생자들의 운명을 끝까지 함께 하셨기에 희생자들의 하나님이다.

또한, 제9장 "우리 대신에 심판받은 심판자"에서 바르트와 지라르를 상세하게 비교하면서 논의하고 있다.

"르네 지라르의 연구의 신학적 함의들: 지라르와 바르트"라는 제목으로 이 학자는 지라르의 인류학과 바르트의 교의학 사이의 '구조적 유사성'을 발견하고자 한다. 바르트처럼 지라르도 희생양 메커니즘의 폭로는 외부로부터 가능하다고 함으로서 계시의 가능성을 이야기한다.[118]

---

117 George Hunsinger, "The Politics of the Nonviolent God: Reflections on René Girard and Karl Barth," in *Disruptive Grace: Studies in the Theology of Karl Barth*, 30.
118 Hans Vium Mikkelsen, *Reconciled Humanity. Karl Barth in Dialogue* (Grand Rapids/Cambridge: Wm. B. Eerdmans 2010), 187.

지라르에 의하면 욥은 실패한 희생양이기에, 희생양 메커니즘이 어느 정도 비판적으로 인식되고 노출된 경우라고 본다. 그리하여 그에 의하면 욥은 십자가에 달리신 자를 보여준다. 오이디푸스는 구약의 욥과는 달리 성공한 희생양인데, 왜냐하면 희생양으로서 인식되지 못하고 있는 바로 그 이유 때문이다.[119]

영어와 독일어권에서 『욥: 그의 백성의 희생양』(*Job: The Victim of His People*)[120]으로 번역된 지라르의 프랑스어판 저서의 원제는 『옛사람들이 걸어간 사악한 길』(*La Route antique des hommes pervers*)로서,[121] 욥기 22:15에서 책 제목을 빌리고 있는데, 그 본문은 다음과 같이 말한다.

> 악인들이 가던 그 옛길, 자네는 아직도 그 길을 걸으려는가?(욥 22:15, 공동번역).

이 학자는 "예수의 죽음의 주체로서의 하나님? 바르트와 지라르의 비교"라는 제목으로 '바르트의 대속 이해는 예수의 죽음에 관해서 지라르의 문학적이고 인류학적 분석에 대한 하나의 교의학적 버전으로 재구성될 수 있다'라고 말한다.

또한, "희생양과 성스러움과 폭력의 관계에 대한 지라르의 이론이 가지는 많은 실제적인 결과들을 대속에 대한 바르트의 이해에서도 발견할 수 있다"라고 말한다. 지라르와 바르트 모두 "인류학적 구조를 계시하고 폭로하고, 또한 단절시키는 것은 그리스도 안에서의 하나님의 행위들이다"라고 말한다.

지라르의 연구에서는 희생양 메커니즘이 희생양이 되기를 거부한 어떤 '명백한-희생양'에 의해서 계시된다. 바르트의 작품에서는 스스로를 심판 받도록 내어준 심판자가 심판을 계시한다. 지라르와 바르트 모두에게 "하

---

119 René Girard, *Hiob – ein Weg aus der Gewalt* (Zürich: Benziger, 1990), 52.
120 René Girard, *Job: The Victim of His People* (Stanford: Stanford University Press, 1987).
121 René Girard, *La Route antique des hommes pervers* (Paris: Grasset, 1985).

나님은 폭력을 정당화하기 위해 사용될 수 없는 하나님, 곧 사랑하고 비폭력적인 하나님이다.[122]

이 학자는 지라르와 바르트의 차이에 대해서도 말하는데, 지라르는 예수 그리스도의 죽음 뒤의 주체를 하나님이 아니라, '인간 공동체로 본다'고 이해한다.

즉, 지라르의 관점에서는 하나님은 예수 그리스도의 죽음의 주체가 될 수 없다. 왜냐하면, 그럴 경우 하나님은 만족하기 위해서 희생 제사를 필요로 하는 폭력적인 하나님으로 남기 때문이다.

지라르에 의하면, 대속은 우선적으로 폭력의 내재적 구조에 대한 폭로를 의미한다는 것이다. 하지만, 바르트의 교의학에서 하나님은 '대속의 주체인 동시에 객체'이다. 그리스도의 죽음은 성부 하나님의 뜻으로 인한 것이다. 하나님께서 인류를 위해 그의 독생자를 희생시킨 것이다. 성자가 스스로를 희생되도록 자신을 주신 것이다.

그러나 성자의 희생은 자기 자신을 주는 희생으로서 하나님의 언약 파트너로서의 인류를 다시 일으켜 세우기 위한 것이다.

바르트에 의하면, 하나님은 어떤 만족이나 복수를 위해서, 성자를 희생시킨 것이 아니다. 바르트에게 있어서 그리스도 대속의 보편적인 의미들은 삼위일체적인 관점에서 바라볼 때 완전하게 이해될 수 있다.[123]

하지만, 이후 지라르와 슈바거의 신학적 대화를 보다 자세하게 논의하겠지만, 지라르의 강조점은 반신화적이고 반희생 제의적이고 유대-기독교적 전통에 대한 변증에 주어진다.

지라르는 기독교에 대한 희생 제의적(sacrificial)이고 이교적인 해석에 대한 거부와 십자가의 승리에 대한 강조로 그리스도의 죽음을 희생 제사로 보는 것에 대해서 유보적이었지만, 이후에는 십자가의 역설이라는 의미에서 단 한 번의 영원한 희생 제사라는 개념을 어느 정도 수용하고 있다.

---

122 Mikkelsen, *Reconciled Humanity. Karl Barth in Dialogue*, 192.
123 Mikkelsen, *Reconciled Humanity. Karl Barth in Dialogue*, 193.

또한, 지라르는 교의학자나 조직신학자가 아니라, 인문학자로서 인류학적이고 인문학적 지평에서 사유하고 저술하기에 원론적인 의미에서라기보다는 방법론적인 의미에서 삼위일체론적인 지평이 그렇게 강하게 드러나지는 않는다는 점을 이해해야 할 것이다.

그러나 지라르는 자주 성령 사역에 대해서도 말하며, 거짓된 사회적 초월성과 구분되는 참된 초월성을 말한다는 점을 잊지 말아야 한다.

13. 승리자 그리스도(Christus Victor)

슈바거 교수는 1991년 미국 스탠퍼드대학교에서 개최된 국제지라르학회 '폭력과 종교에 관한 학술대회'(Colloquium on Violence and Religion)에서 "신에 대한 신화적 이미지와 심판에 대한 신약성경의 말씀들"이란 제목의 강연을 했는데, 이 강연의 첫 부분은 "르네 지라르와 칼 바르트의 구분들"에 대한 것이다.

슈바거는 지라르가 그의 전체 연구에 있어서 "성경에 대한 신화적 오해를 비판해 왔다"라는 사실을 강조한다.

> 칼 바르트는 십자가를 하나님의 영원한 계획에 직접적으로 포함하기에, 십자가는 하나님의 사랑의 급진성 속에 속하는데, 그것은 먼저 진노 속에 드러나며, 죄인의 죽음과 파멸에서 그 만족을 찾게 된다.
> 십자가는 결과적으로, 어떤 이가 심판받고 파괴된다는 점에서 하나의 '심판'이다.
> 기독교적 메시지에서 놀랍고도 지금까지 들어보지 못한 것은, '바로 우리 자리인 죄인들의 자리에서 죄 없으신 자가 죽임을 당했다'라는 것이다.[124]

---

[124] K. Barth, *Kirchliche Dogmatik* (4 Bde.) (Zollikon: Theologischer Verlag, 1932 - 1967), VI/1. 279ff.

'심판자가 심판 받았다'(Der Richter wird gerichtet)는 표현은 바르트의 화해론에서의 위대한 핵심 표현이다.[125]

스위스 출신의 슈바거는 이미 1985년에 「심판자가 심판받았다: 칼 바르트의 화해론에 대하여」(Der Richter wird gerichtet: Zur Versöhnungslehre von Karl Barth.)라는 논문을 출판하기도 했다.[126]

구원론적으로 보자면 예수 그리스도의 십자가의 죽음은 어떻게 하나님께서 인류의 죄악된 자유를 존중하면서 자신의 구원의 주도권을 관철하시는지를 보여준다.

슈바거는 다른 여러 강연과 저술에서도 바르트에 대해서 자주 인용했다. "위대한 스위스 신학자 칼 바르트가 제1차 세계대전 이후에 십자가에 대한 전통적 교리를 다시금 재발견했다"라고 그는 적고 있다.

루터와 칼빈에게 의지해서, 칼 바르트는 십자가를 하나님 진노의 표현으로 인류의 모든 죄악에 대한 세계사적인 심판으로 이해했고, 십자가 안에서 십자가에 달리신 자는 우리를 대신 하여 하나님의 진노를 감당하며 세상의 모든 죄악을 이기신 참된 사람이자 참된 하나님을 본다.

하나님의 심판을 선포한 예수께서 사람들에 의해 스스로 심판을 받았다. 하지만 슈바거는 하나님의 진노와 심판을 영원한 것으로 보기보다는 드라마틱하게 파악하고자 한다. 그리스도 안에서 죄에 대한 영원한 심판보다는 인류 역사를 드라마로 구체적으로 읽음으로 하나님의 진노를 이해하고자 한다. 하나님은 영원히 폭력적인 심판을 내리기보다는 인류의 죄악에 대해서 드라마틱하게 반응하시는 분으로 이해된다.

칼 라너(Karl Rahner, 1904~1984)의 후임으로 오스트리아 인스부르크대학교 교의학 교수로 온 슈바거 교수는 지라르의 영향으로 드라마틱한 신학(Dramatische Theologie)을 발전시켰는데, 이 드라마틱한 신학은 '개혁주의 칼

---

125 http://www.uibk.ac.at/theol/leseraum/texte/144.html
126 Raymund Schwager, "'*Der Richter wird gerichtet*: Zur Versöhnungslehre von Karl Barth.'" *Zeitschrift für katholische Theologie* 107, no. 1 (1985), 101–41.

바르트의 신학, 루터파 신학의 구스타프 아울렌(Gustav Aulén, 1933-1952), 그리고 가톨릭 신학자 한스 우어스 폰 발타자르의 신학'에 영향을 받아 형성되었다.

드라마틱한 신학의 근본적 관심은 자유주의적-계몽주의적 신학에 대한 반작용으로부터 이해될 수 있다.

칼 바르트의 변증법적 신학은 신적인 것을 인간적인 것으로 해소하는 '문화개신교주의'(Kulturprotestantismus)에 대항해서 인간의 모든 종교적 또는 세속적 운동을 관통하는 하나님의 수직적인 침입을 강조했다.

슈바거는 칼 바르트의 후기 교회 교의학에서 언약 신학(Bundestheologie)이 중요한데, 바르트는 이것을 하나의 드라마의 발전으로 표현했다는 것을 언급한다. "예수의 존재, 행위, 그리고 행동에 대한 묘사로서의 기독론"을 바르트 '드라마의 발전'(Entfaltung eines Dramas)속에서 이해하고자 했다.[127]

구스타프 아울렌도 드라마틱한 구원 이해를 가져서 승리자 그리스도(Christus victor)라는 개념으로 성경과 초대 기독교 교부의 초기 구원론의 통일적인 근본 동기를 설명했다.[128]

또한, 2013년에는 영국 옥스퍼드대학교 박사 학위 논문으로 「비폭력적 대속 이론을 추구하며: 예수의 죽음에 대한 르네 지라르와 칼 바르트의 입장에 대한 비교」가 통과되었다.

이 논문은 성 안셀무스(Anselm of Canterbury, 1033-1109)의 만족설과 십자가에 달리신 예수의 죽음에 대한 달래는(propitiatory) 견해를 거부하면서, 지라르의 미메시스 이론과 바르트의 삼위일체론적 교의학은 모두 폭력적인 요소들에서 벗어난다고 간주하는 '승리자 그리스도(Christus Victor) 모델로부터 그들의 대속 이론을 가져온다'고 한다.

---

127 Karl Barth, *Kirchliche Dogmatik* IV,3, 154.
128 Willibald Sandler, "Was ist dramatische Theologie?" in *Religion - Literatur - Künste. Aspekte eines Vergleichs*, hg. Peter Tschuggnall (Anif/Salzburg: Müller-Speiser 1998), 41-57

지라르는 다음과 같이 적고 있다.

> 나는 성경이 폭력으로부터 탈출하고 세상을 유토피아로 만들게 하는 어떤 정치적 레시피를 제공한다고 생각하지 않는다.
> 성경은 폭력에 대한 어떤 진리들을 계시한다⋯.
> 히브리 성경에는 분명히 희생자의 복권 방향으로 진행되는 역동성이 존재하지만, 그것이 이미 확정된 일은 아니다. 오히려 그것은 진행 중인 과정이며, 고통 중에 있는 텍스트(a text in travail)이며, 진보면서도 후퇴하는 투쟁을 보여주고 있다.
> 나는 복음서들을 이러한 추세의 클라이맥스적인 성취로 보며 그렇기에 현대 세계의 문화적 대변동에서의 본질적인 텍스트로 본다[129]
> 희생양 메커니즘이란 '미메시스가 생산하는 폭력 또는 잠재적 폭력으로부터 해방'을 추구하는 오래된 방식으로 어떤 희생양에 대한 무의식적인 수렴을 의미한다.[130]

14. 판넨베르크와 지라르: 종교학과 신학

「르네 지라르와 볼프하르트 판넨베르크: 종교학과 신학」(*René Girard und Wolfhart Pannenberg: Religionswissenschaft und Theologie*)이란 제목의 논문을 슈바거는 독일 루터파 신학자들이 중심되어 국제적으로 발행하는 「케류그마와 도그마. 신학적 연구와 교회적 가르침에 대한 저널」(*Kerygma und Dogma. Zeitschrift für theologische Forschung und kirchliche Lehre*)에 기고해서 출판했다.[131]

---

[129] Robert G. Hamerton-Kelly (ed), *Violent Origins: Walter Burkert, Rene' Girard, and Jonathan Z. Smith on Ritual Killing and Cultural Formation* (Stanford: Stanford University Press, 1986), 141.

[130] R. Girard, *The Girard Reader*, ed. James G. Williams (New York: Crossroad, 1996), 293.

[131] Raymund Schwager, "René Girard und Wolfhart Pannenberg: Religionswissenschaft und

종교학과 기독교 신학 사이의 관계에는 긴장이 존재한다. 지난 세기말부터 강화된 구약성경과 신약성경의 주변 세계에 대한 풍부한 종교사적인 연구로 인해서 초대 기독교적인 관점들이 당시 주변 세계의 종교사에 의존되어 있고, 또한 그것으로 증발될 수 있는 위험에 대해서 지적해 왔다.

예를 들어, 이스라엘의 종교 문화에서의 바벨론 기원을 주장하는 범 바벨론주의(Panbabylonismus)가 그것이다. 이러한 종교학적이고 종교사적인 연구로 인해서 그리스도 안에서의 최종적인 계시에 대한 확신이 의문시되게 되었다.

이런 배경에서 1차 세계대전 이후 칼 바르트의 변증법적 신학이 이 종교사적인 기획을 몰아내게 되었다. 하지만 이후 다종교적이고 다문화적인 상황 속에 이 문제는 다시금 부각되었다. 그래서 옛 종교학적이고 종교사적인 기획은 종교 간의 개방성과 대화 가능성의 이름으로 '포스트모던적 다원주의'와 다원주의적인 종교 신학 혹은 종교다원주의적 신학으로 기울어지게 되었다고 슈바거는 분석한다.

지라르의 학문적 동반자였던 슈바거는 존 힉스(John Hicks, 1904-1989) 이후의 종교다원주의적 신학에 대해서 비판적이었고, 그래서 『오직 그리스도? 종교다원주의 신학에 대한 논쟁』(Christus allein? Der Streit um die pluralistische Religionstheologie)[132]이라는 주제로 편집, 출판했다.[133]

종교사적인 접근방식과 세계종교에 대해 열린 자세는 거의 필연적으로 최종적 계시에 대한 전통적 기독교적 이해를 붕괴시키는 것처럼 보인다. 이러한 상황에서 일관되게 종교사적인 관점을 가지고 위대하고 방대하게 종교학을 연구하면서도 진리에 대한 기독교적 주장을 강조하고 임의적인 다원주의에 대한 저항을 외치는 대표적 학자로 슈바거는 지라르와 판넨베

Theologie," *Kerygma und Dogma. Zeitschrift für theologische Forschung und kirchliche Lehre* 44 (1998), 172-192. 이 논문은, 또한 오스트리아 인스부르크대학교 신학부 홈페이지에서도 열람할 수 있다: http://www.uibk.ac.at/theol/leseraum/texte/36.html

132 Raymund Schwager (hg.), "Christus allein? Der Streit um die pluralistische Religionstheologie" (Quaestiones disputatae 160) (Freiburg: Herder 1996).

133 Schwager, "René Girard und Wolfhart Pannenberg: Religionswissenschaft und Theologie."

르크를 높이 평가한다.

판넨베르크는 「교회를 위한 염려. 진리와 다원주의 사이에서」(*Evangelische Kommentare*)라는 논문에서도 세속주의적 문화에 대한 순응과 진리의 상대화의 위험에 대해서 교회를 향해 경종을 울렸다.[134] 지라르도 "텍스트적인 불확정성, 끝없는 해석, 그리고 결정 불가능성과 같은 것은 신화와 다른 전통적 문화의 위대한 텍스트들에는 적용될 수 없다"라고 주장한다.

자신이 제안하는 신화에 대한 해석은 참이거나 거짓이다. 지라르는 포스트모던적 유행에 맞서서 진리주장을 포기하지 않는다.[135]

지라르는 신학자가 아니기에, 판넨베르크를 모르지만, 판넨베르크는 자신의 조직신학에서 지라르를 부분적으로 인용하고 있다.[136]

판넨베르크는 화해론과 대속(vicarious expiation)에 관한 논의에서 "인류 문화의 역사에서 희생양 모티브의 중요성"을 강조한 지라르를 언급하고 있다. 그는 지라르의 논문 「발생적 희생양 만들기」(*Generativ Scapegoating*)를 인용하고 있다.[137]

지라르는 스스로 대속적으로 고통받음으로써 예수는 희생양 메커니즘을 극복했기에 예수의 수난에 와서는 희생양 모티브가 변화하게 되었다고 주장한다고 판넨베르크는 적고 있다. 판넨베르크는 지라르가 예수 그리스도의 죽음을 주로 윤리적 관점에서 해석하고 있다고 보지만, 그런데도 "지라르의 저서들은 대속이 여전히 유효함을 보여준다"고 평가한다.[138]

134　W. Pannenberg, "Angst um die Kirche. Zwischen Wahrheit und Pluralismus," *Evangelische Kommentare* 27 (1993) 709-713, 특히 711를 보라.
135　"Violence, Difference, Sacrifice: A Conversation with René Girard," interview by R. Adams, in *Religion & Literature* 25.2 (1993) 11-33, 13.
136　Wolfhart Pannenberg, *Systematische Theologie*. 3 Bde (Göttingen: Vandenhoeck & Ruprecht 1988-1993), 2, 468.
137　René Girard, "Generative Scapegoating," in *Violent Origins: Walter Burkert, Rene' Girard, and Jonathan Z. Smith on Ritual Killing and Cultural Formation*, ed. Robert G. Hamerton-Kelly (Stanford: Standford University Press, 1986), 43-145.
138　Wolfhart Pannenberg, *Systematic Theology, Volume 2* (Grand Rapids: Eerdmans, 1994), 422.

"종교사적인 지향에도 불구하고 지라르는 판넨베르크가 항상 비판적으로 접근하는 칼 바르트의 입장에 근접해 있는 것 같은 인상을 주기도 한다"라고 슈바거는 바르게 보았다.[139]

앞에서도 말한 것처럼 유대-기독교적 텍스트와 전통의 반신화적이고 반희생 제의적 차원을 강조하는 지라르의 입장은 칼 바르트와 같은 개혁주의적 입장에 근접하고 있다.

지라르는 유대-기독교적 텍스트와 신화 사이에 존재하는 역설적인 연속성과 급진적인 불연속성 혹은 유사성과 이질성을 가인과 아벨에 대한 성경 이야기와 로마의 건국 신화의 로물루스(Romulus)와 레무스(Remus) 이야기를 예를 들어 설명한다.

성경의 독특성은 그것이 가인의 살해와 정치학을 비판하고, 희생당한 아벨의 피를 찾으시는 하나님을 보여준다는 것이다. 로마제국은 '가인의 정치학'으로 유지되는 제국으로, 희생당한 레무스의 피에 대해서는 무관심하다. 반신화적 정신을 가진 성경은 아벨의 피로부터 시작해서 예언자들의 피를 거쳐서 최종적으로 하나님의 어린 양의 피까지, 희생당한 자들의 피와 목소리를 변호한다.

처음에 지라르는 희생 제사에 대한 십자가의 승리를 복음적으로 강조했지만, 슈바거와의 신학적 대화를 통해 단 한 번의 영원한 효력을 지니는 마지막 희생 제사라는 십자가의 역설도 인정한다. 예수 그리스도의 십자가로 창세 이후의 희생 제사가 수렴되고, 폭로되고, 전복되고 내부로부터 치유된다. 지라르의 십자가의 인류학(Anthropology of the Cross)은 십자가의 역설을 강조하는 전통적 십자가 신학(theologia crucis)을 이어받으면서도 십자가 승리의 영광도 증언한다.

종교사적인 사유의 지평을 가지는 지라르와 판넨베르크 사이의 유사성과 함께 차이점도 슈바거는 주목한다. 판넨베르크는 모든 종교사와 세계사

---

139 Schwager, "René Girard und Wolfhart Pannenberg: Religionswissenschaft und Theologie."

를 참된 하나님에 대한 점진적인 계시의 과정으로 파악한다. 그래서는 그는 신화에 대해서 상대적으로 긍정적으로 판단하면서 신화 속에서 신적인 것에 대한 첫 번째 형태의 계시를 본다.

하지만, '포스트모던적 다원주의'를 비판하는 지라르는 "신화를 인류 집단의 투영으로 파악해서 계시와 종교의 반립을 강조하는 칼 바르트의 입장에 근접하는 것처럼 보인다"라고 슈바거는 분석한다.

종교사적이고 세계사적인 지평 속에서 신학을 전개하는 판넨베르크도 종교들의 역사에는 계시의 역사뿐 아니라, 죄악의 역사와 왜곡된 종교적 관념들도 존재한다는 것을 인정한다. 그래서 판넨베르크는 "바르트의 신학적 종교 비판이 가지는 진리의 요소"를 수용한다.[140]

바르트와는 달리 지라르는 '종교들에 대한 어떠한 교의학적인 테제'를 제시하기보다는 하나의 '경험적인 가설'을 제시해서, 그것으로 종교사의 다양하면서도 자주 기괴한 현상들을 설명하고자 한다. 지라르는 신화의 기원을 엑스타시적인 투영 속에서 발견하는데, 그 엑스타시적인 광기 속에서 집단적인 폭력의 희생양은 살해되거나 추방된 이후 신성화되고, 공동체는 그 살해되고 추방된 희생양을 통해서 '구원'을 경험한다.

이런 방식으로 공동체는 내부의 폭력을 외부로 배설시키고 유출 시킴으로 자기파괴로부터 스스로를 구원하고자 했다. 이것이 희생양 메커니즘이다. 지라르는 이렇게 '종교들에 대한 교의학적 판단'을 하지 않고, 대신 자신의 희생양 메커니즘에 대한 가설로서 종교학적인 질문을 심화시키고 있다.

지라르의 이 대담에서도 '급진적인' 이 희생양 이론은 이러한 기괴하고 이상하고 모순적인 종교 현상들에 대한 이해를 포기한 채, 단순한 보도만을 제시하는 일부 회의론적 인류학자, 민족학자 그리고 종교학자들을 향한 것이다.[141]

---

140 Wolfhart Pannenberg, *Systematische Theologie,* Band 1 (Göttingen: Vandenhoeck & Ruprecht, 1988), 195.
141 Schwager, "René Girard und Wolfhart Pannenberg: Religionswissenschaft und Theologie."

지라르의 '급진적인 신화 해석'에 의하면, 신화에서 신들에게 돌려지는 피로 얼룩진 희생 제의적 폭력, 성적인 방탕과 도착 등은 '뒤틀린 기인(奇人)의 고안들'이 아니라, 희생양에 전가 시키는 죄악들이라는 사실을 슈바거는 지적한다.

신화는 한 개인 희생양의 엄청난 죄악들을 묘사하고 있다. 세계 신화의 신들은 거의 범죄자로, 그것도 주로 성범죄자로 묘사된다. 그들은 디오니소스적인 통음 난무 혹은 오이디푸스적 죄악을 범한다고 비난받는 집단의 희생양이다.

나는 『붓다와 희생양』에서 탄트라 불교 혹은 비밀불교와 같은 보다 원형적인 불교에서부터 선불교와 같은 후대 버전에 이르기까지 발견되는 디오니소스적인 통음 난무와 파계를 희생양 메커니즘 속에서 해독해 내었다.

슈바거에 의하면, "평균화하고자 하지 않는 종교사적인 사유 방식은 역사 속의 연속성과 함께 불연속성을 동시에 논의해야 한다. 지라르와 판넨베르크는 서로 다른 감수성들과 연구 관심들을 가지는데, 지라르가 무엇보다도 불연속성을 강조한다면, 판넨베르크에게 있어서는 관통하는 연관성이 중요"했다.

지라르는 하나님 나라에 대한 예수 그리스도의 선포는 참되고 비폭력적인 하나님에 대한 소식이며 동시에 사람들 사이의 새로운 평화를 위해 프로그램인데, 이 새로운 평화에서는 악이 더 이상 은폐되지 못하고 깊은 회개로 극복된다.[142]

하나님 나라에서의 새로운 공동체는 은폐된 방식으로 희생양 메커니즘에 의해 안정화를 추구하는 보통의 인간 공동체에 대한 진정한 대안 공동체로 등장한다.

또한, 슈바거는 지라르와 판넨베르크 모두가 예수 그리스도의 빈 무덤에 대한 성경적 증언을 단순한 전설로 보지 않는다고 지적한다.

---

142 Girard, *Das Ende der Gewalt. Analyse des Menschheitsverhängnisses*, 203-208.

이 책의 마지막 부분에서 나는 폭력적인 성스러움(le sacré)의 황혼을 문명 속에 가져다 온 유대-기독교적 전통에 대한 지라르의 변증론으로 인해 종교다원주의의 황혼이 왔음을 이야기할 것이다.

지라르와 판넨베르크는 모두 신약성경을 종교사적 문서로 간주하면서도 '사랑의 삼위일체 하나님의 계시'로 이해한다. 판넨베르크에게 있어서 하나님 나라에 대한 복음과 예수 그리스도의 부활 속에서 역사의 종말과 완성 그리고 죽은 자들의 일반적 부활이 선취되었다.

이런 이유로해서 그에게 있어서 예수의 부활에 대한 신약성경의 증언들은 핵심적이다. 지라르는 예수 그리스도의 부활을 신화적 신성화와 소생과의 대조 속에서 변호한다. 예수 그리스도의 부활은 신화에서와는 다르게 발생했는데, 그것은 폭력적이고 집단적인 엑스타시 속에서 이루어진 화산폭발과 같은 현상(Paroxysmus)이나 급작스러운 분위기 급변으로서 이루어진 것이 아니다. 부활에 대한 신앙은 위기의 외적인 진정 이후에 작은 그룹의 사람들 속에서 이루어지고 시작했고, 주저하는 제자들 속에서 점차로 확립되게 되었다.¹⁴³

판넨베르크는 교회를 다가오는 하나님 나라의 '선취적 표시'(antizipatorisches Zeichen)로서 파악한다. 특히, 그는 교회의 성례전적인 삶 속에서 인류의 사회적 규정의 완성이 성찬 속에서 표시의 형태로 실현된다고 파악한다. 신학자가 아닌 지라르는 조직적인 교회론을 전개하지는 않지만, 판넨베르크와 마찬가지로 기독교와 교회 속에서 점차로 모든 인류의 정치적 통치 형태를 변화시키는 힘을 바라본다.

지라르는 성찬 속에서 은폐된 방식으로 항상 희생양 메커니즘에 의해서 안정을 추구하는 "모든 인류의 사회 형태들에 대한 위대한 반대 표시(Gegenzeichen) 혹은 대안을 본다.

슈바거는 끝으로 지라르와 판넨베르크 모두가 종교사적인 기획과 비교 종교학적인 사유 방식에도 불구하고 평준화시키는 (종교)다원주의에 대해서는 선명하게 선을 긋고 있다고 본다.¹⁴⁴

---

143 Schwager, "René Girard und Wolfhart Pannenberg: Religionswissenschaft und Theologie."
144 Schwager, "René Girard und Wolfhart Pannenberg: Religionswissenschaft und Theologie."

제4장

창조, 타락, 십자가와 부활에 대한 새로운 통찰

1. 미메시스 이론과 자연 과학

나는 이미 나의 책 『우주와 문화의 기원. 르네 지라르와 자연 과학』(2019)과 『르네 지라르와 현대사상가들의 대화. 미메시스 이론, 후기구조주의 그리고 해체주의 철학』(2017)에서 지라르의 미메시스 이론이 동료 프랑스 포스트모던 사상가들처럼 허무주의적인 것이 아니라, 과학적이라는 사실을 소개했다.

최근 거울 뉴런(mirror neuron)의 발견은 그의 미메시스 이론을 자연 과학적으로 확증한다. 그의 이론은 경험적 과학에 탄탄하게 기초해 있다. 여기서는 최근 과학과 종교 연구 분야에 전문성을 가진 신학자 중에서 지라르의 이론에 영향을 받은 학자들을 소개하고자 한다.

과학과 종교의 문제에 천착해 온 테드 피터스(Ted Peters)도 지라르의 이론을 자신의 조직신학적 저술에 포함시키고 있고,[1] 지라르학회에도 몇 번 참여한 바 있다.

그는 "르네 지라르와 세계종교"라는 주제로 2011년 미국 버클리연합신학대학원(GTU in Berkeley)에서 개최된 학술대회에서 기독교적 시각에서 본 희생의 의미에 대해서 발표했다.

---

1 Ted Peters, *God -- The World's Future: Systematic Theology for a New Age* [2nd ed., Minneapolis: Fortress Press, 2000], 228-229.

또한 테드 피터스는 "대속과 최종적 희생양"(the Final Scapegoat)이라는 논문에서 지라르에게 있어서 사법 체계는 그 기원에 있어서 종교적인데, 그것은 사회적 통제의 수단으로 작용했다는 점을 지적한다. 사법 체계는 폭력의 에스컬레이션을 막는다. 테드 피터스는 "오늘날의 사법 체계는 어제의 희생 제의적 체계를 대체했다. 양자는 모두 폭력의 순환을 종식하고자 하는 목적을 공유한다"고 분석했다.[2]

테드 피터스는 '최종적 희생양으로서의 예수 그리스도'(Jesus Christ as the Final Scapegoat)[3]에서 상세하게 지라르의 희생양 이론을 소개하고 있다. 예수 그리스도는 창세 이후로 은폐되어온 희생양 메커니즘의 종결자다. "예수의 십자가는 폭력의 초석적 메커니즘을 계시한다."

지라르는 예수에게서 일어난 일은 하나의 희생 제의(sacrifice)가 아니라고 주장한다. 복음서들에서는 결코 예수의 죽음을 희생 제사라고 하지 않는다. "그 어느 복음서들에서도 예수의 죽음은 하나의 희생 제사로 정의되지 않는다"라고 지라르는 말한다.[4]

예수의 죽음은 지속되는 희생 제사(sacricing)를 종식시킴으로 모든 지속되는 희생양 만들기(scapegoating)를 종식시킨다. "예수는 희생양(scapegoat)이지만, 희생 제물(sacrifice)에는 아니다." 지라르에 있어서 희생 제사라는 개념 자체는 신들이 폭력적이라는 사실을 전제한다. 예수 그리스도의 하나님은 세계종교들의 공통된 신앙들과는 대조적으로 폭력적이지 않다.

히브리서에 등장하는 레위기적인 희생 제의의 문제에 대해서도 지라르는 예수 그리스도가 마지막 희생 제물(the final sacrifice)이기에, 히브리서는 더 이상의 희생 제사를 금지하고 있다고 말한다. 즉, 기독교의 하나님은 희

---

2   Ted Peters, "Atonement and the Final Scapegoat," Perspectives in Religious Studies 19 (1992), 173-74.
3   Ted Peters, "Atonement and the Final Scapegoat," 6. Jesus Christ as the Final Scapegoat를 보라.
4   René Girard, *Things Hidden since the Foundation of the World*. Research undertaken in collaboration with Jean-Michel Oughourlian and Guy Lefort (Stanford: Stanford University Press, 1987), 180.

생 제사와 폭력의 신이 아니다.[5]

그래서 테드 피터스는 지라르의 희생양 이론에 영향을 받은 기독교 대속(Atonement) 교리에 대한 새로운 이해는 승리자 그리스도(Christus Victor)의 요소와 윤리적 모델도 포함하지만, 궁극적으로는 '최종적 희생양'(Final Scapegoat) 모델로 명명되어질 수 있을 것으로 본다.

테드 피터스는 희생 제사 개념에 대한 지라르의 강한 부정과 거부에 대해서는 회의적이다. 즉, 희생 제사 개념이 히브리서뿐 아니라, 사도 바울에 의해서도 그리스도의 대속 사역을 표현함에서 사용되었음을 인정해야 한다는 것이다.

그래서 테드 피터스는 히브리서는 예수 그리스도의 '최종적인 희생 제사'에 대해서 말하고, 지라르는 예수 그리스도를 '최종적인 희생양'을 말하기에, 기능적으로 보면 결국 같은 것이라고 본다.

그래서 그는 그리스도를 '최종적인 희생양'(the final sacrificial lamb)으로 생각하는 것이 대속의 의미를 전달하는 것으로 파악한다.[6] 지라르의 영향으로 테드 피터스는 승리자 그리스도(Christus Victor) 모델을 보다 "미묘하게 (subtle) 이해할 수 있게 되었다"라고 말한다. 즉, "하나님께서는 미묘성을 가지고(with subtlety) 죄악을 극복하신다."

최종적으로 말하자면, "희생 제의에 관한 한, 지라르가 옳다"라고 그는 말한다. 하나님께서 희생 제사를 요구하는 것이 아니다. 성경은 "희생 제사의 이미지를 사용하지만, 그 역할들을 뒤집는 것이다."라는 말이다.[7]

테드 피터스는 『죄: 영혼과 사회의 급진적 악』(Sin: Radical Evil in Soul and Society)에서, 또한 아르메니아인 집단학살의 폭력적인 역동성에 대한 분석에서 지라르의 이론을 적용한다.

---

5 Ted Peters, "Atonement and the Final Scapegoat," 176-177.
6 Ted Peters, "Atonement and the Final Scapegoat," 177-180.
7 Ted Peters, "Atonement and the Final Scapegoat," 180-181.

아르메니아인 집단학살 사건은 19세기 말에서 20세기 초까지 오스만 제국, 또는 터키 정부가 오스만 제국의 영토에 거주했던 소수 민족이자 변두리 지역에 거주하던 기독교계 아르메니아인을 집단적으로 살해한 사건이다.

그에 의하면, 희생양 메커니즘은 역병, 전쟁과 같이 사회적 차이들을 지워버리는 문화적 위기에 직면했을 때 작동된다. 그 위기의 책임자로서 소수자들이 지목되고 피부색, 질병, 광기 그리고 신분 등과 같은 독특한 특징을 가진 집단이 희생양으로 몰린다.

사법 체계가 복수의 악순환을 최소화하기에 현대사회에는 희생 제의에 대한 공적인 필요가 존재하지 않는다. 하지만 형법적인 정의 체계가 실패할 경우, 더욱 근원적인 심리·사회적 구조가 수면으로 부상한다.

그는 지라르의 이론이 현대사회에서의 집단적 폭력의 '광기'를 잘 이해하도록 한다고 평가한다.[8]

테드 피터스가 기독교에서 말하는 죄와 악에 대해서 신학적 성찰을 시도하면서 지라르를 언급하는 것은 의미가 크다. 이후에 기독교 원죄론을 지라르의 모방적 욕망 이론의 빛으로 재조명해 볼 것이다.

조직신학자 테드 피터스와 독일 하이델베르크대학교 조직신학 교수 벨커(Michael Welker, 1947-)는 모두 과학과 종교(Science and Religion) 분야에서 전문적 연구를 하면서도 폭력과 종교(Violence and Religion)의 문제와 관련해서 지라르를 잘 알거나 그들의 연구에 포함하는 학자들이다.

영국 케임브리지대학교의 조직신학 교수인 코클리(Sarah Coakley, 1951-)도 그 동안 과학과 종교 분야를 연구해 왔으며, 최근 폴킹혼(John Polkinghorne, 1930-2021)이 편집한 삼위일체론과 양자물리학에 관한 책에서도 관계적 존재론에 대해서 논하기도 했다.[9]

---

8 Ted Peters, *Sin: Radical Evil in Soul and Society* (Grand Rapids: Eerdmans, 1994), 184f.
9 Sarah Coakley, "Afterword: 'Relational Ontology,' Trinity, and Science," in *The Trinity and an Entangled World. Relationality in Physical Science and Theology*, eds., John Polkinghorne

그녀는 2012년 자연신학과 희생(sacrifice) 등에 대한 기포드 강좌(Gifford Lectures)와 몇몇 저술에서 지라르 이론의 지속적이고 광범위한 영향력에 대해서 인정하면서도 그의 모방적 욕망 이론, 희생 이론과 희생양 메커니즘에 대해서 약간의 비평적 시각을 제시하고 있다.

지라르의 강한 '선교적' 영향에 대해서 말하고 있다. 지라르학파에 속하면서도 미메시스가 부정적 갈등을 가져온다는 지라르의 거친 리얼리즘이나 드라마틱하고 소위 '비극적' 입장에 대해서 약간의 정서적 거리감을 느끼고 있는 일부 여류학자들은 코클리 교수처럼 더 긍정적이고 평화스러운 보다 창조적 미메시스의 가능성을 제시하고 싶어 한다.

또한, 인류문화가 초석적 살해의 희생양 메커니즘에 뿌리를 두고 있다는 지라르의 홉스적인 입장에 대해서도 약간의 불편함을 느끼곤 한다.

코클리 교수는 지라르와의 학문적 교류가 깊은 찰스 테일러(Charles Talyor)가 기포드 강좌에서 지라르의 이론을 무비판적으로 적용하고 있다고 불평하기도 한다.[10] 슈바거(Raymund Schwager) 교수는 지라르를 기포드 강좌에 추천하려고 했다고 한다.

하지만, 지라르의 이론이 복음적이고 기독교적이고, 또한 선교적이어서 성사되지 못한 것으로 안다. 뉴턴, 스티븐 호킹, 다윈, 폴킹혼 등이 가르쳤던 케임브리지대학교에서 2009년 "지라르 다윈 컨퍼런스"(Girard Dawrin Conference)가 개최되기도 했다.

(Grand Rapids, Michigan/Cambridge, U.K, 2010), 184-199

10 Sarah Coakley, *Sacrifice Regained: Reconsidering the Rationality of Religious Belief.* An Inaugural Lecture by the Norris-Hulse Professor of Divinity given in the University of Cambridge, 13 October 2009, Cambridge University Press, 12 전후를 보라 (http://www.abdn.ac.uk/gifford/documents/Norris-Hulse_Professor_of_Divinity_-_Inaugural_lecture.pdf).

2. 창세기와 바벨론 창조 신화 에누마 엘리시

지라르 스스로 말하고 있듯이 자신의 기독교 변증론은 신학적 변증론이라기보다는 인류학적 변증론이다. 신학적, 신학 내적 혹은 반 틸(Cornelius Van Til, 1895-1987)의 전제주의적 변증론과는 달리 지라르의 기독교 변증론은 보다 인류학적이고 인문학적이다.

그는 수직적 계시의 초월성을 절대 부정하지 않지만, 방법론적으로 더욱 인문학적 지평에서 수평적으로 논의를 전개한다. 신학자들에게 지라르의 이론은 현대 인문학과의 소통과 대화를 하면서도 유대-기독교적 전통과 가치를 다시금 변호할 수 있는 이론이다.

신학자들을 도와 기독교 정통주의를 복권하고자 하는 지라르의 이론은 창조, 타락, 예수 그리스도의 죽음과 부활 등에 대한 전통적 기독교의 교리를 새롭게 조명한다.

먼저 창세기의 창조 스토리와 세계 창조 신화들을 비교해 보자. 세계 신화를 마침내 해독한 지라르의 신화이론으로 세계의 모든 창조 신화들의 코드를 해독해 보면, 그곳에는 언제나 우주적 거인과 희생양 신들에 대한 초석적 살해와 폭력의 흔적을 발견할 수 있다.

우주적 거인이자 희생양의 잘린 몸으로부터 우주가 창조되었다는 것이 세계 창조 신화의 기본적 코드다. 우주적 거인/희생양의 초석적 살해로부터 우주가 창조되었다는 스토리의 가장 전형적인 예는 인도에서 찾아볼 수 있다.

지라르는 『리그베다』(Rigveda) 제10권의 푸루샤찬가(讚歌)에 대해서 다음과 같이 풀이한다.

> 이는 우주적 푸루샤, 즉 최초의 인간(原人) 각 부분으로부터 만유(萬有)가 전개되었다는 '거인 해체'에 의한 창조 신화이다.

신(神)이 푸루샤를 희생 제물로 하여 제사를 올리자 그의 몸을 통해서 카스트 제도가 파생되었다고 한다.

지라르에 의하면, 푸루샤는 희생 제사를 지내는 군중에 의해서 살해되었다. 바로 이 '초석적 살해'로부터 모든 실재가 탄생했다. 이 푸루샤 찬가는 초석적 신화이지만, 폭력은 이상하게도 존재하지 않은 것처럼 보인다.

또한, 이 창조 신화는 너무나 오래되어서 폭력이 희미하게 사라져 버린 것 같다. 그리고 지라르는 "이것은 사물에 대한 절대적으로 평화스러운 베다적 개념이다"라고 분석한다.[11]

고대 바벨론 창조 신화 에누마 엘리시(Enuma Elish)도 초석적 살해로 살해된 희생양의 잘린 시체로부터 우주가 창조되었다는 이야기다. 에누마 엘리시는 천지창조 이전 신들의 탄생과 투쟁에 관한 이야기에서 시작된다. 자신의 뱃속을 어지럽히는 신들을 멸망시키려는 티아맛(Tiamat)과 마르둑(Marduk) 신 사이에 싸움이 벌어지고, 마르둑이 주문을 걸어 티아맛을 살해하고 승리한다. 승리한 마르둑은 티아맛의 시체를 둘로 나누어 하늘과 땅을 창조한다.

그리고 점토에 신의 피를 섞어서 사람을 만든다. 인간도 이 폭력적 살해의 피로부터 지음을 받았다. 이 바벨론 신화에서도 마르둑에 의해 살해된 티아맛의 시체로부터 땅과 하늘들이 탄생했다고 기록하고 있다.

우주의 기원의 제로 점에 초석적 살해로부터 희생당한 우주적 거인의 시체가 있다는 것이 세계 창조신화의 근본적인 코드다. 에누마 엘리시에 나오는 천지창조 내용은 기본 골격이 구약성서 창세기의 내용과 유사하다고 주장되기도 했다.

하지만, 창세기의 창조 이야기는 초기 바벨 창조 신화와 다른 이교적 창조 신화들에 대해서 비판적인 관점을 가지고 있다. 창세기는 이교적 창조

11　René Girard and Benoît Chantre, *Battling to the End: Conversations with Benoît Chantre* (East Lansing: Michigan State University Press, 2010), 135.

신화에서 발견되는 자연의 신성화와 신들의 전쟁을 비판한다. 그렇기에 창세기가 에누마 엘리시로부터 형식을 빌려온 것은 아니다.[12]

또한, 지라르의 신화 해독으로 분석하자면, 바벨론 창조 신화는 구약성경과 비슷하기보다는, 그 근본구조에 있어서 초석적 살해의 흔적을 지닌 세계 모든 창조 신화와 유사하다. 구약성경 창세기의 기록에는 신화적인 주제들, 곧 신들의 전쟁, 갈등, 경쟁 그리고 최종적인 초석적 살해와 폭력에 대한 흔적이 존재하지 않는다.

그래서 신학자들은 창세기의 창조 스토리가 반신화적 정신을 보여주고, 창조주 하나님의 자유와 주권, 그리고 세계와 자연의 탈 신성화를 보여준다고 분석한다. 초석적 살해를 당한 신의 시체로부터 탄생한 세계와 자연의 신성화를 유대교는 거부했다. 창세기에서 하나님은 무로부터 세계를 창조했다(creatio ex nihilo).

"반신화적인 정신을 가진 창세기는 주변 창조 신화에서처럼 우주적 거인, 희생양, 창조의 신의 몸이나 시체로부터 세계를 창조한 것이 아니라, 말씀으로 사랑의 자유와 선택 가운데 무로부터(ex nihilo) 우주를 창조했다" 라고 기록한다.

폴킹혼이 서문을 쓴 2013년 저술 『빅뱅, 크신 하나님: 우주는 생명을 위해 설계되었는가?』(Big Bang, Big God) 라는 책에서, 천문학과 신학을 함께 연구한 영국 케임브리지대학교 패러데이 과학과 종교연구소(The Faraday Institute for Science and Religion) 강좌 책임자(course director)로 활동했던 홀드(Rodney Holder) 교수는 이교적이고 신화적이고 그리스적인 우주론과 구별되는 유대-기독교적 전통과 창세기의 창조 스토리의 독특성을 바르게 지적했다.

즉, 우주의 우연성(contingency)에 대한 개념은 무로부터의 창조(creatio ex nihilo)에 대한 기독교 교리의 매우 중요한 결과이다. 그것은, 또한 서구 기독교 문명에서 자연 과학의 발전을 장려하는 동기가 되었다. 이 개념으로

---

12 Conrad Hyers, *The Meaning of Creation: Genesis and Modern Science* (Atlanta: John Knox Press, 1984).

인해 비로소 실험과 관찰이 가능해졌다. 무로부터의 창조는 우주의 기원에 대한 이교적이고 그리스 신화들과 대조를 이룬다.

"많은 학자는 창세기 1장이 고대 바벨론 창조 신화 에누마 엘리시(Enuma Elish) 대항하는 반작용적인 의미가 있다"라는 사실을 홀드 교수는 잘 지적하고 있다.

이 창조 신화에서 우주는 전투 가운데 살해된 어떤 악한 여신의 나누어진 시체로부터 탄생 되었다. 인간도 악한 여신의 배우자 피로부터 만들어졌다.[13]

세계 창조 신화를 해독한 지라르의 이론으로 반신화적 정신을 가진 창세기의 창조 스토리와 초석적 살해와 희생양 메커니즘을 은폐하고 있는 신화적이고 이교적인 창조 신화 사이에 급진적인 불연속성이 존재한다.

에누마 엘리시도 그리스 신화와 인도 신화에서처럼 우주의 기원이 신들의 폭력적이고 모방적인 경쟁 그리고 그 이후 문제해결 과정으로 필연적으로 등장하는 우주적 거인, 희생양, 우주창조의 신에 대한 초석적 살해와 희생양 만들기에 있음을 보여준다.

세계의 모든 (희생)제의가 미메시스적이고 희생 제의적 위기를 의도적으로 재현한 것으로 시작해서, 그 재현된 위기의 책임을 희생양에 전가 시켜서 살해하는 것으로 종결되는 것처럼, 모든 창조 신화들도 먼저 미메시스적인 경쟁과 아곤(Agon) 상태에 있는 신들의 전쟁상태를 보여준다.

"에누마 엘리시는 천지창조 이전 신들의 탄생과 투쟁에 관한 이야기에서 시작되고, 그 위기의 책임자로 몰린 희생양들의 살해와 그 죽임당한 신들의 잘린 시체로부터 우주가 탄생하였다"라는 이야기로 끝난다.

---

13 Rodney Holder, *Big Bang, Big God: A Universe designed for life ?* (Oxford: Lion Hudson, 2013), 67.

3. 『악의 상징』과 에누마 엘리시

지라르의 신화이론에 영향을 받은 윙크(Walter Wink)도 이 바벨론 창조 신화를 "구원적 폭력의 신화"로 파악하고 있다. 신들 사이의 전쟁과 폭력은 인간의 폭력을 정당화시킨다. 이 신들 사이에 존재하는 폭력과 전쟁상태는 바벨론 사회의 갈등과 전쟁상태가 투영된 것이다.[14]

에누마 엘리시에 의하면, 신들의 전쟁은 결국 소금물 바다의 여신에 대한 사지절단(dismemberment)로 귀결되고, 그 여신이 우주를 창조하는 행위 속에서 뿌려지게 된다.

한국에서 『사탄의 체제와 예수의 비폭력』으로 번역되어 잘 알려진 이 책에서 윙크는 지라르의 이론에 영향을 받아서, 구원하는 폭력(myth of redemptive violence)이 생산한 지배 체제, 사탄의 세력들, 권세들에 저항하고 맞서는 비폭력의 길을 제시한다.

또한, 그는 현대 대중문화에서 구원하는 폭력이라는 신화를 분석하면서, 폭력적 미메시스(violent mimesis)로 인해 '우리가 증오하는 것이 되는' 악의 전염의 문제를 분석한다. 예수의 비폭력을 모방함으로 폭력의 악순환 사슬을 끊고 십자가의 권능과 십자가의 승리를 외칠 것을 제안한다.

7장 전체에 걸쳐서 윙크는 지라르의 이론을 논의하는데, 특히 '폭력의 악순환을 끊기: 지라르의 가설'이란 제목으로 소개하고 평가하고 있다.[15]

리쾨르(Paul Ricoeur)도 『악의 상징』(La symbolique du mal)에서 에누마 엘리시에서 폭력을 본다.[16] 그에 의하면, 바벨론 창조 신화에서 창조는 곧 폭력이다. 만유의 어머니인 티아맛은 살해되었고 이후 몸은 절단되었고, 그 시체로부터 세계가 창조되었다. 질서는 바로 무질서를 통해서 수립되었다.

---

14 Walter Wink, *Engaging the Powers: Discernment and Resistance in a World of Domination* (Minneapolis: Fortress Press, 1992), 13-5.
15 Wink, *Engaging the Powers: Discernment and Resistance in a World of Domination*, 139-156.
16 Paul Ricoeur, *Symbolism of Evil*, trans. Emerson Buchanan (Boston: Beacon, 1969), 175-99.

창조는 창조보다 오래된 적에 대한 폭력적 승리다. 악의 기원이 만유의 기원에 선행한다. 티아맛으로 상징되는 카오스가 바벨론의 신 마르둑으로 대표되는 질서보다 앞선다. 악이 선에 선행한다. 폭력이 신들의 세계에 내재적이다. 악이 궁극적 실재의 불가피한 구성요소이며 그렇기에 선에 대해서 존재론적 우위성을 지니게 된다. 리쾨르는 "지라르의 통찰로부터 큰 도움을 받았다"라고 고백한다.[17]

리쾨르는 바벨론 창조 신화 에누마 엘리시를 상세하게 연구하면서, 메소포타미아 세계관에서 폭력적인 우주 창조의 원초적 행위를 성스러운 전쟁의 신학으로 파악했다.

즉, 에누마 엘리시는 바벨론 제국의 팽창주의에 대한 신화적 정당화를 의미했다. 바벨론 왕은 마르둑을 대변하면서 카오스 괴물의 역사적 구현으로 간주하는 바벨론의 적들을 물리친다.[18]

1998년에 프랑스 파리에서 국제지라르학회인 '폭력과 종교에 관한 학술대회'(Colloquium on Violence and Religion)가 개최되었는데, 이 모임에 리쾨르는 참석해서 종교와 상징적 폭력(Le réligieux et la violence symbolique)에 대해서 논문을 발표하고 지라르와 대화를 나누었다.

2012년 출판된 『지라르학파: 1990-2010년까지의 폭력과 종교에 관한 학술대회』에 의하면, 이 학술대회에서 지라르와 『폭력과 종교에 대한 학술대회』에서 큰 의미를 지녔던 것은 바로 '미메시스 이론에 대한 폴 리쾨르의 긍정'이었다. 20세기의 주도적인 철학자이자 중요한 해석학적 사상가이면서 프로이트의 해석가인 폴 리쾨르는 "미메시스 이론이 자신의 종교철학에서 빠진 고리(missing link)를 제공한다"라고 말했다.

"이 빠진 고리는 미메시스적인 경쟁으로 야기된 적대 의식 속에서 화해의 기초로 역할을 하는 제 3자에 대한 추방이다."

---

17 Michael Kirwan, *Discovering Girard* (London: Darton Longman and Todd, 2004), 95.
18 Paul Ricoeur, *Symbolism of Evil,* trans. Emerson Buchanan (Boston: Beacon, 1969), 175-99, 특히, 194-98을 보라.

폴 리쾨르는 이 모임에서 그리스도 상징에 대해서 폴 틸리히의 표현처럼 "존재의 근거 없는 근거"라는 표현을 사용했는데, 지라르학파 학자들에게는 "이 '존재의 근거 없는 근거'와 같은 추상적인 표현이 무엇인가를 계시할 수 있을지 의문이었다."

"리쾨르의 언어는 종교적 상황에서 계시를 부정하는 철학적 발견을 지칭하는 것처럼 다가왔다."

그런데도, 지라르의 작업의 근본적인 요소들에 대한 리쾨르의 긍정과 수용은 적어도 어느 정도 지라르 이론에 대한 이후 더 강화된 수용사(Rezeptionsgeschichte)에 이바지했다.[19]

리쾨르는 이후 국제지라르학회 공식 저널 「전염: 폭력, 미메시스 그리고 문화에 관한 저널」(Contagion. Journal of Violence, Mimesis, and Culture)에 「종교와 상징적 폭력」이라는 발표 논문을 기고했는데, 여기서 지라르의 만남에 대해서 적고 있다.

쾨르는 1972년 지라르의 『폭력과 성스러움』(La Violence et le Sacré)이 출판되었을 때 느꼈던 "현혹적인 흥분을 잊을 수 없다"고 적고 있다. 그러면서 지라르의 희생양 이론이 자기 입장에 "보완적이고 필요하다"라고 말한다.[20]

리쾨르는 그리스도라는 인물을 희생양에 대한 배제의 시스템(System)을 폭로하고, 고발하고, 또한 해체하는 분으로 해석하는 지라르의 이해에 동의한다고 말한다.

리쾨르는 복음서들은 종교 인류학자들에 의해서 묘사된 같은 현상을 다루고 있지만, 복음서들은 희생시키는 시스템(System)에 대한 희생자의 관계를 전복시킴으로 그 시스템을 폭로하고 역전시킴으로 그것을 종식한다는 지라르의 입장에 동의한다고 말한다.

---

19 James G. Williams, *Girardians: The Colloquium on Violence and Religion, 1990-2010* (Beitrage zur mimetischen Theorie 32. Religion - Gewalt - Kommunikation - Weltordnung) (Münster: LIT Verlag, 2012), 113.
20 Paul Ricoeur, "Religion and Symbolic Violence," *Contagion. Journal of Violence, Mimesis, and Culture*. Vol. 6 (Spring 1999), 1-2.

그러면서 지라르의 『희생양』에 표현된 아래의 문장을 인용한다.

> 인류학적 관점에서 볼 때 (기독교) 계시에 관한 주요한 것은 모든 박해적 표현의 위기다.

하지만, 리쾨르는 그리스도 상징(Christ symbol)이 반드시 유일한 가능성은 아니라고 하면서 그 희생 제의적 시스템에 저항하는 전통이 다른 곳에도 존재한다고 말한다. 그러면서 그는 불교에도 일종의 '희생양 만들기에 대한 경시'(depreciation of victimization)가 존재하고, 이것은 카르마라는 형태로 힌두교 전통에도 존재한다고 말한다.[21]

프랑스 개혁파 출신의 리쾨르는 유럽에 풍미했던 힌두교와 불교에 대한 오리엔탈리즘적인 유행에 전염되어 불교와 힌두교를 아직도 낭만적으로 오해하고 있다. 그의 불교이해에는 그 동안 지성적인 미메시스로 한때 유행했던 소위 낭만적이고 미학적인 '파르지앵의 불교'를 대변하는 것 같다.

나는 이런 불교에 대한 유럽 지식인들의 새로운 오해에 맞서서 붓다가 희생양 메커니즘과 그 거대한 시스템을 그리스도처럼 폭로하는 존재가 아니라, 그 희생 제의적 시스템과 매트릭스 안에서 지속적으로 생산되는 은폐된 희생염소라고 주장했다.

나는 『붓다와 희생양. 르네 지라르와 불교 문화의 기원』에서 그리스도의 상징과는 달리 갠지스 강의 수많은 모래알처럼 수많은 아시아의 붓다들은 지속적으로 은폐된 채 생산되는 희생염소들이라고 주장했다.[22]

리쾨르는 칼 융의 영향을 반영하고 있는 종교현상학자 엘리아데로부터 많은 영향을 받았다.

21　Ricoeur, "Religion and Symbolic Violence," 10-11.
22　정일권, 『붓다와 희생양. 르네 지라르와 불교 문화의 기원』(서울: SFC 출판부, 2013).

리쾨르의 『악의 상징』(La symbolique du mal)에서 지라르는 다음과 같이 말한다.[23]

> 전통적 기독교 사상가들은 기독교와 다른 모든 것 사이에 존재하는 간격을 선포할 수는 있었지만, 그들은 그것을 입증할 수는 없었다.
> 반기독교적 사상가들은 연속성에 주목했지만, 그것의 참된 본질에 대해서는 파악하지 못했다.
> 우리의 동시대인 중, 오직 폴 리쾨르만이, 특히 그의 훌륭한 작품인 '악의 상징'에서 단호하게 이 두 입장 모두가 필요하다는 것을 주장하고 있다.

리쾨르는 신화를 상징으로, 곧 비신화화하는 원리들의 빛으로 해석되기만 한다면, 계시적인 텍스트로 간주한다.

리쾨르는 신화적 유산과 성경에 담긴 내러티브를 구분한다. 그는 유대인들의 창세기와 다른 우주 생성적(cosmogonic) 신화들을 구분한다. 신화들에는 폭력이 중심적이지만, 창세기에는 말씀이 중심적이라고 말한다.

리쾨르의 해석학은 그렇기에 복음적인 텍스트들에 의해서 제공된 해석의 원리들 때문에 비로소 가능해진 신화적 요소들에 대한 비신화화이다.[24]

리쾨르는 창세기의 "창조 드라마"에서는 하나님 말씀을 통한 창조주의 의지와 명령(Fiat)을 볼 수 있지만, 바벨론 창조 신화 에누마 엘리시에서는 폭력을 본다.

구약학자 군켈(Hermann Gunkel, 1862-1932)이 말한 이 신들의 투쟁, 곧 카오스투쟁(Chaoskampf)은 지라르가 말하는 미메시스적이고 아곤(Agon)적인 투쟁으로 이해할 수 있다. 희생양을 지목해서 살해하기 이전에 재현되는 적과 같은 쌍둥이들의 짝패 투쟁 상태를 말한다.

---

23 R. Girard, *Things Hidden Since the Foundation of the Word* (Stanford: Stanford University Press, 1987), 445.
24 Paolo Diego Bubbio, "Mimetic Theory and Hermeneutics," *Colloquy* 9 (2005), 24-25.

하지만, 리쾨르는 카오스적인 투쟁과 폭력은 보았지만, 빠진 고리(missing link)인 희생양을 보지는 못했다.

리쾨르 자신이 이 빠진 고리는 미메시스적인 경쟁에 의해 야기된 적대의식 속에서 화해의 기초로 역할을 하는 제3자에 대한 추방이라고 했는데, 그 추방되고 배제된 제3자는 지라르가 말하는 초석적이고 화해적인 희생양이다.

리쾨르는 유대-기독교적 내러티브와 스토리와 세계 신화들 사이의 연속성과 불연속성을 동시에 보고자 하지만, '빠진 고리'에 대한 이해까지는 도달하지 못해서, 지라르의 신화 해독에 비교하자면, 추상적이고, 또한 충분히 복음적이지 못하다고 할 수 있다.

4. 경쟁적 미메시스와 원죄론의 과학적 설명

독일 프랑크푸르트학파의 비판이론가 호르크하이머는 말했다.[25]

> 유대교와 기독교 이 두 종교에서 가장 위대한 가르침은 원죄론이다.
> 이 원죄론이 지금까지의 역사를 결정하고 지금도 세상의 사상가들에게 영향을 주고 있다.
> 그것은 하나님께서 인류를 자유의지를 가진 존재로 창조하셨다는 전제하에서 가능한 일이다.

지라르에 의하면 모방 메커니즘(mimetic mechanism)은 원죄와도 관련이 있다.

---

25 M. Horkheimer, *Die Sehnsucht nach dem ganz Anderen*. Ein Interview mit Kommentar von H. Gumnior. Stundenbücher 97, Hamburg 1970, 64f.

"원죄는 모방을 잘못 사용한 결과이다"라고 그는 말한다. 모방 메커니즘은 복합적인 형태의 초월성을 만들어 내는데, 이것이 이전 사회의 역동적인 안정에서 아주 중요한 역할을 했다.

인류학이나 사회학적 입장에서 모방 메커니즘을 비난만 할 수 없는 이유는, 이 메커니즘이 인류의 생존과 발전에 없어서는 안될 정도로 필수적이었기 때문이라고 말한다.

뒤르켐이 말하던 '사회적 초월성'이 바로 이것인데, 유대교와 기독교의 입장에서는 완전히 우상으로 보이지만, 고대의 인류사회를 파괴 세력으로부터 지켜낸 것도 바로 이런 "거짓 성스러움"이었다고 지라르는 말한다.[26]

창세기의 타락 이야기에서도 우리는 욕망의 모방적 구조를 발견할 수 있다. 여기서 지라르의 모방적 욕망 이론으로 성경의 인류 타락 이야기를 분석해 보자.

신경 정신병학자이자 심리학자 우구를리앙(Jean-Michel Oughourlian, 1940-)은 1970년대부터 지라르의 욕망에 대한 미메시스 이론을 공동연구해 온 학자다.

그는 자신의 저서 제3장 '창조와 타락'에 관한 논의에서 뱀을 '모방적 욕망의 상징'으로 분석한다.[27]

지라르의 『나는 사탄이 번개처럼 떨어지는 것을 본다』의 독일어 번역본의 후기(Nachwort)를 쓴 독일 철학자 슬로터다이크(Peter Sloterdijk, 1947-)는 그곳에서 "지라르가 말한 '갈등적 미메시스'는 기독교 '원죄론의 과학적 버전'이다"라고 했다.[28]

---

26 지라르, 『문화의 기원』, 111.
27 Jean-Michel Oughourlian, *The Genesis of Desire*, trans. Eugene Webb (East Lansing, MI: Michigan State University Press, 2010), 3장 창조와 타락.
28 Peter Sloterdijk, "Erwachen im Reich der Eifersucht. Notiz zu René Girards anthropologischer Sendung," in René Girard, *Ich sah den Satan vom Himmel fallen wie einen Blitz. Eine kritische Apologie des Christentums*. Aus dem Französischen von Elisabeth Mainberger-Ruh (Munich and Vienna: Carl Hanser Verlag, 2002), 250.

창세기에서 뱀은 사탄적 존재로 묘사되는데, 지라르의 이론을 신학적으로 수용해서 학제적으로 발전시켜 지라르에 있어서 중대한 학문적 동반자였던 슈바거 교수도 원죄와 구원드라마(Heilsdrama)에 관한 자신의 저서에서 뱀을 갈등적 미메시스의 상징으로 해석했다.[29]

창세기에서 뱀은 잘못된 방식으로 하나님의 말씀을 왜곡하여 하나님을 인간에 대한 라이벌로 제시했다. 뱀은 하나님께서 인간에게 무엇인가를 숨겨서 인간이 하나님처럼 되지 못하게 한다고 암시했다.

뱀의 이러한 왜곡으로 말미암아, 하나님은 자신의 라이벌에 대항해서 자신의 것을 지키고자 하는 인간에 대한 라이벌처럼 보이게 되었다. 뱀은 인간이 적대적인 방식으로 하나님을 닮도록 했다. 이 하나님에 대한 경쟁적인 모방은 피조물로서의 인간 본연의 위치를 떠나 인간이 하나님처럼 되게 조장했다.

즉, 창세기의 타락과 원죄에 대한 스토리에서 우리는 갈등적이고 경쟁적인 미메시스를 보게 된다.[30]

이처럼 지라르에게 영향을 받은 학자들은 슈바거의 경우처럼 창세기의 타락과 원죄를 미메시스적인 사건으로 파악한다(Erbsünde als mimetisches Geschehen).[31]

슈바거의 드라마틱한 신학에서는 인류의 죄는 왜곡된 모방과 왜곡된 하나님에 대한 이해라는 악순환 속에서 이루어지는 하나님에 대한 거부를 의미한다. 죄는 하나님에 대한 (왜곡시키는) 모방으로부터 시작되는데, 이 모방이 경쟁을 만들어 낸다.[32]

29　Raymund Schwager, *Erbsünde und Heilsdrama: Im Kontext von Evolution, Gentechnologie und Apokalypse,* Beitrage zur mimetischen Theorie 5 (Munster, Germany: LIT Verlag, 1997), 174.
30　Petra Steinmair-Pösel, "Original Sin, Grace, and Positive Mimesis," in *Contagion. Journal of Violence, Mimesis, and Culture* (Vol. 14) (2007)에서도 이 논의에 대해서 다루어졌다.
31　Nicolaus Wandinger, *Die Sündenlehre als Schlüssel zum Menschen. Impulse K. Rahners und R. Schwagers zu einer Heuristik theologischer Anthropologie* (Münster: LIT Verlag 2003), 257.
32　Schwager, *Erbsünde und Heilsdrama: Im Kontext von Evolution, Gentechnologie und Apoka-*

유혹은 처음부터 하나님에 대한 모방으로부터 시작되는데, 앞에서 말한 것처럼 뱀은 하나님의 본래 말씀의 일부분만 떼어서 왜곡해서 말한다. 경쟁적이고 갈등적인 모방으로 인해서 죄는 이후 형제들 사이의 경쟁으로 작용하고 이후 형제 살해로 끝나게 된다.

슈바거에 있어서 카인이 아벨을 살해한 가장 근본적인 동기는 질투심이다. 성경은 (모방적) 욕망이 잉태한즉 죄를 낳는다고 말한다. 탐심은 우상숭배라고 했다. 십계명에서 금지하는 탐욕과 탐심을 지라르는 모방적 욕망으로 파악한다. 카인은 모방적 욕망으로 인한 질투심으로 동생을 살해했다.

그러나 로마 건국 신화와는 달리 성경은 이 폭력을 정당화하지 않는다. 하나님은 땅에서 부르짖는 아벨의 목소리를 찾는다. 이처럼 해 아래에 있는 인류의 문화와 사회에서의 타락상과 부패상은 모방적 욕망 때문이다.

지라르도 욕망의 모방적이고 경쟁적인 성격이 갈등과 폭력의 원인이라고 본다. 지라르의 미메시스 이론의 영향을 받아서 슈바거는 드라마틱한 신학을 발전시켰는데, 『구원 드라마 속의 예수: 성경적 구원론을 위한 기획』(*Jesus im Heilsdrama. Entwurf einer biblischen Erlösungslehre*)이라는 책에서 그는 심판을 보다 드라마틱하게 인류의 자기 심판(Selbstgericht)으로 이해했다.[33]

자유의지와 모방적 욕망(자유 욕망)을 가진 인간이 선택하는 결과를 자신이 끝까지 책임지도록 하나님께서는 지켜보고 있고, 또한 그대로 '내버려 둔다'는 것이다. 로마서 1:24-28에는 인간이 자유의지와 모방적 욕망으로 인해 범한 죄악을 내버려 두시는 하나님의 방임과 인류의 자기 심판에 대해서 기록되어 있다.

---

lypse, 25.

33 Raymund Schwager, *Jesus im Heilsdrama. Entwurf einer biblischen Erlösungslehre* (Innsbruck: Tyrolia, 1990).

> 그러므로 하나님께서 그들을 마음의 정욕대로 더러움에 내버려 두사…
>
> 하나님께서 그들을 부끄러운 욕심에 내버려 두셨으니…
>
> 하나님께서 그들을 그 상실한 마음대로 내버려 두사(롬 2:24-28).

그래서 슈바거는 묵시록과 인류의 자기 심판이라는 주제 아래서 핵전쟁의 위협으로 지구적인 차원에서의 자멸 앞에 선 인류가 직면한 자기 심판의 문제도 논의한다.

야고보서 1: 13-15도 인간이 받는 유혹과 시험이 인간 자신의 (모방적) 욕심 때문이라고 강조한다.

> 사람이 시험을 받을 때에 내가 하나님께 시험을 받는다 하지 말지니 하나님은 악에게 시험을 받지도 아니하시고 친히 아무도 시험하지 아니하시느니라 오직 각 사람이 시험을 받는 것은 자기 욕심에 끌려 미혹됨이니 욕심이 잉태한즉 죄를 낳고 죄가 장성한즉 사망을 낳느니라(약 1:13-15).

인간 자신의 모방적 욕망의 유혹에 끌려서 인간은 죄악과 폭력을 범했기에, 그에 따른 자기 심판의 결과를 감내해야 한다.

5. 가인의 정치학과 아벨의 피

프랑스 철학자, 법학 교수, 사회학자, 평신도 신학자인 자끄 엘룰(Jacques Ellul, 1912-1994)과 르네 지라르에 관한 비교 연구가 최근 증가하고 있다. 국제자끄엘룰학회(International Jacques Ellul Society)가 발행하는 「엘룰 포럼: 과학 기술 문명 비판을 위하여」는 2005년 "르네 지라르와 자끄 엘룰"이라는 주제를 다루고, 지라르와의 인터뷰도 출판되었다.

프랑스 개혁파 출신의 엘룰은 "최근에 르네 지라르에 의해 제시된 새로운 해석적 도구의 출현을 목격했다. 단지 다른 해석을 제시하기보다는 지라르는 우리에게 진정한 방법을 제공하고 있다"라고 말한 바 있다.

엘룰은 성경 본문들에 대한 희생 제의적이고 비희생 제의적인 독법에 관해서는 지라르의 보다 더 근본적인 해석을 강조한다. 하지만 엘룰에 의하면, 지라르의 접근법은 마르크스적인 해석을 허용할 수 있는 어떠한 사회 경제적인 토대를 포함하고 있지 않다. 희생 제의적 해석은 인류와 사회에 대한 보다 근본적인 사실들로부터 나온다.[34]

「엘룰 포럼: 과학 기술 문명 비판을 위하여」에는 2003년 오스트리아 인스부르크대학교에서 개최된 국제지라르학회 '폭력과 종교에 관한 학술대회'(Colloquium On Violence & Religion)에서 젊은 엘룰 학자가 발표한 논문 「엘룰과 지라르에게 있어서의 교회와 국가」(The Ellul Forum. For the Critique of Technological Civilization)에 대한 언급도 등장한다.[35]

미국 프린스턴신학교 소속의 이 학자는 지라르와 엘룰을 비교 연구한 논문을 이후 국제지라르학회 공식 저널 『전염: 폭력, 미메시스 그리고 문화에 관한 저널』(Contagion: Journal of Violence, Mimesis, and Culture)에 출판했다.[36]

다음은 이 진행한 지라르와의 인터뷰 내용이다.

> 지라르와 엘룰은 모두 종교, 과학 기술, 갈등의 문제와 관련해서 현대 사회에 대한 가장 창조적이고 날카로운 분석가이면서도 깊은 기독교 신앙을 소유하고 있다.
>
> 지라르는 1970년도에 엘룰 옆에서 앉아서 저녁 식사도 같이 하고, 그 이후 수년간 걸쳐서 몇 번 짧은 접촉은 했지만, 진지한 대화는 나누지 못했다.

34　Jacques Ellul, *Jesus and Marx: From Gospel to Ideology* (Grand Rapids: Eerdmans, 1988), 86n, 87n.
35　*The Ellul Forum. For the Critique of Technological Civilization*. Issue 35 (Spring 2005), 1.
36　Matthew Pattillo, "Violence, Anarchy, and Scripture: Jacques Ellul and René Girard," *Contagion: Journal of Violence, Mimesis, and Culture*, Volume 11, Spring 2004, 25-54.

지라르는 현대 세계에 대해서 분석하는 종교사회학자로서의 엘룰의 견해에 관심을 가지지만, 자신은 고대 종교적 현상과 기독교 사이의 만남과 대조에 관심을 가지는 종교 인류학자라고 말한다.

엘룰의 많은 생각들에 자신은 전적으로 동의한다고 지라르는 말한다. 지라르는 13세에 기독교 신앙을 버렸다가 자기 연구의 결과로 다시 회심하고 지금은 스탠퍼드에서 매우 적극적인 신앙생활을 하고 있다고 말한다.

그가 다시 교회로 되돌아왔을 때 자신은 엘룰의 작품들도 읽었다고 고백한다. 지라르는 "엘룰의 『내가 믿는 것』(Ce Que Je Crois)[37]을 비롯한 몇몇 작품들을 최근에 다시 읽었다"라고 말한다.

지라르는 기본적으로 모든 종교의 역설적인 일치를 믿지만, "성경과 기독교가 원시종교로부터의 엄청난 단절을 가져왔다"라고 주장한다. 종교는 항상 평화를 지향하지만, 원시적인 종교현상들은 일차적으로 희생양 현상(scapegoat phenomena)이라고 본다.

기독교의 하나님은 우리가 생각하는 것과 전적으로 다른 분이다. 그분은 비폭력적이다.[38] 또한, 이 인터뷰에서는 인류가 질병이나 삶의 불행의 원인을 마술적 인과관계, 희생양, 또는 마녀에서 찾는 것을 중단했을 때 비로소 자연 과학과 과학 기술이 발전하게 되었다는 지라르의 주장이 언급되었다.

원시공동체에서는 만약 지붕이 무너졌다면, 분명 범인(culprit)이 어디엔가 있기 때문이라고 믿었다. 지라르는 "마술적 설명은 언제나 희생양 만들기 현상들이다"라고 주장한다. 프레이즈와 같은 옛 인류학자들은 이러한 마술적 인과관계와 설명에 대한 예들을 조사했다.

지라르에 의하면, 기독교가 과학 기술에 의해 요구되는 합리성이라는 전제조건을 제공했다. 기독교는 결코 반(反)과학적이거나 반(反)과학 기술적이지 않고 오히려 과학 기술을 비로소 가능케 했다. 그러나 지라르는 엘룰과 함께 현대사회에서의 과학 기술의 새로운 위험에 대해서도 경고한다.

---

37 Jacques Ellul, *Ce Que Je Crois* (Grasset & Fasquelle, 1987).
38 *The Ellul Forum. For the Critique of Technological Civilization*, 20.

『새로운 악마들』(*The New Demons*)[39]에서 엘륄은 "과학 기술이 우리의 새로운 성스러움(sacred)이 되어서 우리 문화의 중심에 자리잡게 되었다"라고 말한다. 옛 종교적 악마들은 사라졌지만, 과학 기술이 새로운 악마들이 되었다. 과학 기술이 창조주처럼 되어버렸다. 그래서 엘륄은 "과학 기술을 탈신성화시켜야 한다"라고 주장한다.[40]

지라르는 엘륄의 『새로운 악마들』이 '매우 예언자적'이라고 평가한다. 그는 현대사회에서의 성스러움(sacred)에 대해서 지적한다. 성스러움은 언제나 그 안에 폭력의 요소를 가지고 있다.

"기독교로 이동한다는 것은 폭력적인 성스러움으로부터 사랑으로 이동하는 것이다. 위대한 신비와 역설은 종교들이 폭력을 억제하기 위해서 폭력적인 성스러움으로부터 시작한다는 사실이다. 우리가 만약 원시적 분위기에 머물고 있다면 우리는 과학 기술을 신성화하고, 권력을 신성화하는데, 이는 결국 폭력을 신성화하는 것이다"라고 지라르는 분석한다.

또한, "오늘날 과학 기술을 숭배하는 것은 현대적이라기보다는 참된 의미에서 원시적인 것으로 회귀하는 것이다. 우리의 과학 기술로부터 나오는 위험은 매우 명백해지고 있다"라고 말한다.[41]

「전염: 폭력, 미메시스 그리고 문화에 관한 저널」에 실린 논문은 다음과 같이 엘륄과 지라르의 기독교적 사유를 비교 연구하고 있다.

먼저 원죄에 대한 문제를 논의한다.

지라르에 의하면, 창세기의 뱀은 하나님을 "질투하는 라이벌"로서 대적하고 있다. 하와는 뱀의 유혹받아서 하나님의 신성을 탐욕하게 된다. 그녀는 하나님에게 속한 것, 곧 선과 악에 대한 지식을 탐욕함으로 하나님의 라이벌이 되었다.[42]

---

39 Jacques Ellul., *The New Demons*, trans. C. Edward Hopkin (NY: Crossroad Books, Seabury Press, 1975); Jacques Ellul, *Les Noveaux Possedes* (Librairie Artheme Fayard, 1973).
40 *The Ellul Forum. For the Critique of Technological Civilization*, 20.
41 *The Ellul Forum. For the Critique of Technological Civilization*, 20.
42 Girard 1965, 182

'형이상학적 욕망, 또는 미메시스의 전염'이 아담에까지 미쳐서 결국 하나님과 인류 사이에 존재했던 갈등 없는 순종의 관계는 영원히 변해버렸다.

인류의 기원에 대한 성경적 스토리에 의하면 하나님과의 경쟁은 사람들 사이의 경쟁을 생산했다. 엘룰과 지라르 모두에게 있어서 탐욕(covetousness)이 모든 쟁점의 가장 중요한 부분에 자리 잡고 있다.

엘룰은 죄는 언제나 탐욕 때문이라고 했다. 십계명의 마지막 계명도 네 이웃의 것을 탐욕하지 말라고 한다(출 20:17). 탐욕에 대한 마지막 계명은 모든 것, 곧 모든 다른 죄악들을 요약하고 있다.[43]

엘룰은 아담이 하나님께서 정하신 한계로부터 스스로를 해방시킴으로 다른 세력들과 경쟁관계에 들어감으로 결국 죄에 종속되게 되었다고 지적한다.[44]

엘룰에 의하면, 문명의 폭력적 기원을 보여주는 모든 요소들이 창세기에 기록되어 있다. 가인은 그의 동생이자 라이벌인 아벨을 살해하고 인류의 첫 도시의 창설자가 된다.

지라르에게 있어서 가인은 희생양을 배제하면서 만장일치를 이루는 폭력적인 광기에 사로잡힌 '카오스적인 군중'을 대변한다.[45]

엘룰은 원시적인 성스러움은 이제 현대적인 성스러움(a modern sacred), 곧 세속적 종교로 대체되었는데, 이 현대 세속적 종교의 신화들은 진보, 노동, 행복이며, 그들의 이데올로기에는 민족주의, 사회주의, 민주주의, 그리고 자본주의가 있다고 분석한다.

엘룰은 효율성을 현대 글로벌 사회의 목적과 특징으로 파악했다면, 지라르는 우리가 사는 완전히 전 지구적인 문화를 지배하는 것은 희생자들을 위한 관심이며, 바로 이 관심의 열매가 현대 세계라고 말한다.[46]

---

43 Ellul 1985, 101, see also Girard 1999, 7-12.
44 Ellul 1976, 49.
45 Pattillo, "Violence, Anarchy, and Scripture: Jacques Ellul and René Girard," 25-27.
46 Girard 1999, 178.

지라르는 성경적 계시에 대한 현대의 도전을 일종의 "희생자에 대한 왜곡된 관심," 곧 희생자들에 대한 성경적 관심을 정치적으로 오용해서 그 희생양 만들기라는 비난을 그리스도인들과 성경적 계시 자체에 겨냥하는 것이라고 분석한다.

> "또 다른 전체주의(The other totalitarianism)는 유대-기독교적 열망들을 반대하지 않지만, 그것들이 자신의 것인 것처럼 주장하며 그리스도인들에게서의 희생자들을 향한 관심에 대해 의구심을 제기한다…그 또 다른 전체주의는 공개적으로 기독교를 반대하지는 않지만, 좌측면에서 공격한다.[47]
> 그 결과 '희생자의 위치'는 열정적으로 추구되는 것이 되었으며, 그것은 '권력의 위치'가 되었고 '정치적 자본의 원천'이 되었다."[48]

지라르도 엘룰과 같이 "세속적 정치질서의 폭력적 기원들"을 추적한다. '인류의 탐욕적 본성' 때문에 '가인의 희생 제의적 질서'는 불가피하다. 엘룰도 창조 스토리는 "초석적 폭력(foundational violence)과는 근본적으로 다른 기원을 묘사한다"라고 본다.

지라르에게 있어서 성경 저자들은 일관되게 이전에 존재하는 신화들을 재구성해서 그들의 특정한 관심의 정신 속에서 차용하며 희생자들과 박해자들 사이의 관계를 뒤집고 있다. 사실 히브리적 성경은 성스러운 내러티브들을 탈신화화시키는 역전으로 가득 차 있다.

이 논문의 저자는 '히브리 성경의 반-희생 제의적(counter-sacricial) 계시와 반-희생 제의적 복음'에 대해서 말한다. 그러나 희생양 메커니즘의 중심은 어두운데, 왜냐하면 그것이 효과적으로 작동하기 위해서 그것은 참된 본질이 은폐되어 있어야 했기 때문이다.

---

47 Girard 1999, 180.
48 Pattillo, "Violence, Anarchy, and Scripture: Jacques Ellul and René Girard," 30-32.

이 메커니즘의 은폐된 본질은 베일로 쌓여 분리된 성전의 가장 신성한 곳과 연결된다. 하지만 복음서는 예수의 죽음으로 인해 성전의 휘장이 찢어졌다고 말한다. '진리의 빛으로 인한 그 어두운 곳에 대한 계시'가 이루어진 것이다.[49]

성경 이야기들은 그 형식에 있어서 신화적이지만, 결국 신화를 전복시킨다. 아벨 이후로 성스러운 폭력 희생자의 무죄함을 성경은 계시하고 그들의 편을 들어주며 희생 제의적 메커니즘의 올바른 작동이 의존하고 있는 희생양 만장일치를 뒤흔든다.

복음서에서 하나님 스스로 희생양의 형태을 취하셔서 세속적 질서와의 대면으로 인한 예측 가능하고 치명적인 결과를 감내하신다. 정의롭지 못한 질서의 유지에 관여되어 있는 신화와 제의의 공범 관계를 폭로함으로, 성경적 내러티브는 신화를 해독하고 폭력적인 성스러움의 신들과 제의들을 탈 신성화시킨다.

"성경이 해석될 수 있는 것은 오직 그 자신의 진리의 관점에서 가능하며 동시에 성경은 모든 다른 신화들을 해체한다."[50]

> 이교적 신화들에 대한 성경적 내러티브의 관계는 필연적으로 비대칭적이다. 성경 스토리는 신화에 의해서 비판적으로 읽힐 수 없다. 왜냐하면, 임의적이고 근본적인 폭력을 은폐하고 노출하지 않는 것이 신화적 문법에 속하기 때문이다.
>
> 신화는 성경적 내러티브들에 의해서 비판적으로 읽힐 수 있는데, 성경 내러티브들은 희생 제의적 폭력과의 단절을 통해서 신화들을 구성하고 갱신하기 때문이다.[51]

---

49 Pattillo, "Violence, Anarchy, and Scripture: Jacques Ellul and René Girard," 35-41.
50 Pattillo, "Violence, Anarchy, and Scripture: Jacques Ellul and René Girard," 41-45.
51 Milbank 1987, 213.

예수의 십자가 못박힘은 정치적 질서의 폭력적 본질을 폭로하며 이 계시는 개인을 그 질서의 필연성으로부터 해방한다.[52]

『가인의 정치학: 르네 지라르와 대담』(Politiques de Caïn. En dialogue avec René Girard)[53]이라는 책은 바로 아벨을 살해한 가인이 세운 인류 도시와 그 정치학에 대한 예언자적이고 윤리적 비판을 담고 있다. 또한, 이 책은 현대 정치학이 정치 이전의 것인 종교적 차원을 논의에 포함할 것을 제안한다.

최근의 하버마스도 지라르를 언급하면서 신화와 제의에 대해서 다시 논의하고, '정치 이전의 것'(das Vor-politische)에 관심을 가진다.

성경은 초석적 살해에 기초를 두고 있는 가인의 도시와 문명, 그리고 정치학을 비판하고, 요더(John Howard Yoder)의 책 제목처럼 『예수의 정치학』(The Politics of Jesus)[54]을 대안으로 제시한다.

에클레시아는 새로운 폴리스와 새로운 도시로서의 새로운 예루살렘을 희망한다.

6. 무덤의 종교, 그리스도의 빈 무덤 그리고 부활 논쟁

지라르는 동정녀 탄생도 변호한다.

> 신적인 잉태는 언제나 강간과 같은 것으로 묘사된다.

신화에는 언제나 신들의 '강간'에 대한 흔적이 있지만, 동정녀 탄생에 대한 성경적 기록은 '폭력'에서 벗어난다. 성경은 마리아의 '자유로운 순종'을

---

52 Pattillo, "Violence, Anarchy, and Scripture: Jacques Ellul and René Girard," 46.
53 Domenica Mazzù, Politiques de Caïn. En dialogue avec René Girard, Paris, Desclée de Brouwer, 2004.
54 John Howard Yoder, The Politics of Jesus (Grand Rapids: Eerdmans, 1972).

강조한다.[55]

지라르에게 있어서 그리스도의 부활은 매우 중대한 의미를 지닌다. 그에게 부활은 "미메시스적인 만장일치의 세력을 파괴하기 위해 필요한 폭력적인 전염 보다 우월한 힘"이다.[56]

지라르의 신화 이론은 예수 그리스도의 부활과 그의 빈 무덤을 새롭게 이해하게 해 준다. 그동안 예수 그리스도의 부활과 그의 빈 무덤에 대한 성경적 증언을 불신하게 된 이유는 대체로 그것의 신화성과 물리학적 불가능성에 대한 믿음 때문이었다.

오스트리아 인스부르크대학교에서 가르쳤던 칼 라너(Karl Rahner)의 후임으로 온 스위스 출신의 교의학자 슈바거(Raymund Schwager) 교수가 지라르의 이론을 신학적으로 수용해서 인문학과의 학제적 대화를 발전시켰다.

슈바거는 1990년에 설립된 국제지라르학회 '폭력과 종교에 관한 학술대회'의 (Colloquium On Violence & Religion) 초대 회장을 역임했고, 지라르가 가르쳤던 미국 스탠퍼드대학교과 함께 유럽의 오스트리아 인스부르크대학교를 지라르의 이론을 학제적 연구 중심지로 성장시켰다.

교의학자로서 그는 지라르의 문명 이론과 폰 발타자르(Hans Urs von Balthasar)의 드라마 개념에 영향을 받아 드라마틱한 신학(Dramatische Theologie)를 발전시켰다.[57]

칼 바르트에게 큰 영향을 받은 스위스의 신학자 폰 발타자르는 드라마와 신학 그리고 드라마와 계시의 관계를 강조하는 『하나님의 드라마』(*Theodramatik*)를 출간했다. 그의 드라마틱한 신학은 변증법과 비극주의적인 과정신학과는 구별된다. 그는 지라르를 신학적으로 수용한 제1세대 신학자에 속

---

55 René Girard, *Das Ende der Gewalt. Analyse des Menschheitsverhängnisses* (Freiburg: Herder, 1983), 228, 227-231.
56 René Girard, *I See Satan Fall Like Lightning* (Maryknoll, NY: Orbis, 2001), 189.
57 Józef Niewiadomski (Hg.), *Dramatische Theologie im Gespräch*. Symposion / Gastmahl zum 65. Geburtstag Raymund Schwagers (Beiträge zur mimetischen Theorie 14) (Münster: Thaur 2003).

하는데, 그의 저서 『하나님의 드라마』 제3권에서 지라르의 희생양 메커니즘에 대해 길게 논의했다.[58]

「오늘날의 신학과 예수의 빈 무덤」이라는 논문에서 슈바거는 그리스도의 부활을 디오니소스나 오시리스 등의 신화적 소생과 동일시하는 시도들에 대해서 비판한다.

칼 융의 분석심리학과 신화론과 불트만(R.Bultmann) 등의 탈신화화 시도들을 지라르의 신화 이론에 근거해서 비판한다. 크렉(William Lane Craig) 등의 부활 역사성에 관한 연구를 수용하고, 또한 폴킹혼(J. Polkinghorne)의 양자이론에 대한 유신론적 해석을 수용함으로 부활의 물리적 가능성도 이야기 하고 있다.[59]

나는 이미 부활의 물리학적 가능성에 관한 논의를 나의 책 『우주와 문화의 기원. 르네 지라르와 자연 과학』(2019)에서 판넨베르크, 티플러(Frank Tipler), 그리고 폴킹혼을 중심으로 상세하게 논의했다.

여기서는 슈바거 교수의 논문을 중심으로 주로 그리스도 부활과 빈 무덤에 대한 슈바거와 지라르의 이해를 중심으로 논의할 것이다.

독일어권에서 예수 그리스도의 부활과 빈 무덤에 대한 논쟁은 영지주의적인 칼 융(C.G.Jung)의 친신화적 심층심리학의 관점에서 그리스도의 부활을 부인하는 로마 가톨릭 신학자였던 드레버만(E. Drewermann, 1940-)과 개신교 신학자 뤼데만(Gerd Lüdemann, 1946-2021)의 입장에 대한 신학적 논쟁이었다.

지라르의 신화 해독에 강한 영향을 받은 슈바거 교수는 이 논문에서 드레버만의 입장을 상세하게 비판하고 있는데, 드레버만은 성경을 칼 융의 심층심리학의 관점에서 해석해서[60] 로마 가톨릭교회 내부로부터 거센 비판

---

58   Hans Urs von Balthazar, "Der Sündenbock-Mechanismus," *Theodramatik III* (Einsideln:Johannes Verlag, 1980), 276-91.
59   Raymund Schwager, "Die heutige Theologie und das leere Grab Jesu," *Zeitschrift für Katholische Theologie* 115 (1993) 435-450.
60   E. Drewermann, *Tiefenpsychologie und Exegese* (2 Bände) (Olten: Walter Verlag, 1992).

을 받았다. 이후 그는 주로 교회 비판적인 작가로서 언론에 등장하며, 가끔 요가와 명상과 관련된 뉴에이지와 영지주의적 모임에서 강연하기도 한다.

뤼데만도 독일 개신교 신학과 교회로부터 거센 비판을 받았는데, 그는 '이단자의 성경'인 영지주의 문서인 나그 하마디(Nag Hammadi) 문서의 첫 전체 번역의 서문, 번역 그리고 논평을 시도해 출판한 신약학자다.[61]

자기 입장은 초대 기독교회의 이단으로 규정된 영지주의적 기독교에서 발견된다고 말한 칼 융은 니체가 말한 디오니소스적인 것을 자신의 심리학에서 대변하고 있다. 칼 융은 자신의 어머니를 비롯해 가정환경에서부터 에소테릭한 분위기가 있었다. 융의 어머니는 자주 트랜스 상태에 빠지고, 이해할 수 없는 말들을 하고 했다고 한다.

칼 융도 이 영향을 받아서 「소위 오컬트한 현상들의 심리학과 병리학」 (*Psychologie und Pathologie sogenannter okkulter Phänomene*)이란 제목으로 박사 학위 논문을 적었다. 칼 융은, 또한 히틀러와 독일 국가사회주의에 대한 지지자였다. 이 사실은 힌두교를 독일 제3제국의 공식 종교로 채택하기를 원했고, 요가를 전문적으로 연구했던 인도학자 하우어(Jakob Wilhelm Hauer)와의 친분뿐 아니라, 다른 여러 가지 사실들로부터도 확인된다.

칼 융은 영지주의와 연금술 연구에 몰두했다. 칼 융 자신이 자신의 이론은 초기 영지주의적 기독교와 잘 어울린다고 주장했다. 만다라를 치료의 도구로 응용하기도 했다. 엘리아데와 캠벨은 칼 융의 이론을 신화와 종교 연구에 적용하여 대중화하기도 했다.

나의 책 『우주와 문화의 기원. 르네 지라르와 자연 과학』에서 나는 이미 칼 융과 양자 물리학자 파울리(Wolfgang Pauli, 1900-1958), 그리고 불교의 만다라에 대해서 논의했다.

만다라는 "탄트라 축제"인 디오니소스적인 통음 난무인 가나샤크라(ganacakra)를 미술적으로 표현하고 있다. 가나샤크라(Ganacakra)라는 말은 밤

---

61 Gerd Lüdemann Martina Janßen (übers.) "Die Bibel der Häretiker. Die gnostischen Schriften aus Nag Hammadi - Erste deutsche Gesamtübersetzung" (Stuttgart: Radius, 1997).

중에 비밀스럽게 이루어지는 이 비밀불교의 성적인 제의에 참여하는 "무리들의 원"(티베트어로 *tshogs 'khor*)이란 뜻이다.

이 무리가 둥글게 모여서 벌이는 비밀불교의 축제는 "비밀제의"(Geheimkult)이다. 가나샤크라(Ganacakra)는 바로 만다라를 제의적으로 집행하는 것이고, 만다라는 가나샤크라(Ganacakra)를 미술적으로 표현하고 있다.

"만다라와 가나샤크라(Ganacakra) 사이의 신비적 용해"를 통해서 비밀스러운 탄트라 축제의 참여자들은 만다라에 그려진 붓다들과 여신들(창녀들)이 된다.[62]

만다라는 심층 심리학적 치료를 제공할 수 있는 상징보다는 당시의 비밀불교의 디오니소스적-성적인 비밀 희생 제의를 표현하고 있을 뿐이다. 나는 이미 『붓다와 희생양. 르네 지라르와 불교 문화의 기원』에서 상세하게 논의한 바 있다.

티베트 탄트라 불교(비밀불교)의 만다라를 심리치료의 도구로 사용한 칼 융뿐 아니라, 현대 인도학과 불교학 그리고 탄트라 연구의 대가들인 찜머(H. Zimmer), 엘리아데, 그리고 에볼라(J. Evola)는 모두 정치적으로는 파시스트였다.

집단무의식에 대해서 논하는 칼 융은 "유대인의 심리학"을 비판하고, "게르만적 정신"을 옹호하고, 니체처럼 게르만적 야만인들(germanische Barbaren)과 금발의 야수(blonde Bestie)를 재활성하고자 하는 듯한 표현들이 등장한다.

실제로 프로이트의 저서들이 불에 태워졌지만, 칼 융의 심리학은 나치의 선동에 의해 찬양받았다. 드레버만(E. Drewermann)이 니체적-디오니소스적인 칼 융의 심층심리학을 반신화적인 정신을 가진 성경에 적용한 것은 많은 점에서 문제가 많다. 그래서 보다 정통적 입장에 서있는 신학자들은 드

---

62 Adelheid Herrmann-Pfandt, *Dākinīs. Zur Stellung und Symbolik des Weiblichen im Tantrischen Buddhismus* (Bonn: Indica et Tibetica Verlag 1992), 369, 381. 10장은 바로 이 Ganacakra에 대해서 논의되고 있다.

레버만과 뤼데만의 입장이 새로운 현대판 영지주의에 근접하는 것으로 파악하고 비판한다.

판넨베르크의 지도하에 예수 그리스도의 부활 역사성을 논증하는 논문으로 두 번째 박사 학위를 받은 윌리엄 레인 크레이그(William Lane Craig)는 뤼데만과 예수 그리스도의 부활에 대해서 논쟁했는데, 크레이그도 "뤼데만이 칼 융의 심층심리학의 영향으로 그리스도의 부활과 빈 무덤에 대한 성경 기록의 역사성을 믿지는 않는다"라고 비판한다.[63]

그러나 영지주의적 정서를 가진 일부 유럽 지식인들과는 달리 슬로보예 지젝과 같은 학자들은 일부 유럽 지식인들의 포스트모던적 새로운 영지주의와 뉴에이지를 다시금 비판하고, 유대-기독교적 전통을 재발견해야 한다고 주장한다.

> 「오늘날의 신학과 예수의 빈 무덤」이라는 논문에서 "슈바거는 여러 자료에 근거해서 복음서가 증언하는 것이 어떤 역사-비평적 주석의 추상적 산물보다 훨씬 더 정교하고, 인간적이며, 또한 역사적으로 신뢰할만하다"라고 말한다.
>
> "초대교회의 부활 신앙이 그리스 신비종교에서 발견할 수 있는 죽고 다시 살아나는 신들의 이야기에서 유래했기에 예수의 추종자들은 빈 무덤에는 관심이 없었다"라고 주장하는 이론들도 슈바거는 거부한다.
>
> 아직도 몇몇 학자들은 "그리스도의 십자가, 고난 그리고 장사 됨이 신화로부터의 결정적인 결별을 의미하지 않는다고 주장한다"라고 슈바거는 비판한다.

---

63 Paul Copan and Ronald K. Tacelli, eds., *Jesus' Resurrection: Fact or Figment? A Debate Between William Lane Craig and Gerd Ludemann* (Downers Grove, IL: InterVarsity Press, 2000).

이 주장에 따르면 기독교 신앙은 고대 이집트 신화에 뿌리를 두고 있다.⁶⁴ 그리고 그리스도의 부활은 이집트 오시리스 신화로부터 왔다는 것이다.⁶⁵

7. 이집트 오시리스 신화와 예수 그리스도의 부활

"드레비만(E. Drewermann)도 예수 그리스도의 죽음과 부활이 이집트의 이시스와 오시리스 신화와 직접적인 관련이 있다고 주장한다"라고⁶⁶ 슈바거는 비판한다.

그리스도의 빈 무덤과 부활이 이집트 신화로부터 왔다는 주장과 관련해서 슈바거는 지라르의 영향을 받아 무덤의 의미에 대해서 질문한다.

이집트 종교와 문화의 중심에는 무덤이 존재한다. 드레버만도 고대 이집트에 대해서 우리가 아는 거의 모든 것은 그들의 무덤의 세계에서 나왔다고 인정한다.

지라르에 의하면, 인류의 문화는 항상 무덤으로부터 나온다. 무덤은 희생양 위에 세워진 인류의 최초의 기념비요, 모든 의미 내용 중에서 최초의 근본적 지층이라고 지라르는 분석한다. 무덤 없는 문화는 존재하지 않았고, 문화 없는 무덤도 존재하지 않는다고 그는 말한다.⁶⁷

지라르는 '무덤의 메타포'에 대해서 자세히 논한다. 무덤은 그것이 은폐하는 시체 주위에 세워진다. 살해는 무덤을 부르고, 무덤은 살해의 연장이

---

64 M. Görg, *Mythos, Glaube und Geschichte. Die Bilder des christlichen Credo und ihre Wurzeln im alten Ägypten* (Düsseldorf: Patmos 1992), 123.

65 M. Görg, *Mythos, Glaube und Geschichte. Die Bilder des christlichen Credo und ihre Wurzeln im alten Ägypten*, 134.

66 E.Drewermann, Religionsgeschichtliche und tiefenpsychologische Bemerkungen zur Trinitätslehre. In: Trinität. Aktuelle Perspektiven der Theologie (QD 101). Hg. v. W.Breuning. Freiburg i.Br. 1984, 115-142, 135.

67 René Girard, *Das Ende der Gewalt. Analyse des Menschheitsverhängnisses* (Freiburg/Basel/Wien: Herder, 1983), 85.

자 영구화를 의미한다.

'무덤의 종교'에 대해서 말한다. 장례식들은 엄격하게 문화적인 형태의 첫 행동들에 해당한다. 이들 제의는 인류의 첫 공동체에 의해서 성취된 창조적 전이로 인해서 희생양들을 중심으로 형성되었다. 고대 도시들의 기초를 표시하는 "희생 제의적 돌들"도 어떤 린치 스토리와 연관되어 있다.[68]

인류의 무덤들은 시체를 덮었는데, 지라르에 의하면 어떤 문화의 중심적인 무덤들은 본래 집단적인 폭력행위들의 희생양의 시체들을 은폐하고자 했다. "바로 이 폭력과 무덤의 주제는 이집트의 이시스와 오시리스 신화에 특히 현격하게 보인다"라고 슈바거는 말한다.

우리는 플루타르크(Plutarch)에 의해서만 전체적으로 연결된 형태로 존재하는 이 이집트 신화를 알 수 있게 되는데, 플루타르크는 이 신화에서 "가장 혐오스러운 것들," 곧 "오시리스의 사지 절단과 이시스의 참수"에 대한 내용을 삭제했다고 말한다.[69]

다른 자료에 의하면, 여신 이시스는 자기 아들에 의해 강간당하고 참수되었다. 오시리스는 무엇보다도 죽음의 세계의 신이지만, 그 해석에 대해서는 입장이 갈린다. 돌봄을 받아야만 하는 힘없는 오시리스의 미이라(Mumie)에 대한 기록도 있고, 또 다른 기록에서는 지하 세계를 다스리는 능력 있는 지배자로 묘사되기도 한다.[70]

"드레버만이 그의 책 『심층심리학과 주해, 제2권 기적, 환상, 예언, 묵시록, 역사, 비유』에서 세부적인 것과 모티브의 차용에서뿐 아니라, 그 전체 구조와 구성에서도 기독교의 구원론이 이집트의 오시리스 종교의 표상들을 모델로 해서 빌려왔다고 주장한다"라고[71] 슈바거는 비판한다.

---

68 R. Girard, *The Girard Reader*, ed. James G. Williams (New York: Crossroad, 1996), 163.
69 Urkunden zur Religion des Alten Ägypten. Übersetzt u. eingeleitet v. G.Roeder. Jena 1915, 19.
70 Schwager, "Die heutige Theologie und das leere Grab Jesu." 이 논문은 오스트리아 인스부르크대학교 신학부 자료실에 온라인으로 올려져 있다: http://www.uibk.ac.at/theol/leseraum/texte/54.html
71 E.Drewermann, *Tiefenpsychologie und Exegese. Bd.II: Wunder, Visionen, Weissagung, Apoka-*

오시리스는 무엇보다도 '무덤의 신'이요 '죽은 자의 신'(Totengott)이다. 슈바거에 의하면, 이집트의 이시스-오시리스 신화는 살해된 신에 대한 고대의 신화가 발전된 형태다. 지라르는 바로 집단적인 폭력에 의해 살해된 희생양에 대한 은폐와 신성화를 신화 속에서 해독해 내었다.

이집트 신화의 경우에는 무덤, 미이라(Mumie), 피라미드, 그리고 거대한 왕들의 무덤들이 특히 발전하게 되었다. 지하 세계의 신인 오시리스가 큰 역할을 수행하는 이집트 전체의 문화와 종교는 이렇게 무덤들 위에 세워졌다. 그렇기에 슈바거는 예수의 죽음, 장례 그리고 부활에 대한 성경적 증언은 이집트 신화와 같은 고대 신화의 또 다른 버전은 아니라고 주장한다.

유대-기독교적 계시에도 구조적으로 신화의 테마와 유사한 것이 존재하지만, 복음서는 신화를 전복시킨다는 것이다. 예수 이전에 이미 이스라엘의 예언자들은 주변 민족들의 신화들을 날카롭게 거부했다. 이 정신 속에서 예수는 신화적 왕이 아니라, 구체적이고 역사적인 인물로서 등장해서 죽은 자들의 하나님이 아니라, 산 자들의 하나님을 선포했다.[72]

앞에서 본 것처럼, 예수의 "처형의 신성화"(Sakralisierung der Hinrichtung)는 발생하지 못했다.[73] 『붓다와 희생양. 르네 지라르와 불교 문화의 기원』에서도 논했듯이 붓다의 희생 제의적 죽음은 사리 숭배와 미이라 숭배로 신성화된다.

종교학자들과 불교학자들은 출가승들의 깨달음이 해체주의 철학적인 것과 유사한 즉각성으로 끝나지 않고, 신성화되는 것에 주목한다. 소위 깨달음의 우상화와 신성화에 대한 문제다.

「깨달음의 우상화: 중세 중국에서의 선승들의 미이라 화에 대하여」(The Idolization of Enlightenment: On the Mummification of Ch'an Masters in Medieval China)라는 논문도 이

---

    lypse, Geschichte, Gleichnis (Olten: Walter-Verlag, 1985), 519.
72 Schwager, "Die heutige Theologie und das leere Grab Jesu."
73 Karsten Laudien, "Die Götter sind grausam. Aber Gott ist gut: René Girard rettet das Christentum," *Die Welt*, 28.09.2002.

문제를 다루고 있다.[74]

20세기 초 일본에서도 공동체의 안녕과 평안을 위해 "스스로 미이라가 된 붓다들"(Self-Mummified Buddhas) 이야기가 전해 내려온다.[75] 일본에는 "스스로 미이라가 된 성인들"이 풍요와 다산을 약속하는 신성한 존재로 숭배받는다. 역설적으로 "살아있으나 실제로는 죽은 자들"인 불교 출가승들이 풍요와 다산의 신들이 되었다.[76]

신성화된 출가자의 사리 뿐 아니라, '스스로 미이라가 된 붓다들'을 초점으로 해서도 '미이라화의 정치'와 (politics of mummification)[77] '불교적 욕망의 경제'가 (the Buddhist Economy of Desire) 형성되었다.[78]

사리 숭배 중 독특한 것은 바로 불교 고승들의 미이라를 숭배하는 것이다. 무상 철학을 가르치는 불교 고승들은 역설적으로 그의 죽음 이후 미이라로 신성화된다.[79]

이 사리 숭배 혹은 미이라 숭배에 볼 수 있는 "깨달음의 우상화"는 초석적 희생양의 신성화와 그의 시체와 유물에 대한 신성화 과정으로 설명될 수 있다.

공동체를 위해 자기 몸속에서 붓다를 이루고자 하는 이 불교 고승들의 미이라 숭배는 7세기 중국과 한국 불교에서 발견된다.[80] 지라르의 이론을 인용하고 있는 일본에서의 인간 희생과 자기 희생에 대한 어느 독일 종교

---

74 Robert H. Sharf, "The Idolization of Enlightenment: On the Mummification of Ch´an Masters in Medieval China.," *History of Religions* 1992 32/1, pp. 1-31.

75 Ichiro Hori, "Self-Mummified Buddhas in Japan. An Aspect of the Shugen-Dō ('Moutain Asceticism') Sect," in *History of Religions* ½ (1962), pp. 222-42

76 Bernard Faure, *The Red Thread. Buddhist Approaches to Sexuality* (Princeton: Princeton University Press, 1998), 29 ; Ulrich Schneider, *Einführung in den Buddhismus* (Darmstadt: Wissenschaftliche Buchgesellschaft, 1987), p. 183.

77 Bernard Faure, *The Rhetoric of Immediacy. A Cultural Critique of Chan/Zen Buddhism* (Princeton: Princeton University Press; 1991), 161.

78 Faure, *The Red Thread. Buddhist Approaches to Sexuality,* 23.

79 Faure, *The Red Thread. Buddhist Approaches to Sexuality,* 114.

80 Hori, "Self-Mummified Buddhas in Japan. An Aspect of the Shugen-Dō ('Moutain Asceticism') Sect."

학적 연구에서도, 스스로 미이라가 된 붓다들에게 향한 '사회적 압력'이 작지 않은 것이기에, 죽을 때까지 금식하는 것이 과연 자발적이었는가에 대해서는 의문의 여지가 남는다는 점이 바르게 지적되었다.[81]

종교적으로는 매우 숭고한 이 스스로 미이라가 된 붓다들 이야기 속에서는 우리는 그들을 둘러싸고 있는 집단적이고 사회적 차원을 간과해서는 안 된다.[82]

예수 그리스도는, 또한 회칠한 무덤에 대해서 말했다. 지라르는 바리새인들을 향한 비판을 분석하면서, "예수께서 지금까지의 인류 전체 종교와 문화의 역사에 대한 지하(Untergrund)를 폭로했다"라고 말한다.[83]

아벨의 피 이후로 인류를 지배해 왔던 폭력이 예수에게도 가해졌다. 그는 살해된 자로서 그 이전의 수많은 희생양처럼 무덤에 묻혔다. 하지만 부활절 신앙은 은폐된 무덤 위에 세워지지 않았다. 막달라 마리아는 무덤을 직접 열었던 신화적 인물이 아니라, 역사적 여인으로서 무덤 속에서 일어나는 일에 대한 증인이었다. 열린 무덤에 대한 성경적 진실은 순전히 구조적으로 보아도 이집트 신화와 매우 큰 차이를 보이는데, 이집트 신화에 의하면 이시스는 오시리스의 상자를 열어야만 했다.

살해되고 죽은 자들 가운데서 일으킴을 받은 예수는 이집트 신화의 경우처럼 복수자와 구원자로서 등장하는 호루스(Horus) 같은 존재를 필요로 하지 않았다. 예수 그리스도 자신이 죽음에 대한 승리자로 자신을 배반하고 떠나간 제자들에게 나타났다. 그는 복수를 가지고 나타난 것이 아니라, 새로운 생명 가운데 평화와 용서의 소식을 가지고 나타났다.

---

81 Katja Triplett, *Menschenopfer und Selbstopfer in den japanischen Legenden: Das Frankfurter Manuskript der Matsura Sayohime-Legende* (Religiöse Gegenwart Asiens/ Studies in Modern Asian Religions Vol. 2) (Münster: LIT-Verlag, 2004), pp. 45–6.
82 Hori, "Self-Mummified Buddhas in Japan. An Aspect of the Shugen-Dō ('Moutain Asceticism') Sect," 223–4.
83 R. Girard, "Les malédictions contre les pharisiens et la révélation évangélique," in *Bulletin du Centre Protestant d'Etudes* 27:3 (1975), 5-29.

슈바거에 의하면, 이집트 신화는 폭력과 무덤의 세계에 완전히 침잠되어 있고, 이시스와 오시리스도 그 폭력과 죽음의 세계에 갇혀있다.

그러나 예수는 열린 무덤으로부터 나왔다. 무덤의 개방이 부활하신 자에게는 필연적인 것은 아니었지만, 그것으로 인해서 신화들, 종교들, 그리고 문화들의 지하적인 세계가 열리게 되었다.

슈바거에 의하면, 하나님에 의해 열린 예수의 무덤은 미라들, 피라미드적인 왕들의 무덤들과 지하적인 신비 종교(Mysterienkulte)의 은폐된 세계에 대항하는 '위대한 반대 표시'(Gegenzeichen)다.

슈바거는 "이집트 신화에 관한 연구를 조사한 후에 그 신화들에서는 신에 의해 직접 무덤이 열려서 죽음의 나라로부터 최종적으로 해방되는 기록을 발견할 수 없다"라고 말한다. "그렇기에 예수 그리스도의 빈 무덤에 대한 성경적 증언을 배제하는 신학은 신화적 지하(Untergrund)를 간과하는 위험에 처하게 된다"라고 지적한다.[84]

예수 그리스도의 부활과 빈 무덤을 불신하는 또 다른 이유는 그것이 자연 과학적이고 물리학적으로 불가능하기 때문이라는 것이다. 또한, 과거 사건들의 개연성으로부터 현재에 일어나는 일들을 판단해야 한다는 유비의 법칙(Analogieprinzip)에 근거해서도, 부활과 빈 무덤과 같은 기적적인 것은 발생하지 않는다고 주장되었다.

슈바거는 판넨베르크가 오래전에 역사학에서의 유비의 법칙과 비판적으로 논쟁한 것을 인용한다.[85]

또한, 슈바거는 "불트만이 자연 과학적 세계상으로부터 신학을 판단하고 있다"라고 비판한다. 불트만은 신약성경의 세계관을 신화적인 것으로 간주했다. 그래서 그는 자신의 탈신화화(Entmythologisierung)라는 해석학적 기획에 따라 신약성경의 핵심을 실존적인 해석을 통해서 구하고자 했다.

---

84 Schwager, "Die heutige Theologie und das leere Grab Jesu."
85 W. Pannenberg, "Heilsgeschichte und Geschichte," in *Grundfragen systematischer Theologie. Gesammelte Aufsätze* (Göttingen: Vandenhoeck &Ruprecht,1967), 22-78, 특히 49-54.

그러나 이러한 불트만의 기획은 칼 융의 "심층 심리학적 해석"에 의해서 대체될 수도 있는 것이었다.

"현대의 자연 과학은 18세기와 19세기의 자연 과학과 같지 않다"라고 슈바거는 지적한다. "부활의 문제를 현대 물리학의 전제들로부터 파악한다면 우리는 훨씬 더 조심스럽게 판단되어야만 한다"[86]라는 거의 30년 전의 판넨베르크의 주장을 슈바거는 인용하고 있다.[87]

예수 그리스도의 부활과 빈 무덤의 물리학적 가능성에 대해서는 슈바거는 과학과 종교 분야의 대가인 폴킹혼에 대해서 자세하게 논의하고 있다.

나는 이미 나의 책 『우주와 문화의 기원. 르네 지라르와 자연 과학』(2019)에서 폴킹혼의 연구를 상세하게 논의했고, 특히 그리스도의 부활과 죽은 자들의 종말론적 부활의 물리적 가능성에 대한 최근의 논의도 이 책에서 다루었다.

현대 양자물리학과 카오스 이론 등으로 "자연 과학적 결정주의로의 강제"는 이제 해체되었으며, 인간의 자유에 대한 경험을 다시금 진지하게 성찰하게 되었으며, 이는 정신과 물질의 관계에 대해서도 재고하도록 했다는 것이다. 자유를 인정한다는 것은 인간의 정신이 육체에 영향을 주어서 물질적인 영역에서의 변화를 초래할 수 있다는 사실을 내포한다.

그래서 폴킹혼은 물질에서 정신으로의 상승작용뿐 아니라, 정신에서 물질로의 하강 작용도 존재한다고 말한다. 물질은 정신의 작용에 개방적인 불확정성과 유연성을 가진다는 것이다. 법칙성과 불확정성, 또는 개방성은 물질적 세계의 두 상호보완적인 측면이라는 것이다. 개방성은 본질적이며, 그것이 단지 결정주의적 시스템에 존재하는 하나의 틈새는 아니다.[88]

---

86 W. Pannenberg, *Grundzüge der Christologie*. 3 Auflage (Gütersloh: Gütersloher Verl.-Haus Mohn, 1969), 95.
87 Schwager, "Die heutige Theologie und das leere Grab Jesu."
88 J. Polkinghorne, *Science and Creation. The Search for Understanding* (London:SPCK, 1988), 69-83.

그래서 폴킹혼은 예수 그리스도의 부활과 빈 무덤에 대해서 긍정적인 입장을 보인다.[89]

슈바거는 이렇게 폴킹혼의 연구를 인용하면서 "결정주의적 물질의 세계와 자유의 세계에 대한 이전의 이분법은 더 이상 유효하지 않다"라고 말한다. 그렇기에 이제는 불트만의 입장에 더 이상 사로잡혀 있을 필요가 없다고 주장한다.[90]

8. 재로부터 다시 태어나는 불사조

슈바거에 의하면, 십자가에 달리시고 죽은 자들로부터 일으킴을 받은 예수 그리스도의 삶은 온 인류 전체의 종교적 역사 속에 서 있다.

"이미 살해당하고 신성화된 신들에 대한 가장 오래된 신화에도 예수 그리스도의 죽음과 부활과 모호하게 유비적인 것이 존재했는데, 만약 이 희미하고 멀리 떨어진 유비가 없었다면, 우리는 그것을 파악할 수 없었을 것이다"라고 그는 말한다.

그러나 "복음서의 증언들은 옛 신화들의 새로운 버전과는 전혀 다르다"라고 슈바거는 지적하는데, "복음서는 신화적 세계의 폭로와 '역전'(Umdrehung)을 보여준다"라고 주장한다.

이집트 신화와 문화에서는 무덤이 중심에 서 있지만, 복음서와 기독교에서는 열린 빈 무덤이 중심에 자리 잡고 있다.

하나님께서 직접 인류의 공포와 열망, 그리고 모든 신화를 생성하는 상상력을 자극하는 초점과 가장 중심된 장소로서의 이 무덤의 어두운 지하

89　J.Polkinghorne, *Science and Providence. God's Interaction with the World* (London:SPCK 1989), 51, 89f.
90　Schwager, "Die heutige Theologie und das leere Grab Jesu."

세계를 폭로하고 비우셨다.[91]

폭력적인 성스러움(le sacré)이 생산하는 종교는 무덤의 종교요, 그들의 신들은 희생양 메커니즘의 주기적 영원회귀의 수레바퀴에 갇힌 신들이었다. 지라르와 슈바거는 재로부터 지속해서 탄생과 죽음을 반복하는 불사조에 주목했다. 예수 그리스도의 부활은 디오니소스적 영원회귀를 폭발시키는 사건이지, 불사조의 부활과 비교될 수 있는 것이 아니다.

지라르에 의하면, 고대의 시스템들은 폭력적 상호성을 단 한 번에 영원히 제거하는 데 있어서 무능했기에 주기적으로 '재로부터 다시금 태어나야만 했다.'

지라르에 의하면, 우리는 이 영원회귀에 관한 사실을 그리스와 인도 종교들의 날카로운 직관력을 통해서 잘 알 수 있다. 그러나 성경적이고 기독교적 전통은 다른 종교 전통과는 "급진적으로 달라서 종교들의 영원회귀"를 종식했다.

성경적이고 기독교적 전통은 최초로 군중의 지배권을 전복시키고 다른 각도에서 폭력적 만장일치를 보았으며 상호성의 원칙을 정확하게 보여주었다.[92]

지라르의 이론을 신학적으로 수용해서 학제적 대화의 지평을 발전시킨 슈바거는 불사조 신화에 대해서 주목했다. 이집트 신화에 의하면 불사조는 태초의 새로서, 세계 창조 때에 태초의 언덕에서 나왔다. 이 불사조 신화는 로마 시대에 세계적으로 알려졌다. 불사조는 주기적으로 스스로를 불태워서 재로부터 다시 태어난다.

불사조의 고향은 인도로 알려지게 되었다. 실제로 인도 신화학에서 세계가 불타 파괴되는 세계연소(Weltenbrand)라는 개념이 중요한 역할을 하고 있는데, 이 세계연소로부터 우주는 다시 태어난다. 그래서 모든 요가와 명상을 하는 세계포기자들(요기들, 붓다들, 보살들 등등)의 신화적 원형이자 모델

---

91 Schwager, "Die heutige Theologie und das leere Grab Jesu."
92 Girard and Chantre, *Battling to the End*, pp. 63-4

인 시바에게 있어서 재는 매우 성스러운 의미를 지닌다.

명상하는 요기적 시바는 재를 바르고 있다. 수많은 신과 여신들이 성스러운 재(Bhasm)에서 탄생했다.[93] 재는 신들과 인간들의 수백만 번의 환생 동안 지은 모든 죄를 없애고 신들과 인간들에게 죽음으로부터 새로운 생명으로 옮기는 능력이 있다는 신앙이 되었다.

어디서 재가 가지는 이 성스러운 능력이 왔을까?

인도에서는 불 제사(Feueropfer)가 특히 중요한데, 바로 이 재는 불 제사의 상징인 것이다.[94]

9. 예수 세미나(Jesus Seminar)에서 미메시스 이론으로

1990년대 초기에 지라르의 이론들은 유럽, 북미, 그리고 세계의 다른 지역에서 중대한 영향을 주었다.

다양한 그룹의 사상가들, 특히 그 중심에 있는 예수 세미나(the Jesus Seminar)에 환멸을 느낀 신학자들이 지라르로부터 가르침을 받는 학자들과 함께 국제지라르학회 '폭력과 종교에 관한 학술대회'(Colloquium on Violence & Religion)을 설립했다.[95]

1985년 미국 성경 비평학 분야의 200여 명의 저명한 신학자들이 결성한 연구모임인 예수 세미나(the Jesus Seminar)는 역사적 예수 연구에 관한 최근의 연구기관이라고 할 수 있는데, 그들만의 독특한 연구방법론으로 많은

---

[93] H.Haussig, *Wörterbuch der Mythologie. I/V Götter und Mythen des indischen Subkontinents* (Stuttgart: 1984), 577, 599, 620, 642, 705.

[94] Raymund Schwager, "Memento: Die Asche der Vergangenheit (Erinnerung, Opfer und Auschwitz)," in *Metamorphosen des Gedenkens. Gedenkschrift der Katholisch-Theologischen Fakultät Graz 1945-1995* (Graz: Styria Verlag 1995), 81-92.

[95] Vern Neufeld Redekop and Thomas Ryba, "Introduction: René Girard and the Problem of Creativity," in *René Girard and Creative Mimesis,* eds. Vern Neufeld Redekop and Thomas Ryba (Lexington Books, 2014), 7.

논란을 일으켰다.

'예수 세미나'는 로버트 펑크(Robert Funk)에 의해 창설되고, 첫해부터 그와 존 도미니크 크로산(John Dominic Crossan)이 공동의장으로 운영해왔다.

로버트 펑크는 이후 지라르학파의 핵심 멤버가 된 베일리(Gil Bailie)와 윌리엄스(James G. Williams)와도 교류가 있었다. 마커스 보그(Marcus J. Borg)와 같은 학자들이 모인 '예수 세미나'는 주로 역사적 예수를 연구한다.

창설자 펑크는 역사적 예수 연구란 후기의 초대 기독교인들이 믿었던 종말론적 선지자로 그려진 신화적 그리스도(mythic Christ)로부터 갈릴리의 현인을 해방하는 노력이요, 그리고 예수에 관한 종교(the religion about Jesus)로부터 예수의 종교(the religion of Jesus)를 구분시키는 노력이라고 규정했다.

'예수 세미나'에 참여하다가 이후 지라르학파가 된 학자 중에는 앞에서 언급한 베일리(Gil Bailie)도 있다. 지라르가 아카데미 프랑세즈(Académie française) '불멸의 40인'으로 선정된 이후 초기 지라르학파를 형성한 대표적 학자 26명이 지라르에 대한 학문적 우정을 표시하면서 출판한 책 『르네 지라르를 위하여. 우정과 진리 가운데 쓰여진 논문들』에서 그는 자신의 지적인 여정을 소개하고 있다.

그는 1960년대 베트남 전쟁과 유럽 68 문화혁명 등과 같은 문화적 격변 속에서의 대학 시절을 회상한다. 초기에는 칼 융과 영지주의에 관심을 가지다가 이후 점차 성경 연구에 관심을 가지게 되었다고 한다.

이러한 지적 여정 때문이었는지 앞에서 언급한 것처럼 그는 2005년 내가 독일에서 개최된 '폭력과 종교에 관한 학술대회'에 참여했을 때 나의 사회인류학적 불교 연구에 깊은 관심을 보여주었다.

당시 그는 문화적 혼동의 외견상 진원지로서 베트남 전쟁에 대한 정치적 반대와 도덕적이고 정치적 혁명이 밀접하게 연관되어서 활발하게 전개되었던 북부 캘리포니아에 살고 있었다.

그는 "지라르의 『폭력과 성스러움』을 읽고 큰 충격을 받았다"라고 한다.[96] 이후 미국 캘리포니아주의 산타 로사(Santa Rosa, California)에 있는 웨스타연구소(The Westar Institute)의 예수 세미나(the Jesus Seminar)와 관련된 학자들과 만나게 되었다.

이 학자들은 '자유주의적이고 단호하게 회의적으로 치우쳐진' 성경학자들로서, 그들은 "신학자들과 교회로부터 복음을 탈취해서 이런 혹은 저런 분류체계로 분해하며 근대주의자들 혹은 포스트 모더니스트들의 편견들을 확증함"에 있어서 유용한 부분들을 연구하는 것을 목적으로 하는 "진부한 방법론들을 사용했다"라고 회상하고 있다. 또한, "이런 기획들이 얼마나 괴짜 같고 무익한지를 곧 깨닫게 되었다"라고 한다.

성경 본문들을 논의하면서 지라르의 보다 우월한 도구를 접하고서야 예수 세미나(the Jesus Seminar)가 추구하는 "기획의 지성적인 평범성과 영적인 공허함을 알게 되었다"라고 고백한다.[97]

베일리와 함께 지라르 자신도 예수 세미나(the Jesus Seminar) 성경학자들 앞에서 자신의 성경 이해에 대해서 발표했다. 그는 많은 성경학자 앞에서 "성경 문헌들의 계시적 능력이 명확하게 모든 다른 문헌들의 그것보다 우월하다"라고 주장했다. 지라르는 자신의 '인류학적 이론의 해석학적 능력'을 그들 성경학자에게 보여주었다.[98]

2012년 『지라르학파: 1990년에서 2010년까지의 '폭력과 종교에 관한 학술대회'』이라는 책을 출판한 성경학자 윌리엄스(James G. Williams)도 예수 세미나(the Jesus Seminar)의 회원이었다가 이후 그것을 넘어서 지라르학파의 주요한 학자가 되었다.

---

96 Gil Bailie, "On Paper and in Person," in *For René Girard: Essays in Friendship and in Truth (Studies in Violence, Mimesis, and Culture Series),* eds. Sandor Goodhart, Jørgen Jørgensen, Tom Ryba and James G. Williams (East Lansing: Michigan State University Press, 2009), 179-181.
97 Bailie, "On Paper and in Person," 181.
98 Bailie, "On Paper and in Person," 182-183.

그는 지라르의 많은 저서를 프랑스에서 영어로 번역했으며, 슈바거의 책을 독일어에서 영어로 번역하기도 했다.

이 책은 1990년에 설립된 이 국제지라르학회의 역사를 총망라하고 있는데, 오스트리아 인스부르크대학교이 발행하는 『미메시스 이론 연구 시리즈』(*Beiträge zur mimetischen Theorie*)가 32권으로 출간되었다. 그는 '폭력과 종교에 관한 학술대회'의 초기 설립자 중 한 명인데, 그 이전에 지적인 여정으로 거쳐야 했던 예수 세미나(the Jesus Seminar)에 관해 책 앞부분에 소개하고 있다.

그는 1985년 프랑스 스트라스부르대학교 신학부에서 강의하면서 지라르의 『폭력과 성스러움』(*La Violence et le Sacré*)을 소개받았다고 한다.

그곳에서의 자신의 강의 주제는 가인과 아벨, 야곱과 에서, 요셉과 그의 형제들, 그리고 이삭과 이스마엘 등 창세기에 등장하는 적과 같은 형제들(enemy brothers)에 대한 것이었는데, 쿤쯔만(Raymond Kuntzmann, 1939-) 교수가 "이 주제와 관련해서 지라로의 『폭력과 성스러움』을 읽어보라고 제안했다"고 한다.

쿤쯔만은 『폭력과 성스러움』을 포함한 지라르의 저작에 근거해서 논문을 작성해 프랑스에서 박사 학위를 받았고, 그 논문은 『고대 근동에서의 쌍둥이 심볼리즘』(*Le Symbolisme des jumeaux dans le Proche-Orient ancien*)으로 출판되었다.[99]

윌리엄스는 지라르의 이 책을 읽고 희생양 제의와 문화의 기원이 얽혀있다는 것을 알게 되고, 점차로 지라르의 이론을 더욱 깊게 연구하게 되었다고 한다.[100]

---

[99] Raymond Kuntzmann, *Le Symbolisme des jumeaux dans le Proche-Orient ancien* (Paris, éd. Beauchesne, 1983).

[100] James G. Williams, *Girardians: The Colloquium on Violence and Religion, 1990-2010* (Beitrage zur mimetischen Theorie 32. Religion - Gewalt - Kommunikation - Weltordnung) (Münster: LIT Verlag, 2012), 1-3.

최근에 프랑스에서는 스트라스부르대학교 등에서 인문학의 '스타'로 지속해서 잡지와 저널 등에서 소개되고 있다.

칼빈과 쯔빙글리의 종교개혁의 발자취가 살아있고, 지라르와 데리다도 몇 번이나 강의를 위해서 방문한 이 스트라스부르대학교 개신교 신학부에서 개최된 2006년 한국고등신학연구원(KIATS)컨퍼런스에서 참여한 적이 있다.

성경 연구가 유명한 것으로 알려진 이 대학에서 개최된 최초의 그리스어 번역판 구약성서인 셉투아진트(70인역 성서)에 대한 성경 언어학적으로 특성화된 컨퍼런스였다.

윌리엄스는 "자신의 지성적이고 종교적인 의미 추구에 있어서" 1970년대에는 구조주의를 공부하고 그 단계를 거쳤지만, 그것이 "일종의 지적인 유희를 넘어서는 의미의 원천을 제공하지 못하고 막다른 골목(dead end)으로 접어들게 되었다"라고 적고 있다.

구조주의적 단계를 지나 그는 문학적 접근(literary approach)에 관심을 가졌는데, 이 접근법은 텍스트에 대한 자세한 읽기(close reading)를 시도하며 텍스트 밖의 실제적인 사건들과는 관련 없이 텍스트와 내러티브를 그 자체의 언어의 세계들로 간주하고자 한다.

윌리엄스는 이후 1985년에 예수 세미나(the Jesus Seminar)의 멤버가 되었다. 윌리엄스는 이 '예수 세미나'의 창설자인 로버트 펑크(Robert Funk)의 "깊이 자리 잡은 동기", 그리고 자신이 보기에 펑크의 "내적인 분노"는 "근본주의적 기독교를 향하고 있었다"라고 회상한다.

펑크는 "그것이 근본주의자이든 아니든 간에 모든 형태의 기독교적 정통주의를 약화하고자 했다"라는 것이다. 이러한 분위기가 윌리엄스 자신에게는 "고통스러운 방식"으로 다가왔고, 그래서 그는 1986년에 개최된 예수 세미나(the Jesus Seminar)에서 진행된 논문발표를 통해 "초기 전통을 보충하고 개정을 한 예수의 비유들과 다른 어록들조차도 그 자체로 가치가 있는 것이며 '비진정한 것'으로 무시되거나 간주 되어서는 안 된다"라고 주장했다.

윌리엄스에 의하면, "복음서들에 제시된 예수 전통 속에는 진정성이 존재한다."

지라르가 지적한 것처럼, "복음서들을 관통하면서 비추는 어떤 지성(a certain intelligence)과 영감받은 이해력이 존재하는데, 그것의 근원은 예수 자신이다"라고 윌리엄스는 말한다.[101]

그러므로, '예수 세미나'는 역사적 예수와 신앙의 예수(케리그마적 그리스도)를 분리하는 것을 기본적으로 전제하고 있는데, 이것이 잘못되었다. 양자는 분리될 수 없다. 신약성경은 예수가 남겨 놓은 영향을 반영하고 있기 때문이다. 역사적 예수와 신앙의 예수를 분리하는 것은 큰 의미가 없다.

윌리엄스는 예수 세미나(the Jesus Seminar)에서 자신과 마찬가지로 이후 지라르학파를 형성하는 데 중요한 역할을 했던 개신교 신약성경 학자 해머턴-켈리도 만나게 되었다. 해머턴-켈리도 1985년부터 이 세미나에 참석하면서 논문발표를 통해 지라르를 언급하고 소개했다.

이후 예수 세미나(the Jesus Seminar)에 참석했던 이들 성경학자는 로버트 펑크(Robert Funk)를 버리고 지라르를 따르면서 다른 학자들과 함께 1990년 '폭력과 종교에 관한 학술대회'를 설립하게 되었다.

윌리엄스는 다른 곳에서 예수 세미나와 역사적-비판적 성경 연구의 단계를 넘어서는 자신의 지적인 여정을 소개한다. 히브리 성경에 훈련된 성경학자로서 역사적-비판적 연구에 깊이 몰두했었다고 말한다.

물론 자신은 역사적 연구가 여전히 가치 있는 것으로 보지만, 1960년대 후반에 와서 '성경 본문에 대한 해부는 결국 성경을 시체로 만들었다'라고 느끼기 시작했다.

또한, 그는 앞에서 지적한 것처럼 구조주의와 구조주의적 성경 연구도 했다. 그러나 구조주의적 관점에서는 오직 주어진 언어와 문화의 코드 안에서만 의미를 발견할 수 있을 뿐 어떻게 이 코드가 시작되고 또 그것이 어

---

101 Williams, *Girardians: The Colloquium on Violence and Religion, 1990-2010*, 3-4.

떻게 초월적 의미를 가리킬 수 있는지는 답변할 수 없다는 것을 알게 되었 다고 한다.

이후에 문학적 성경해석도 연구했지만, 이 접근법도 주어진 본문을 통합적인 전체로서 파악하고 텍스트나 내러티브를 그 자체의 언어-세계로 이해하지만, 실제적인 사람이나 사건에 대한 지시성(referentiality)과 텍스트 밖의 현실은 부정되었다. 이 문학적 접근법과 구조주의는 후기구조주의 혹은 포스트모더니즘이라 불리는 흐름과 연결되었다.

하지만, 이 방법도 결국 막다른 골목에 이르게 되었음을 느낀 후 그는 텍스트를 존중하며 텍스트에 기초한 신학적 해석을 제공하는 신문학 비평(new literary criticism)을 좋아하게 되었지만, 폐쇄적인 토론문화와 이 접근법이 가지는 '반 지시성'(antireferentiality) 때문에 더 나은 전망과 방법을 추구하게 되었다고 한다.[102]

그는 미국 개신교가 일반적으로 그러하듯, 자신이 속한 미국 감리교회가 '미국 문화에 점차 흡수되어서 더 이상의 참된 기독교적 정체성을 가지고 있지 않게 되었다'라고 생각했다. 『폭력과 성스러움』을 비롯한 지라르의 저작을 읽으면서 그는 다시금 기독교적 정체성에 대한 확신을 얻게 되었다고 한다.

특히, 그는 『폭력과 성스러움』의 제7장에서 지라르가 프로이트를 비판하고 있는 것에 주목했다. 왜냐하면, 윌리엄스 자신이 프로이트의 『꿈의 해석』을 비롯해서 오이디푸스 콤플렉스, 그리고 1970년대에는 칼 융의 분석심리학을 몇 년 동안 공부하고, 또한 추구했기 때문이었다고 한다.

---

102 James G. Williams, "*Magister Lucis*: In the Light of René Girard," in *For René Girard: Essays in Friendship and in Truth (Studies in Violence, Mimesis, and Culture Series)*, eds. Sandor Goodhart, Jørgen Jørgensen, Tom Ryba and James G. Williams (East Lansing: Michigan State University Press, 2009), 160.

비록 우리가 무의식적으로 행동하고 반응하긴 하지만, 인간으로서의 우리를 움직이는 것은 에소테릭한 무의식이 아니다.

"미메시스적 희생양 이론은 타자와의 관계 속에 있는 나 자신 분 아니라, 신적인 계시에 대한 성경 증언에 대한 새로운 이해를 나에게 열어주었다"라고 그는 고백한다.[103]

그는 "미메시스적 욕망, 갈등 그리고 폭력이라는 인간 조건에 대해 반응하는 특징적인 성경적 방식이 존재한다"라고 말한다. 그 방식을 그는 '예언자적인 반응'이라고 말한다.

특히, 박해의 희생자들에 대한 하나님의 관심은 예언자적이다. 앞에서 언급한 것처럼, 지라르는 성경을 고통 중에 있는 텍스트(a text in travail)로 보는데, 이 성경 텍스트가 인간 실존과 인간 조건에 대한 새로운 이해를 탄생시켰다는 것을 윌리엄스는 깨닫게 되었다고 말한다.

"이스라엘이 열방 가운데서 나와 부상한 것처럼, 이 새로운 비전도 계시의 전통으로부터 나와 점차로 부상하게 되었다"라고 그는 말한다. 또한, "인간관계와 유대-기독교적 성경에 대한 이 새로운 방식의 이해가 나를 해방하고 있었다"라고 회상한다. 물론 지라르의 이론이 너무 방관한 이론이고, 너무 기독교적 전통과 밀접하게 연관되어 있기에 받는 비평적 시각에 대해서도 그는 적고 있다.

"기독교 신앙에 대한 지라르의 명료한 고백이 그에게 오점을 남겼다"라고 말한다. "물론 이 명백한 기독교적 신앙고백 때문에 자신도 어떤 동료 학자들이나 학생들에게는 스캔들처럼 인식되어 졌다"라고 회고하고 있다.[104]

'예수 세미나' 학자들은 예수 말씀의 진실 여부에 관한 연구를 통해 1945년 이집트에서 발견된 기독교 문헌, 도마 복음서(Gospel of Thomas)가 포함된

---

103 Williams, "*Magister Lucis*: In the Light of René Girard," 160-161
104 Williams, "*Magister Lucis*: In the Light of René Girard," 161-163.

새로운 신약성서를 번역하였다. 그들은 외경인 도마 복음서를 복음서 중 하나로 보았다. 이들은 그리스-로마 시대의 영지주의 문서에는 여러 가지 지식과 관심을 가지면서도 기독교의 모태인 유대교 전통과 문서에 관하여는 거의 관심이 두지 않았다.

한국에서 인문학과 신학을 아우르는 여러 연구 공간에서 지라르 세미나(Girard Seminar)를 개최해 강의해 오는 중 나는 안병무 선생님의 제자로서 민중신학과 예수 세미나(Jesus Seminar)를 깊이 공부하셨던 전영철 교수를 만나게 되었다.

2013년 한국종교문화학회에서 논문발표에 대한 논평을 맡으면서 지라르와 나의 『붓다와 희생양. 르네 지라르와 불교 문화의 기원』을 읽고 많은 사상적 전환을 경험했다고 했다. 그는 나름대로 적지 않은 충격을 받았다고 한다. 지나치게 허무주의적이고 자기 해체적이며 지적인 분위기에서 다시 일어설 수 있는 용기를 얻었다고 했다.

또한, 국제지라르학회 '폭력과 종교에 관한 학술대회'(COV&R)를 포스트모던 문화 속에서의 사회인류학적이고 학제적 평화운동으로 바르게 파악했다.

그는 해체주의를 해체하는 학제적 연구 활동으로 한 번 작동하기 시작하면 쓰나미처럼 한계를 모르고 모든 의미와 차이를 덮쳐, 어디에서나 파괴하고 해체하여 온갖 허무주의와 아나키즘을 낳는 포스트모던 문화에 대한 저항이요 싸움으로 보았다.

그러므로 지라르학파의 학제적 연구는 궁극적인 의미 자체를 부정하여 어떤 적극적 주장도 원천적으로 봉쇄해버리는 상대주의의 함정에서 벗어나는 기획이라고 바르게 평가했다.

전체적 '해체'를 서두르는 과격보다는 끊임없이 '개혁'에 헌신하는 온건한 운동으로 적절하게 평가했다.

10. 십자가의 인류학과 십자가의 해석학

　윌리엄스는 1985년에 국제지라르학회의 3대 설립자 중 한 사람인 개신교 신약성경 학자 해머턴-켈리를 '예수 세미나'에서 만났다. 해머턴-켈리는 미국 스탠퍼드대학교에서 지라르와 깊은 우정을 나누었던 학자다.
　해머턴-켈리는 국제지라르학회에서 언제나 큰 영향력을 행사해왔으며, 2008년 '폭력과 종교에 관한 학술대회'에서 "종교의 비의(祕義) 해설자 헤라클레이토스: 두 단편에 대한 미메시스적 독법"(Heraclitus Hierophant: A Mimetic Reading of Two Fragments)이라는 제목으로 니체와 하이데거를 재발견하고자 했고, 소크라테스 이전의 철학자 중 가장 신화에 근접하는 철학자 헤라클레이토스에 대해서 발표했다.
　하이어로팬트(Hierophant)는 본래 성스러운 신비들이나 에소테릭한 원리들을 해석하는 '고대 그리스의 사제'를 의미한다. 헤라클레이토스에 대한 이 논문 발표뿐 아니라, 다른 수단들을 통해서도 다른 지라르학파에 속한 학자들이 최근 지나치게 긍정적 미메시스(positive mimesis)에 천착하고 미메시스 이론에서의 폭력의 중심성을 일반적으로 간과하고 있다고 비판했다.
　그는 경제가 사회적 관계들과 정치학의 중요한 엔진인 역사의 과정에 대해서 비관적이다.
　해머턴-켈리의 이러한 입장은 지라르의 영향뿐 아니라, 미메시스 이론을 학제적으로, 특히 경제학 분야에 적용해 왔던 뒤피(Jean-Pierre Dupuy, 1941-)와 폴 뒤무셸(Paul Dumouchel)에게 영향을 받은 것이기도 하다.
　또한, 해머턴-켈리는 칼빈 신학에 점점 더 관심을 가지게 되었다. 그는 "경제가 현대에 와서 희생양 메커니즘의 담지자가 되었다"라는 뒤피의 분석에 동의한다. 또한, 신학적으로 그는 인류가 타락했다는 사실도 강조한다.
　그는 2009년 국제지라르학회에서 "미메시스로 인한 폭력이 지라르학파의 중요한 연구 대상과 집중이 되어야 하지만, 일부 학자들이 긍정적이고 사랑하는 미메시스에 지나치게 집착하고 있다"라고 비판했다.

사회적이고 종교적인 삶에 있어서 모방적 욕망의 긍정적 가능성을 이론적으로 모색하는 학자들도 지라르학파에 속해 있고, 인스부르크 지라르학파의 일부 학자들도 그러하다.[105]

포스트모던적 시대 정신 속에서 다시금 유대-기독교적 전통, 텍스트, 그리고 가치를 다시 변호하는 지라르의 미메시스 이론을 여러 교파의 신학자들이 공동 연구하지만, 때로는 내부적 이견이 가끔 존재하기도 한다.

해머턴-켈리는 앞에서 언급한 지라르학파의 가장 핵심이 된 학자들 26명의 글을 모아 출판한 『르네 지라르를 위하여. 우정과 진리 가운데 쓰인 논문들』에서 지라르와의 우정을 추억하고 있다.

미국 스탠퍼드대학교에서 가르치면서 같은 대학의 교수였던 지라르와 그 누구보다도 자주, 그리고 가까이 교제를 나누었던 해머턴-켈리는 지라르가 자신의 지적이고 신앙적인 여정에 준 "엄청난 영향"을 세 가지 영역으로 나누어서 소개한다.

일반적 경험(인류학), 성경 해석(해석학), 그리고 목회적 사역(심리학과 사회학)에 지라르가 큰 영향을 주었다고 한다. 그는 자신이야말로 지라르와 가장 가까운 거리에서 20년 동안 함께 했고, 15년 동안은 스탠퍼드대학교에서 지라르와 지속해서 세미나를 개최하고, 많은 동료와 방문학자들, 그리고 열정적인 학생들을 만났다고 했다. 그는 지라르가 "가장 덜 미메시스적인 사람 중 한 사람"이라고 평가한다.

"지라르는 자신의 가르침에 대한 좋은 모범이었고, 바로 그 이유로 인해 많은 충성스러운 지식인 그룹들이 그 주위에 모여들었다"라고 회상한다.[106]

---

105 James G. Williams, "Hemerton-Kelly on Violence and Mimesis: A Criticial Appreiciation," 1-3. 이 논문은 『지라르학파: 1990년에서 2010년까지의 '폭력과 종교에 관한 학술대회'』의 5장에서 발췌한 것으로 출판되기 전의 논문이다 (http://transformingviolence.nd.edu/assets/20969/ham_kellyapprec.pdf).

106 Robert Hamerton-Kelly, "Breakout from the Belly of the Beast," in For René Girard: Essays in Friendship and in Truth (Studies in Violence, Mimesis, and Culture Series), eds. Sandor Goodhart, Jørgen Jørgensen, Tom Ryba and James G. Williams (East Lansing: Michigan

지라르는 자신을 종교의 인류학자로 스스로 소개했다. 해머턴-켈리는 지라르의 미메시스 이론을 일종의 "해석학적 이론"으로 부른다. 본래 해석학은 성경해석과 관련된 신학 분과를 의미했다. 바로 그런 의미에서 미메시스 이론은 해석학적 이론이라는 것이다.

하나님께서 우리와 상호작용하시기에 성경에서 하나님으로부터 인간을 분리하는 것이 어렵지만, 미메시스 이론은 성경 텍스트의 신학적 차원보다는 인류학적 차원을 밝힌다. 지라르 자신은 미메시스 이론에 대하여 "하나님에 관한 이론(A theory of God)이라기보다는 사탄에 관한 이론(A theory of Satan)이다"라고 말했음을 소개해 준다. 지라르에게 있어서 하나님의 사역은 신비로운 것으로 남아있으며, 설명될 것이 아니라, 경험돼야 하는 것이다.[107]

이 책에서 나는 일관되게 지라르가 방대한 자신의 미메시스 이론 속에서 신학적인 논의도 전개하지만, 방법론적으로 인류학적인 차원에 방점을 두기에, 신학자들이 보기에는 불만족스러운 것이 있을 수 있다고 했다.

지라르가 자신의 미메시스 이론이 하나님에 관한 이론이라기보다는 사탄에 관한 이론이라고 한 것은, 자신이 창세 이후로 은폐되어온 사탄적, 악마적 그리고 폭력적인 사회적 메커니즘에 대한 인류학적이고 인문학적 분석에 방점을 두고 있다는 것을 명확하게 한 것이다.

하지만 일부 신학자들이 오해하는 것처럼 지라르가 삼위일체 하나님의 자기 계시와 구원역사에 대한 전통적인 신학적이고 교의학적인 논의를 전부 사회학적-인류학적 논의로 환원시켜서 해결하는 것은 아니다.

그는 방법론적으로 인류학적인 차원에서 주로 논의를 전개하지만, 기독교 신앙의 신비와 삼위일체 하나님에 신비에 대해서 초월적이고 수직적으로 열려있는 그리스도인이다.

인문학자로서 탁월한 연구업적에도 불구하고 지라르는 바로 이러한 자신의 기독교에 대한 헌신과 신앙고백으로 인해 포스트모던-디오니소스적

State University Press, 2009), 169-172.
107 Hamerton-Kelly, "Breakout from the Belly of the Beast," 172.

시대 정신 속에서 오랫동안 소외되고 배척되고 배제되었다는 사실을 신학자들은 기억해야 한다.

해머턴-켈리는 미메시스 이론은 "인간 가능성의 한계를 존중하는 이론이며 그렇기에 인간 조건에 대해서 솔직해질 수 있는 이론이다"라고 소개한다. 그래서 그는 미메시스 이론을 성경 텍스트를 읽을 때 사용함으로 새로운 차원의 의미를 발견했다고 말한다. 그는 자신의 성경 연구가 "지루해지기 시작했을 때 지라르를 알게 되었다"라고 말한다.

"미학주의나 역사를 위한 역사는 처음에 자신이 추구하고자 했던 목적이 아니었다"라고 말한다. 그래서 그는 스탠퍼드대학교의 채플 목사로 활동하면서 예배 속에서 성경 본문이 다시금 힘을 얻게 되었다고 한다.

성경 텍스트가 갖는 계시적 주장에 대한 방법론적 부정이라는 아카데믹한 자세가 바르지 않음을 알게 되었고, 성경 텍스트 자체의 자기 이해를 배제함으로써, 그러한 학문적인 태도는 "의도적인 오독을 통해 성경 본문을 조직적으로 잘못 해석하게 된다라는 것을 깨닫게 되었다"라고 한다.

그래서 지라르의 영향으로 "성경 텍스트가 아카데믹 하면서도 교훈적으로 읽힐 수 있다"라는 것을 알게 되었다. 또한, 십자가 위에서의 그리스도의 절규, "아버지, 저들을 용서하소서, 저들은 자신들이 하는 일을 알지 못하나이다"라는 말씀은 단순히 경건한 역사 기록학의 발명이 아니라, "우리 인류 곤경에 대한 폭로"라고 그는 말한다.[108]

해머턴-켈리는 지라르의 이론은 '미메시스적인 리얼리즘'(mimetic realism)으로 부르며, 그것이 "십자가에 대한 경험적이고 과학적인 해석학을 제공한다"라고 주장한다. 즉, '십자가의'라는 말은 '십자가에 대한 해석뿐 아니라 십자가에 의한 해석을 모두 포함하고 있다'라는 것이다.

다시 말해, 십자가는 "문화의 발생적 매트릭스 속에 있는 희생자에 대한 폭로"를 의미하며, 우리 인류가 "타락 이후의(postlapsarian) 문화의 시작으로

---

108 Hamerton-Kelly, "Breakout from the Belly of the Beast," 172-173.

부터 살해자였다"라는 것을 보여주며, "하나님은 우리의 살인적 폭력을 흡수하시고 복수하지 않으시며, 우리 인류의 희생자들을 대신에서 자기 자신을 주신 분이다"라는 것을 보여준다.

"하나님께서 자신을 창세 이후로 죽임당한 어린양으로서 희생시킴으로 인류의 땅으로부터 폭력을 옮겨서 신적인 사랑의 바다로 가져가셨다."

"그 폭력이 이동되는 통로 혹은 전달자가 그리스도의 십자가다."

또한, 십자가는 텍스트들 속의 폭력과 텍스트에 의한 폭력을 계시한다. 이렇게 해머턴-켈리는 '십자가의 해석학적 기능'에 대해서 말한다.[109]

지라르가 제시하는 십자가의 인류학으로부터 깊은 영향을 받아 그는 『성스러운 폭력: 바울의 십자가의 해석학』(Sacred Violence: Paul's Hermeneutic of the Cross)[110]이라는 책에서 바울의 십자가의 해석학을 말한다.

지라르의 십자가의 인류학은 십자가에 대한 전통적 신학적이고 교의학적 이해를 보완하고 더 풍성하게 하면서 인류학적이고 문명 담론의 차원에서 십자가의 승리를 말한다.

삼위일체 하나님의 자기 사건으로서의 십자가 사건을 좀 더 잘 이해하기 위한 인류학적-수평적 해석학을 지라르의 '십자가의 인류학과 십자가의 해석학'은 제공한다.

또한, 그동안 십자가 신학(theologia crucis)의 전통에서 신학적-수직적으로만 사유하던 신학자에게 보다 수평적이고 인류학적으로 이해할 수 있는 지평을 열어준다.

---

109 Hamerton-Kelly, "Breakout from the Belly of the Beast," 174-175.
110 Robert G. Hamerton-Kelly, *Sacred Violence: Paul's Hermeneutic of the Cross* (Minneapolis: Augsburg Fortress, 1992).

제5장

가인의 정치학, 예수의 정치학 그리고 평화윤리

1. 어린양의 전쟁

저명한 기독교윤리학자 존 하워드 요더(John Howard Yoder, 1927-1997)도 1980년대와 90년대에 와서 지라르의 사회인류학적 성경해석을 읽고, 또한 수용한다.

요더는 스위스 바젤대학교에서 칼 바르트를 지도교수로 해서 박사 학위를 취득했다. 이후 미국 노트르담대학교(University of Notre Dame)에서 가르쳤다. 그의 『예수의 정치학』(The Politics of Jesus)은 잘 알려져 있다. 요더는 지라르의 『희생양』의 서평을 써서 「종교와 문학」에 출판하기도 했다.

여기서 요더는 신화 뒤에 존재하는 문화적 역사를 분석하는 지라르의 방법을 높이 평가하고 있다. 지라르는 모든 문명의 기초 근처에 존재하는 원형적인 사건을 발굴(고고학적인 은유는 적절한데)했다고 주장했다. 그 패턴은 보편적이며, 모든 조직된 문화들 아래에서 발견된다.

지라르는 '희생양의 주변성'에 대해서 지적했는데, 오이디푸스는 다리를 절며 걷는 외부인이었고, 중세 시대 주변적 유대인들도 전염병의 책임자로 몰렸다는 사실을 요더는 적고 있다. 초석적 살해 이후 시간이 지나자, 그 위기는 사회적 평화를 입증하는 신화로서 기억되고 기념된다.

하지만 그 폭력적 위기의 수혜자들은 그 내러티브를 변형시켜서 그것의 투박한 진실(crude truth)을 은폐해야만 했다.[1]

요더는 『어린양의 전쟁: 비폭력과 평화사역의 윤리』의 두 장에 걸쳐 지라르의 이론을 언급한다.[2] 지라르의 미메시스 이론을 사용해서 미메시스적 폭력의 인류학적 패턴을 묘사하고 있다.

요더는 이 책에서 "십자가에 달리신 그리스도: 하나님의 지혜와 능력"이라는 제목으로 다음과 같이 지라르에 대해 논의한다.

지라르는 사회적 질서의 기원에 존재하는 희생양에 대한 폭력을 말하고 희생자에 대한 연민과 변호를 통해서 폭력적 사회질서를 뒤흔드는 기독교를 변호하는데, 요더는 이러한 지라르의 입장을 지지한다.[3]

요더는 인간의 갈등적 본성에 대해서 잘 알고 있다. 그는 폭력에 대한 인간의 반응을 형성하는 파괴적 반응들과 복수적 충동들에 대한 지라르의 발견을 인정한다.[4]

그는 지라르의 인류학적 분석을 수용하면서 비폭력적이고 비복수적인 갈등해결을 제시하지만, 그것이 갈등 자체를 피하는 수동성을 의미하지는 않는다.

요더는 이 책에서 "기독교의 정당한 전쟁 이론과 평화주의 전통이 기본적으로 양립할 수 있다"라고 말하며, 특히 "기독교의 정당한 전쟁 이론 자체는 모든 형태의 폭력에 대해서 저항하는 것이다"라고 말한다.

지라르의 주제들은 이후 점차로 요더에게 큰 영향을 주게 되었는데, 그는 "복수의 공명이 쉽게 증폭되는 현대사회에서 창조적 비폭력적 행동이

---

1 John Howard Yoder, Review of *The Scapegoat* by René Girard in *Religion and Literature* 19.3 (Fall 1986), 89.
2 존 하워드 요더, 『어린양의 전쟁. 비폭력과 평화사역의 윤리』(서울: 도서출판 대장간, 2012).
3 John Howard Yoder, *The War of the Lamb: The Ethics of Nonviolence and Peacemaking*, ed. Mark Thiessen Nation, Glen Stassen, and Matt Hamsher (Grand Rapids: Brazos Press, 2009), 176-177.
4 Yoder, *The War of the Lamb: The Ethics of Nonviolence and Peacemaking*, 30.

더욱더 중요하게 되었다"라고 말한다.

『그리스도와 문화』(*Christ and Culture*)에서 리처드 니버는 창조주로서의 성부와 역사 속에 섭리하는 성령에 대해서는 강조하지만, 성자 예수에 대해서는 그다지 크게 강조하지 않았다. 그리스도 중심적 신학을 강조한 칼 바르트의 제자인 요더는 리처드 니버의 『그리스도와 문화』를 이 점에서 비판했다.[5]

앞에서 언급한 지라르 이론을 잘 알고 있는 신학자 벨린저(Charles K. Bellinger)는 2002년 미국 노트르담대학교에서 개최된 컨퍼런스에서 "요더의 그리스도와 지라르의 문화"란 제목의 강의에서 예수에 대한 요더의 이해와 폭력적 문화들에 대한 지라르 사유 사이의 창조적 대화를 제안했다. 이 강의에서 요더는 니버의 그리스도 이해와 문화이해가 충분히 신학적이지 않으며 세속적인 이해에 가깝다고 했다.

요더는 바르트의 경향으로 성경을 매우 진지하게 받아들여 기독교윤리학을 제시하고자 한다. 요더는 기독교 신앙과 행위를 형성시킴에 있어서 성경에 높은 수준의 권위를 부여한다. 니버 형제와 주류 윤리학자들에 대한 요더의 불평은 그들이 성경을 깊게 존중하지 않는다는 것이다.

기독교의 전통적 신앙을 정통적으로 믿는 요더는 정통(orthodoxy) 개념을 확장해서 정통실천(orthopraxy) 개념까지도 포괄하고자 한다.[6]

이런 의미에서 요더의 저작들은 바르트의 『교회 교의학』(*Church Dogmatics*) 중 기독교윤리학과 관련된 저작의 확장으로 이해될 수 있다. 기독교 신학을 정통실천(orthopraxy)으로 해석하는 것은 기독교적 행위에 대한 복음서적 규범들로부터 명백하게 이탈한 기독교 역사의 어떤 측면들에 대한 비판을

5　John Howard Yoder, "How H. Richard Niebuhr Reasoned: A Critique of *Christ and Culture*,' in *Authentic Transformation: A New Vision of Christ and Culture*, ed. Glen H. Stassen, D. M. Yaeger, John Howard Yoder (Nashville: Abingdon Press, 1996), 35, 40.

6　Charles Bellinger, "Yoder's Christ and Girard's Culture: With Reference to Kierkegaard's Transformation of the Self,"Believers Church Conference, University of Notre Dame, March 8, 2002. http://lib.tcu.edu/staff/bellinger/essays/yoder.htm (2014년 10월 17일 접근).

제시한다는 것을 포함한다.

기독교윤리학의 고전이 된 요더의 『예수의 정치학』은 바로 이렇게 리처드 니버의 『그리스도와 문화』를 비판적으로 성찰한다.

요더는 『예수의 정치학』에서 "예수는 신적으로 주어진 예언자직, 제사장직 그리고 왕직에 있어서 인류의 사회적이고 그렇기에 정치적 관계들에 대한 새로운 가능성의 담지자였다"고 말한다.

요더에게 있어서 예수 그리스도는 왜곡되고 저항하는 세계 속으로 하나님의 새로운 질서를 가져오는 분으로 묘사된다.

그래서 벨린저는 우리가 그리스도를 좀 더 명확하게 바라보면, 문화에 대한 특징이 없고 모호한 정의는 만족스럽지 않은데, 왜냐하면 인류문화에는 많은 경우 하나님 나라에 저항도 존재하기 때문이다. 문화는 중립적인 것이 아니며, 실제로 평화를 실현하는 것에 저항하며 폭력의 시스템을 유지하는데 헌신 되어 있기도 하다.

이렇게 요더는 그리스도 중심적이고 성경적인 증언에 충실한 기독교윤리학을 수립하고자 했다.[7]

벨린저는 지라르의 문화이해가 리처드 니버의 문화이해를 훨씬 더 긍정적으로 평가하는데, 왜냐하면 지라르는 폭력과 문화의 관련성에 대해서 과소평가하지 않기 때문이다. 지라르는 이 폭력과 문화의 얽힘을 강조하며, 폭력이 문화를 발생시키고 움직이는 엔진이라고 파악한다.

벨린저는 인류문화에 대한 지라르의 분석이 '세속적 사회과학의 협착성'을 넘어서 보다 '광범위한 신학적 인류학'을 제시한다고 평가한다.

우리의 시야가 성경에 의해서 열려졌기에 인류 문화에 대한 이와 같은 이해가 가능해졌다고 지라르는 명백하게 말한다. "모방적 욕망의 존재론적 질병과 희생양 메커니즘을 노출한 것은 바로 히브리적-기독교적 성경 속에 나타난 신적인 계시의 축적적 효과이다"라고 그는 말한다.

7　Bellinger, "Yoder's Christ and Girard's Culture."

그리고 이 하나님의 계시의 최고봉은 '그리스도의 십자가 죽음에 대한 복음서의 묘사'이다. 벨린저는 지라르의 사유가 리처드 니버의 문화이해에 부족한 측면을 보충해준다고 파악한다.

재세례파 전통에 서있는 요더는 리처드 니버가 재세례파를 '문화에 적대적(against culture)인 유형'으로 분류하는 것에 대해서 동의하지 않는다.

요더의 기독교윤리학을 긍정적으로 평가하면서 벨린저는 그리스도를 따르는 자들은 문화가 희생자들의 피를 연료로 움직이는 엔진처럼 보일 때는 그 문화에 대해서 저항할 필요가 있다고 주장한다.

벨린저는 리처드 니버의 그리스도와 문화를 비판적으로 성찰한 이후 요더가 강조하는 그리스도와 지라르가 강조하는 문화를 융합해서 새롭게 그리스도와 문화의 관계를 제시하고자 한다.

벨린저는 지라르 이후 요더는 질문하지 않았던 질문, 곧 왜 인류는 그렇게 폭력적인가에 대한 질문을 할 수 있게 되었다고 말한다. 왜 인류가 그렇게 폭력적인가에 대한 질문이 없다는 것이 요더의 기독교윤리학에서 부족한 점이라고 말한다.

칼 바르트도 이러한 질문을 진지하게 던지지 않았다. 요더는 생애 후기에 와서야 지라르에 대한 관심을 보이며 지라르적인 개념들과 대화를 시도하기 시작했다. 요더는 기독교 신앙과 폭력의 '윤리학'에 대해서 질문하지만, 기독교 신앙과 폭력의 '심리학'에 대해서는 충분히 성찰하지 못했다는 것이다.[8]

현대 자연 과학의 발전에 유대-기독교적 전통이 결정적 공헌을 했다는 것은 잘 알려져 있다. 벨린저는 자연 과학뿐 아니라, 현대적 의미의 사회과학도 유대-기독교적 전통의 영향으로 말미암아 서구에서 점차로 발전되게 되었다고 주장한다.

---

8   Bellinger, "Yoder's Christ and Girard's Culture."

즉, 인간을 창조주의 은혜스러운 의지와는 달리 타락한 피조물로 바라봄으로써 점차 인류의 병리학에 대해서 생각하게 되었다는 것이다. 만약 폭력의 궁극적 기원이 창조주에게 있다면 우리는 다음과 같은 질문을 던지지 않을 것이다.

왜 인류는 이처럼 폭력적인가?

이에 대해 벨린저는 말했다.[9]

인류가 점차로 인류 폭력의 기원들에 대한 이러한 질문을 제기하기 시작하는 것 자체가 십자가가 인류 역사에서 성취한 인식론적 혁명의 표시이다.

2013년 국내에서도 「리차드 니버(H. Richard Niebuhr)와 르네 지라르(René Girard)를 통해 본 '십자가 문화'의 모색」이라는 박사 학위 논문이 통과되었다.[10]

2. 비폭력적 대속

가장 현실적이고 '비극적인' 관계 이론, 갈등 이론, 그리고 궁극적으로 평화 이론인 지라르의 이론을 메노나이트와 재세례파적 신학 전통에서 지라르의 이론을 해석하는 일부 신학자처럼 평화주의적으로 해석할 수 있다.

하지만 지라르의 이론에는 다른 한편으로 라인홀드 니버의 『도덕적 인간과 비도덕적 사회』(*Moral Man and Immoral Society*)에서 볼 수 있는 기독교 현실주의(Christian Realism)에서처럼 인간에 보다 '비극적'이고 드라마틱한 이해의 차원도 존재한다.

---

9   Bellinger, "Yoder's Christ and Girard's Culture."
10 백형수, 「『리차드 니버(H. Richard Niebuhr)와 르네 지라르(René Girard)를 통해 본 '십자가 문화'의 모색」 (호남신학대학교 대학원 박사 학위논문, 2013)

또 다른 메노나이트 신학자인 데니 위버도 지라르의 이론에 깊이 영향을 받은 『비폭력적 대속』(The Nonviolent Atonement)을 출판했고, 이 책은 미국 칼빈신학대학원(Calvin Theological Seminary) 수업 시간에도 읽힌다고 전해 들었다. 위버는 앞에서 언급한 구스타프 아울렌의 승리자 그리스도(Christus Victor) 모델을 이어받으면서 자신은 "내러티브 승리자 그리스도"(Narrative Christus Victor) 모델을 제시한다.

그는 지라르의 인류학을 자신의 내러티브 승리자 그리스도 모델에 대한 중요한 지지로 소개하고 있다. "내러티브 승리자 그리스도는 폭력과 인류 문화의 기원에 대한 지라르의 이론, 그리고 복음서들에 나타난 예수 내러티브에 대한 지라르의 독법에서 크게 지지받고 있다"라고 그는 말한다.

자신의 주장에 있어서 특히 중요한 것은 "지라르가 예수의 비폭력, 하나님과 하나님 통치의 비폭력적 성격, 그리고 예수 그리스도의 십자가 죽음이 신적으로 승인되고 신적으로 의도된 희생 제사로 해석될 수 없다"라는 사실을 강조한다는 것이라고 말한다.[11]

지라르의 십자가의 인류학으로 대속의 의미를 새롭게 분석해 보는 연구들은 다수 존재한다. 『희생 제사로부터 구원받다: 십자가 신학』(Saved from Sacrifice: A Theology of the Cross)도 그중 하나로서 저자는 조심스럽고도 비판적으로 지라르의 급진적인 이론으로부터 도움을 받아 대속과 십자가에 대한 방대한 신학적 연구를 했다.[12]

지라르의 근본 인류학은 가장 깊은 차원에서의 성찰의 인문학이다. 지라르의 이론은 인간의 지하실의 심리학까지 진술하게 논의한다. 인류의 가장 급진적 자기 이해를 돕는 지라르의 미메시스 이론은, 또한 십자가의 인류학으로서 전통적인 십자가의 신학에서 말하는 십자가의 역설과 승리를 동시에 인류학적으로 확증하고 변증한다.

---

11 J. Denny Weaver, *The Nonviolent Atonement* (Grand Rapids: Eerdmans, 2001), 46-49.
12 Mark Heim, *Saved from Sacrifice: A Theology of the Cross* (Grand Rapids: Eerdmans, 2006).

십자가의 폭력은 인류의 폭력을 고발한다. 그것은 모방적 욕망과 질투로 인한 인류의 야만적인 폭력성에 대한 큰 깨달음을 주는 사건이다.

전통적인 문화와 종교는 미메시스로 인한 내부 폭력을 배설할 카타르시스를 주기적으로 발생시킴으로 자기파괴로부터 자신을 보호해 왔다. 그리스도의 십자가는 이 전통적 종교와 문화의 카타르시스에 상처를 준 사건이다. 그리스도의 십자가가 새로운 문명과 문화의 카이로스를 가져왔다.

십자가의 폭력으로 인해 폭력은 이제 쉽게 신성화되거나 정당화되기 힘들게 되었다. 십자가의 폭력으로부터 점차 근대적인 폭력 담론, 혹은 폭력에 대한 문제의식이 싹트게 되었다.

이후 좀 더 논의하겠지만, 선악을 넘어서고자 하는 불교의 니체적인 무윤리주의 혹은 반도덕주의의 경우에는 폭력에 대한 사회적 의식과 개념이 '무개념'인 경우가 많다.

왜냐하면, 불교는 개념 자체를 무화 하고 붕괴시키려고 하는 은폐된 희생양 붓다들의 특정 사유에 기반하고 있기 때문이다. 희생양이라는 개념 자체가 은폐된 희생양 메커니즘을 노출하고 고발하고 있듯이, 근대적인 의미에서의 폭력과 윤리라는 개념 자체가 이미 폭력과 윤리에 대한 문제의식을 전제하고 있다.

3. 대조 사회와 모범사회로서의 교회

앞에서 언급한 독일의 구약성경 학자 노르베르트 로핑크(Nobert Lohfink, 1928-)는 2007년 『바티칸 매거진』(*Vatican Magazin*)의 "Disputa"(논쟁)에서 지라르의 기독교 변증론을 특집으로 상세하게 소개한다.

먼저 "폭력에 대한 비판"이라는 제목으로 지라르가 "당대의 가장 중요한 종교철학자 중 하나이다"라고 소개한다.

지라르의 근본 테제는 유대-기독교적 계시는 기본적으로 원시적 종교들과 다르다는 것인데, 왜냐하면 그것이 역사적으로 최초로 폭력을 비판하고 피로 물든 희생 제의를 고발하기 때문이다.

지라르는 신학자가 아니다. 그는 60년대에 자신의 전문영역의 경계들을 넘어서 심층심리학을 연구하고, 그다음으로 민족학, 사회학, 그리고 다른 가능한 학문을 연구했다.

그리고 "하나님께서 스스로 희생자들의 자리로 오셨다"라는 제목으로 지라르의 이론의 빛으로 구약성경에서의 폭력과 비폭력적 사회에 대한 열망에 대해서 논하고 있다.

또한, 이 바티칸 메거진은 앞에서 언급한 2005년 독일 일간지 디 벨트(Die Welt)가 보도한 지라르와의 인터뷰 내용을 일부 소개하고 있다.

그 인터뷰에서 "지라르는 나의 전체적인 연구는 기독교 신앙이 우위에 있으며 단지 또 하나의 신화가 아니라는 사실을 보여주려고 하는 것을 목적으로 하고 있다"라고 밝힌다.

십자가의 승리는 폭력의 희생양-악순환에 대한 사랑의 승리를 상징한다. 십자가는 증오가 성스러운 의무라는 견해를 무력화시킨다. 구약성경에 등장하는 우상숭배에 대한 비판은 바로 거짓된 신들과 그 폭력적인 문화적 시스템에 대한 비판을 의미한다.

이것이 신화에는 없는 진리이며, 바로 이 세상의 폭력적인 시스템이 은폐하고 있는 진리다. 집단적 폭력을 거짓으로 폭로하는 것이 유대-기독교적 메시지다. 인류사회의 기원과 필요성에 대한 모든 현대의 이론들은 토마스 홉스가 말한 Homo homini lupus(인간은 인간에 대한 늑대다)라는 말로서 시작된다.

인류사회의 시작에는 폭력으로 치우치는 인류의 경향성이 존재한다. 사회란 바로 이 경향성을 통제하는 형식이다.

장 자끄 루소가 말한 합리적인 사회계약(Contrat social)을 통한 인류사회의 탄생은 아름다운 환상일 뿐이다. 인류사회의 최초의 형태들은 이성적 계약(Vernuftsvertrag)이 아니라, 희생양 메커니즘을 통해서 형성되었다.[13]

"우리의 신인식(Gotteserkenntnis)은 사회적으로 조건 지워진다." 인류는 자신의 신상(Gottesbild) 속에서 자신들의 세계적인 경험을 투영시켜왔다.

"폭력적 사회는 폭력적 신들을 가진다." 이스라엘은 자신의 역사를 가나안 사회와 종교 그리고 이집트 사회와 종교에 대한 대조-사회(Kontrast-Gesellschaft)로 이해했다. 이후 예언자들은 이스라엘의 하나님을 온 열방을 위한 하나님으로 파악했다.

그래서 이스라엘의 역할이 변화되기 시작했다. 대조-사회로부터 이제는 모델-사회(Modell-Gesellschaft)로 인식되기 시작했다.

신약성경에서 하나님은 무죄하게 죽은 예수를 다시 죽은 자들 가운데서 일으켜 세우심으로써 희생자의 편에 서셨다. 예수의 부활은 폭력에 기초한 사회들 가운데서 하나의 비폭력적 사회를 결정적으로 가능케 한 사건이다. 이 새로운 사회의 이름은 교회다.

로핑크는 지라르를 이렇게 평가한다.[14]

> 불가지론적인 인문학으로부터 출발해서 그의 학문의 여정을 통해서 성경적 계시의 독특한 점을 만난 흔하지 않은 학자이다.

비폭력적인 순수 환대의 나라인 하나님의 나라(바실레이아)의 역사적 선취로서의 교회(에클레시아)는 인류문화의 기원에 존재하는 희생양 메커니즘을 비판적으로 인식하고 그것을 극복하고 치유하는 대조 사회와 모범사회로 부름을 받았다.

---

13 Vatican Magazin, *Disputa* 03/2007, 34-36.
14 Vatican Magazin, *Disputa*, 43.

희생양 없는 질서는 해 아래서 거의 인류학적 불가능성에 가깝지만, 에클레시아는 그러한 힘겨운 질서로 부름을 받았다. 희생양 없는 새로운 일치는 그렇기에 성령론적 가능성이요 성령의 선물이다.

'예수의 정치학'은 '가인의 정치학'을 치유한다. 십자가에 폭력은 문명 속에 폭력에 대한 문제의식을 느껴왔다. 인류는 십자가 앞에서 카타르시스가 아니라, 죄의식을 느낀다.

희생양 메커니즘을 극복하는 공동체로서의 대조공동체인 교회는 자연 상태(Naturzustand)에서는 불가능한 일치와 질서를 성령 안에서 이루도록 부름을 받았다. 공동의 적이 없이 사람들이 하나가 된다는 것은 자연 상태에서는 거의 불가능하다.

그렇기에 사법제도가 존재하지 못했던 원시사회에서는 희생제를 주기적으로 반복하지 않고서는 사회질서를 유지해 나가지 못했다.

남아메리카 문명에서는 꽃의 전쟁(Blumenkrieg)이라고 해서, 주기적으로 두 부족 간에 제의적 전쟁을 벌였다. 왜냐하면, 부족 내부의 인간들 사이의 미메시스적인 갈등, 긴장, 질투와 시기를 일시적으로, 주기적으로 공동의 적에게 분출시키지 않고서는 부족 자체가 평화스럽게 유지되지 못했기 때문이다.

실제로 공동의 적이 사라졌을 때, 작은 부족 전체가 피의 복수를 막지 못해서 집단으로 자살한 예가 많이 있다. 공동의 적을 가장 강하게 미워할 때, 집단은 가장 강렬한 공동체 의식을 느끼게 된다. 그래서 전통적인 종교에서는 공동의 적에 대한 제의적 저주의식이 존재한다.

기독교 전통에는 적에 대한 저주의식이 존재하지 않는다. 교회는 그리스도의 몸과 피에 참여하기 전에 먼저 평화의 인사를 나눈다. 인류문명의 최후의 희생양이신 예수 그리스도 때문에 그동안의 인류문명의 은폐된 희생양 메커니즘은 비로소 폭로되었다.

교회는 마지막 희생양이신 예수 그리스도의 피로 세워진 새로운 공동체이다. 아벨의 피 이후로 수많은 예언자와 희생자들의 피를 종식하는 예수 그리스도의 보혈은 마지막 피다.

교회는 눈물 흘리는 배신자 베드로 위에 세워졌다. 반석인 베드로는, 또한 걸려 넘어지는 돌인 '스칸달론'이 된다. 베드로 위에 세워진 교회에서 반석과 스칸달론의 드라마와 교회의 거룩성과 연약함을 동시에 볼 수 있다. 구약성경 학자 김지찬 교수의 설교 중에 "개신교는 로마 가톨릭교회론과의 긴장 때문에 베드로 위에 교회가 세워졌다는 것보다 베드로의 신앙고백 위에 세워졌다고 해왔는데, 최근에는 베드로 위에 세워졌다는 해석도 가능할 수 있다"라는 제안을 했다.

이 설교에서도 지라르에 대한 명백한 언급은 없어도 지라르를 잘 알고 있는 필립 얀시 등에 대한 언급이 등장했었다.[15]

베드로는 이름 그대로 반석이지만, 또한 군중의 미메시스에 휘말려 예수 그리스도를 3번 부인한다. 복음서는 어떤 의미에서 주변적일 수 있는 베드로의 배신을 매우 디테일하게 다루고 있고, 지라르도 이 부분에 대해서 길게 논의하고 있다.

스캔들의 어원인 신약성경의 스칸달론에 대해서도 지라르는 깊게 논의한다. 『그를 통해 스캔들이 왔다- 모방적 욕망과 르네 지라르 철학』이라는 한국어로 번역된 지라르의 저서다.

지라르의 대작인 『문화의 기원』 제3장은 '기독교라는 스캔들'이라는 제목을 가지고 있다. 차정식 교수는 지라르 이론도 담아내고 있는 『신학의 스캔들 스캔들의 신학』이라는 책도 출판했다.

앞에서 언급했듯이, 지라르의 영향을 받아서 슈바거와 그를 따르는 지라르학파는 드라마틱한 신학(Dramatische Thelogie)을 발전시켰는데, 이 신학을 회화적으로 대변하는 표지사진은 엘 그레코의 '참회하는 베드로'이다.[16]

---

15 총신대학교 신학대학원 구약학 김지찬 교수의 2014년 8월 17일 부산 수영로 교회 설교.
16 Józef Niewiadomski und Nikolaus Wandinger(Hgg.), *Dramatische Theologie im Gespräch. Symposion/Gastmahl zum 65. Geburtstag von Raymund Schwager* (Beiträge zur mimetischen Theorie 14) (Thaur/Münster: LIT Verlag, 2003)의 표지사진을 보라.

교회론을 보다 드라마틱하게 파악하는 것이다. 교회의 거룩성과 함께 그 상처받기 쉬움과 연약함을 동시에 보면서 개혁을 추구하면서도 일치를 쉽게 깨지 않으려는 힘든 노력을 함께 하자는 것이다.

교회는 세 번이나 예수 그리스도를 부인한 이후 참회하는 베드로 위에 세워졌다. 우리는 마지막 희생양이신 예수 그리스도 앞에서 모두 공범자가 된다.

오이디푸스와 같은 한 개인에게 비난과 죄악의 화살을 돌리는 그리스 폴리스나, 전생의 카르마 때문이라고 생각하는 불교 문화와는 달리, 교회는 십자가 앞에서 모두 공범자라는 이 민감한 죄의식을 가지게 된다.

십자가는 죄의식에 대한 큰 깨달음을 준다. 실패하고 배반한 소수공동체의 참회, 바로 그 작은 씨앗에서부터 교회는 출발했다.

그러므로 그리스도인들은 그저 먼저 용서받은 자들에 불과하다. 유럽교회나 성당에는 종종 교회 종탑 위에 닭 모양의 구조물이 세워져 있는 것을 보게 된다.

베드로의 닭으로서 교회의 연약함을 상기시킨다. 교회는 끊임없이 베드로의 배신을 기억하고 망각하지 않는 민감한 의식 속에 있어야 한다는 것이다.

4. 해방 신학자들과의 대화와 희생 논리 비판

1990년 브라질의 수도 상파울로에서 해방신학자들과 지라르와의 학문적 대화가 이루어졌다. 이 모임은 이후 『우상과 희생 제의. 르네 지라르와 해방신학과의 대화』(Götzenbilder und Opfer. René Girard im Gespräch mit der Befreiungstheologie)라는 제목으로 독일어로 번역되어 『미메시스 이론 시리즈』(Beiträge *zur mimetischen Theorie)* 제2권으로 출판됐다.[17]

이 책은 지라르와 남미의 해방신학자들과의 비판적이고 드라마틱한 대화를 담고 있다. 이 미메시스 연구 시리즈는 오스트리아 인스부르크 지라르학파가 중심으로 해서 출판하고 있는데, 정치학, 경제학, 신학, 종교학, 미학, 철학 등 학제적 연구 시리즈도 출판됐다.

나의 사회인류학적 불교 연구는 미메시스 이론 시리즈의 제28권으로 출판되었다. 이 책의 앞부분에는 "동구 공산주의의 실패 이후", "몇몇 해방신학자들이 현대의 가장 중요한 희생제에 관한 이론가"인 지라르를 만났다는 사실이 기술되었다.

"해방신학을 위한 새로운 개념적 도구"를 찾고자 하는 것이 이 학문적 대화의 동기였다. 이 모임을 통해서 "자유주의의 한계들"이 지적되었고, "공격적 자본주의적 경제의 막다른 골목"도 분석되었다.

해방신학자들과의 대화를 다룬 이 독일어 번역본은 단지 보수적인 문화이론가나 사회이론가만이 지라르의 이론을 수용하는 것이 아니라는 것을 보여준다.

"미메시스 이론은 내용이 없게 되어 버린 '좌파적 사회적 담론'도 창조적으로 풍요롭게 할 수 있는 방법적인 도구를 제시한다"라고 이 책은 미메시스 이론과 해방신학의 만남을 소개한다.

"해방신학의 반 우상 주의적 방향과 모든 인간 제사에 대한 거부"는 "지라르의 사유에 대한 가교가 될 수 있다"라고 아스만은 말한다. 해방신학은 "희생 이데올로기(Opferideologie)와 희생 논리"(Opferlogik)에 대해서 단호하게 거부한다.

해방신학은 주된 희생자들을 거명하는 것을 두려워하지 않았다. 그들 희생자는 가난하고 굶주린 자들이다. 해방신학은 희생 이데올로기의 역사

---

17 Hugo Assmann (hrg), *Götzenbilder und Opfer. René Girard im Gespräch mit der Befreiungstheologie*. Beiträge zur mimetischen Theorie Bd. 2 (Münster-Hamburg-London: LIT Verlag, 1996).

적 상황을 강조한다는 점에서 지라르의 이론과 약간의 차이가 있다고 그는 말한다.

해방신학의 관점에서 보면 지라르는 "보다 보편적이고 아카데믹한 지평"에서 문제를 제기하고 "구체적 상황보다는 텍스트"를 분석한다. 그런데도 모방적 욕망에 대한 지라르의 분석은 해방신학자들에게 큰 영향을 주었다고 말한다.[18]

브라질 해방신학자로서 활동한 한국 신학자 성정모도 지라르와의 대화에 참여한 것으로 안다. 나의 『붓다와 희생양: 르네 지라르와 불교 문화의 기원』에 대해서 서평을 쓴 어느 민중 신학자는 정치 사회 체제하의 약자 희생을 다룬 민중신학과 그리고 지라르 이론의 유사성에 관한 연구를 주문하기도 했었다.

해방신학, 여성신학, 흑인신학, 그리고 제3세계 신학 등 20세기 후반의 현대신학적 상황 신학들의 관심도 결국은 약자들과 희생자들에 대한 성경적 관심과 그들에 대한 우선적 선택으로 요약될 수 있을 것이다.

이런 점에서 지라르의 희생양 이론은 거대한 짐승의 우상에 저항하는 이론으로, 이런 희생자들의 신학과 뜻을 같이한다.

하지만, 지라르는 또 다른 한편으로 희생양과 희생자들에 대한 성경적 염려와 관심이 정치학적으로 오용되는 문제와 새로운 희생양들의 전체주의의 문제도 지적한다.

지라르와 학문적 대화를 나눈 해방신학자 힌케라머트(Franz J. Hinkelammert, 1931-2023)는 자기 희생(Selbstopferung)과 헌신(Hingabe)을 구분하는 것이 꼭 필요하다고 보았다.

헌신은 "희생 논리(Opferlogik)에 대한 해체와 폐지의 관점"을 포함하고 있지만, "자기 희생은 희생 이데올로기(Opferideologie)에 봉사하고 있고, 그

---

18 Hugo Assmann, "Zum inneren Ablauf des Dialogs ziwschen René Girard und den Befreiungstheologen," in Assmann (hrg), *Götzenbilder und Opfer. René Girard im Gespräch mit der Befreiungstheologie,* 15-18

것의 극복에 쓸모가 없는 것이다"라고 그는 보았다.

또한, 그는 "서구가 반희생 이데올로기(Anti-Opferideologie)의 이름으로 남아메리카에게 희생을 요구했다"라고 지적한다. 즉, "서구는 반희생 이데올로기라는 논증을 통해서 폭력적인 희생 이데올로기를 정당화시켰다"라는 주장이다.[19]

해방신학자들은 더 구체적이고 역사적으로 희생자들을 얼굴들을 보여주려고 했다. 지라르에 의하면, 신화의 기능은 희생자들의 입을 막으려는 것이다.

지라르와 대화를 나눈 해방신학자들은 희생 이데올로기와 희생 논리을 비판함에 있어서 보다 역사적으로 관련성 있게 사회 분석적으로, 곧 정치적이고 경제적인 분석을 시도하는 것이 중요하다고 주장했다.[20]

아스만은 지라르의 과학적이고 방관한 이론에 대한 "비판적 입문"에 대한 논문에서 "르네 지라르의 사유는 또렷한 일관성을 가진다. 그것은 훼손되지 않는 일치성과 단순성 속에서 통일된 전체를 이루고 있다. 하지만 지라르의 이론에 대한 수용은 명백하게 선별적으로 이루어져왔다"라고 바르게 지적했다.

그에 의하면 지라르는 '반(反)-희생 이데올로기적 주해'를 시도했고, '반-희생 이데올로기적 성경 해석'을 시도했다. 아스만은 지라르의 이론이 야심차게 전포괄적이고 보편적인 이론을 추구하고 있다는 점을 강조한다.

지라르의 이론에는 근본적인 가설이고 중추적인 핵심이 존재하는데, 그것은 바로 미메시스적인 가설이다.

인류는 점차 "미메시스적 동물"로 발전해왔고, 서로를 모방함으로 "미메시스적 과정"에 종속되게 된다.

19　Assmann, "Zum inneren Ablauf des Dialogs ziwschen René Girard und den Befreiungstheologen,"20-24.
20　Assmann, "Zum inneren Ablauf des Dialogs ziwschen René Girard und den Befreiungstheologen,"31-33.

이 미메시스적인 것은 동물과 인간을 구분 짓는 것이며, 자연과 문화를 구분짓는 것이다. 아스만은 지라르와 함께 아카데미 프랑세즈(Académie française)의 '불멸의 40인'에 속하는 미셸 세르가 지라르의 이론이 "인류의 빅뱅(Urknall)을 발견했다"라고 평가한 것을 인용한다.[21] 즉, 지라르의 이론은 '인류의 기원에 대한 신비에 관한 이론'이다.

또한, 지라르는 "기독교의 헤겔"로도 평가된다는 것을 인용한다.[22]

그리고 지라르를 읽고 있는 수많은 기독교 독자들이 "유대-기독교적 계시"가 희생 제의적 시스템을 정당화시키는 신화들에 대한 "탈신화화시키는 능력"으로 작용하고 있다는 지라르의 주장에 큰 감동을 받는다는 사실을 지적한다. 지라르는 이 세계 신화를 탈신화화시키는 계시를 유대교와 기독교의 역사적 사건들에서보다는 성경의 텍스트에서 찾고자 한다.[23]

아스만은 "학문적 엄밀함"과 "포괄적으로 통용되는 이론적 가설"을 정립하고자 하는 지라르의 의도와 기획을 잘 소개하고 있다. 그는 다음과 같은 지라르의 주장을 언급한다.[24]

> 나는 잠재적으로 생산적인 직관력을 뒤따라가게 할 수 있도록 자연 과학들이 항상 가지고 있는 그와 같은 자유를 인류학도 누려야 한다고 생각한다.

아스만은 지라르가 몇몇 점에서 구조주의로부터 영향을 받기도 했지만, 그것을 비판하면서 지적한 지라르의 주장을 소개한다.[25]

---

21 Michel Serres, "préface," in Gérard Bucher/Michel Serres, La vision et l'énigme: Éléments pour une analytique du logos (Paris: Cerf, 1989).
22 J.-M. Domenach, L´Expansion. 17. April 1978.
23 Hugo Assmann, "Das Denken René Girards weckt differenzierte Interessen," in Assmann (hrg), Götzenbilder und Opfer. René Girard im Gespräch mit der Befreiungstheologie, 41-43.
24 Hamerton-Kelly, ed., Violent Origins: Walter Burkert, Rene' Girard, and Jonathan Z. Smith on Ritual Killing and Cultural Formation, 111.
25 Hamerton-Kelly, ed., Violent Origins: Walter Burkert, Rene' Girard, and Jonathan Z. Smith on Ritual Killing and Cultural Formation, 108.

나는 구조주의의 긍정적인 측면을 포기하지 않으면서도 발생적(genetische) 차원을 되찾는 것이 가능하다고 생각한다."

아스만은 지라르가 "성경 텍스트들 속에서의 반 미메시스적인(antimimetische) 능력"에 대한 강조에도 불구하고 폭력의 현재성에 해서 깊이 논의하지 않고 있는 것에 대해서 불평한다.

의심할 바 없이 원시사회로부터 존재하는 사람들 사이의 상호성 속에 존재하는 메커니즘에 대한 지라르의 분석은 해방신학자들에게 도움을 줄 수 있다고 그는 보지만, 지라르가 원칙적으로 사회과정들에 대한 분석보다는 텍스트들에 대한 분석에 천착하고, 항상 기원에 관한 이론적 천착을 하는 것에 다소 불만족스러운 입장을 제기하고 있다.

물론 지라르의 논의에 있어서 최근의 역사에 관한 논의와 언급들이 전혀 없는 것은 아니지만, 지라르의 관심이 주로 폭력과 희생논리의 은폐된 '뿌리들'에 있음을 지적한다.[26]

지라르가 "순전히 학문적 질문"에 주로 천착하고 있음에 불만을 드러내는 것이다. "유대-기독교적 성경은 이교적-종교적 희생 논리(Opferlogik)로 완전히 계시 된 최초의 장소로 간주하여야 한다."

그것이 어떤 "인류학적 가치"를 가지는지에 관한 질문은 "순전히 학문적 질문의 차원에서 이루어져야 한다"라는 지라르의 말을 인용하고 있다.[27]

비교종교학자들은 성경과 서로 다른 문화들의 신화들 사이에 존재하는 유사성만 보는 것을 지적하면서, 그들이 실증주의자이기에 그들은 성경과 신화의 "참된 차이"를 보지 못하고 있다고 지라르는 주장한다.

지라르에 의하면, "(성경과 신화) 사이의 결정적인 차이를 인식한 한 사상가가 있다면, 그는 프리드리히 니체이다. 니체는 성경적인 자세의 비폭력

---

26 Assmann, "Das Denken René Girards weckt differenzierte Interessen," 44-47.
27 Hamerton-Kelly, ed., *Violent Origins: Walter Burkert, Rene' Girard, and Jonathan Z. Smith on Ritual Killing and Cultural Formation,* 117.

과 진실성에 대항해서 폭력과 신화의 환상의 편에 서서 사유했기에 말년에 광기로 생을 마감하게 되었다"라고 그는 평가한다.[28]

또한, "복음의 탈신화화하는 소식"에 지라르의 분석을 소개하면서, 아스만은 '복음의 누룩'에 대해서도 소개하는데, "지라르는 복음의 누룩이 현대에도 계시적인 역동성을 가지고 있다는 흔들리지 않는 신뢰를 가지고 있다"라고 분석한다.

지라르는 '복음의 반((反))미메시스적인 능력'이 서구 문화를 지속해서 침투함으로 말미암아 "희생을 요구하는 폭력을 은폐하는 신화적 스토리들을 폭로하고 그것이 명백하게 박해를 목적으로 하고 있는 이야기들이라고 파악하는 독특하고 전례 없는 능력을 가지게 되었다"라고 주장한다.

또한, 아스만은 "지라르의 '형태 형성적 가설'(morphogenetische Hypothese)을 '자기 조직적인 시스템에 대한 지라르의 가교'라는 제목으로 많은 학자가 경제학, 심리학, 열역학, 생물물리학, 시스템분석, 인식이론, 인공지능, 그리고 인류학의 영역에 적용하고 있다"라는 사실을 지적한다.[29]

아스만은 지라르에 대한 비판적 동정의 자세를 가진 해방신학자로서 선별적으로 지라르를 이해하는 많은 학자의 입장과는 달리 지라르 이론의 전체 숲을 보여주려고 하는 것 같다. 즉, 새로운 그랜드 이론(Grand Theory)으로서의 지라르의 이론의 전체성을 보여주려고 한다.

또한, 지라르 이론이 '과학적'인 이론과 가설임을 보여주려고 하는 것 같다. 이러한 그의 노력은 올바른 것이다. 일부 해방신학자와 한국의 민중 신학자들은 지라르의 이론이 현대의 억압상황에 대한 역사적 분석이 부족하다고 불평하기도 하고 때로는 강하게 비판하기도 하지만, 지라르의 이론은 현대의 좌우의 몇몇 정치적 논리와 상황에 손쉽게 이용될 수 있는 가벼운 이론이 아니다.

---

28 Hamerton-Kelly, ed., *Violent Origins: Walter Burkert, Rene' Girard, and Jonathan Z. Smith on Ritual Killing and Cultural Formation,* 117.
29 Assmann, "Das Denken René Girards weckt differenzierte Interessen," 48-56.

지라르의 이론은 근본 인류학(Anthropologie Fondamentale)으로서 인류의 급진적인 자기 이해와 자기성찰을 요구하는 진지하고도 무거운 이론이다.

지라르의 이론은 단순한 폭력 이론이나 희생양 이론이나 평화 이론으로 보기보다는, 미메시스적인 인간 조건에 대한 근본 인류학으로서 파악해야 하고, 문화의 기원에 대한 과학적 해명으로 이해해야 한다.

지라르의 근본 인류학적 성찰은 현대의 정치 사회적 구조분석보다 더 근원적이고 근본적인 정치 이전의 것(das Vor-politische)에 좀 더 깊은 관심을 보인다. 지라르의 미메시스 이론은, 또한 경제학의 논리를 모방적 욕망과 경쟁 그리고 질투의 관점에서 분석한다는 점에서 마르크스적인 자본주의 비판과 분석보다 더 급진적이라 할 수 있다.

에꼴 폴리테크니크(École Polytechnique)와 스탠퍼드대학교의 사회정치 철학자이자 응용인식론 연구센터의 소장인 장-피에르 뒤피는 지라르의 문화 이론을 학제적으로 응용하는 주도적 역할을 해왔다. 지젝도 뒤피를 자주 인용한다.

뒤피는 자본주의를 아주 '정신적인' 세계로 본다. 왜냐하면, 이 사회의 관심은 엄격하게 물질적인 것이 아니기 때문이다. 순수하고 단순한 의미의 물건 취득은 사라지고 단지 질투에 기초해 있다. 물건은 중개자 또는 타자의 역할이 항상 존재하는 질투의 기호다.[30]

자본주의 사회에서의 결핍 혹은 부족의 양가성도 미메시스 이론으로 잘 설명된다.[31]

---

30 Jean-Pierre Dupuy, "Le Signe et l' envie," in *L'enfer des choses*, Paul Dumouchel et Jean-Pierre Dupuy (Seuil: Paris, 1979); Paul Dumouchel und Jean-Pierre Dupuy. *Die Hölle der Dinge. René Girard und die Logik der Ökonomie*. Mit einem Nachwort von René Girard. Hrsg. von Erich Kitzmüller und Herwig Büchele. Aus dem Französischen von Vanessa Redak und Erich Kitzmüller (Beiträge zur mimetischen Theorie 9) (Münster/Berlin/Wien, 1999).

31 Paul Dumouchel, "Die Ambivalenz der Knappheit," in *Die Hölle der Dinge. René Girard und die Logik der Ökonomie*. Mit einem Nachwort von René Girard. Hrsg. von Erich Kitzmüller und Herwig Büchele. Aus dem Französischen von Vanessa Redak und Erich Kitzmüller (Beiträge zur mimetischen Theorie 9) (München/Berlin/Wien: LIT Verlag, 1999), pp. 175-308.

오스트리아 인스부르크대학교에서 개최된 '폭력과 종교에 관한 학술대회'(Colloquiuum on Violence and Religion)의 논문들을 나의 지도교수와 동료가 출판한 『경제학, 정치학 그리고 언론 속의 열정: 기독교 신학과 대화』(Passions in Economy, Politics, and the Media: In Discussion with Christian Theology)라는 책도 현대 경제학과 정치학, 그리고 언론학에서의 미메시스적인 열정과 욕망의 문제를 깊이 있게 다루고 있다.[32]

2013년 새로운 시각으로 주류 경제학의 한계 극복을 목적으로 한 '새로운 경제적 사고를 위한 연구소'(INET)의 홍콩 컨퍼런스에선 지라르학파의 뒤피와 폴 뒤무셸(Paul Dumouchel)이 참여해 지라르의 모방적 욕망이론과 경제학의 접목을 시도했다.

이 컨퍼런스에 의하면, 수학, 통계 중심의 기존 경제학은 그 한계가 드러나게 되었고, 모방적 욕망, 경쟁, 인정투쟁 그리고 질투심이야말로 현대 자본주의를 굴러가게 하는 가솔린과 엔진 같은 역할을 한다는 것이다.

5. 예수 드라마에 대한 비희생 제의적 독법

또 다른 해방신학자는 우선 지라르의 이론을 프로이트의 이론과 비교한다.

프로이트가 신약성경에서 승화(Sublimierung)의 표시를 발견하지만, 그는 자신이 분석하는 도식의 극복의 가능성을 신약성경에서 발견하지 않는다. 프로이트는 기독교의 성찬식을 토템적인 식사로 해석한다. 그에 의하면 기독교는 유대교와 함께 문화의 기원에 대한 신화를 반복한다.

---

32 Wolfgang Palaver and Petra Steinmair-Pösel (ed), *Passions in Economy, Politics, and the Media: In Discussion with Christian Theology*, Beiträge zur mimetischen Theorie 17 (Münster: LIT, 2005).

초석적 살해에 대한 지라르의 이론은 프로이트가 말한 문화메커니즘에 대한 분석에서 그 부분적인 요소를 발견할 수 있다.

프로이트와 지라르 사이에 유사성 뿐만 아니라, "깊은 차이"가 존재한다는 사실도 간과해서는 안 된다고 그는 바르게 지적한다.

즉, 지라르는 문화를 구조화시키는 메커니즘에 대한 분석도 시도하지만, 성경과 그리스도 사건에 대한 해석에 있어서 긍정적인 것을 본다.

한편으로 지라르는 "문화의 계통발생에 대한 새로운 해석"에 있어서 "프로이트적 전략"를 반복하지만, 다른 한편으로 그는 프로이트보다 더 "광범위한 넓이와 조밀한 의미농축"을 자신의 이론 속에 담고 있다.

지라르에게 있어서 욕망의 오이디푸스적 구조는 이차적인 것이 된다. 대신 욕망의 미메시스적 구조가 이론의 중심에 놓이게 된다.

이것으로 지라르는 "근본적으로 새로운 인류학, 문화와 종교에 대한 새로운 이해, 희생 제의와 희생 제의적 사회(Opfergesellschaft)에 대한 새롭고도 혁명적인 해석"을 제시했다.

지라르에 있어서 희생 제의가 가진 여러 의미 중 선물이나 교제와 같은 것은 이차적이다. 희생 제의는 그것의 선물이나 교제의 의미가 파생되기 이전에, 그것은 실제의 역사적이고 사회적 사실이었다.

"희생 메커니즘(Opfermechanismus)은 그렇기에 실재의 초석적 메커니즘(Gründungsmechanismus)이며, 그것을 도구로 해서 우리는 사회와 문화를 해석하게 된다."[33]

"완전히 제의를 중심으로 조직된 사회"는 항상 그 사회의 문제를 해결하기 위해 제의를 요구한다. 왜냐하면, 제의를 초점으로 하는 사회는"희생 제의 없이 보편적 인정을 받은 사회적 규칙들을 통해서 서로 화해하기에는 무능하기 때문이다."[34]

---

[33] Rui Josgriberg, "Opfermechanismus und der Tod Jesu," in *Götzenbilder und Opfer. René Girard im Gespräch mit der Befreiungstheologie*, 162-165.

[34] Julio De Santa Ana, "Sakralisierungen und Opfer im Tun der Menschen," *Götzenbilder und*

그래서 전통적 종교와 문화는 자신을 보호하기 위해 주기적이고 반복적으로 희생 제의를 집행해 왔다.

"폭력은 잠재적이고 무한하다."

신화와 문화는 폭력을 은폐하고 있다. 제의는 폭력을 달래고, 신화는 폭력을 숨기고 있다. 희생 제의적 메커니즘은 "미메시스적 폭력에 대한 극복"을 이루지 못한다. 폭력은 그대로 남아있다. 어떤 의미에서 지라르의 이론에서 "프로이트적인 문화 비관주의"가 반복되는 듯한 인상을 받기도 한다. 그러나 그렇지 않다.

지라르는 성경 속에서 희생 제의적 메커니즘의 폐기를 위한 도구를 본다. 특히, 그리스도의 죽음에서 그것을 본다.

"희생 제의적 과정을 전복시킨 걸려 넘어지는 돌은 바로 예수 그리스도의 십자가 죽음인데, 그는 비록 무죄하지만 스스로 의식적으로 자신을 희생시켰다."

"구약성경 그리고, 특히 신약성경은 점차로 희생 이데올로기 없는(opferideologisch-freie) 관점을 열어주었고 그렇기에 미메시스적 폭력에 대한 가장 명확하고 분명한 반대 입장을 보여주었다."

"예수 그리스도의 죽음은 희생 메커니즘을 밝히고 계시한다."[35]

종교적인 것을 생산하는 메커니즘에 대한 발견을 통해서 지라르는 사회와 문화를 "탈신화화"하고자 한다.

지라르에게 있어서 예수 그리스도의 고난에 대한 스토리는 문화적 메커니즘에 대한 열쇠인 동시에 그것으로부터 해방이다.

막스 베버에 의지해서 지라르는 "성경과 예수의 죽음에 대한 희생 이데올로기 없는 독법"을 발전시켰다. 즉, 성경 저자들은 희생자의 편에 서고자 하는 경향성을 보인다는 사실을 지라르는 지적한다.

Opfer. René Girard im Gespräch mit der Befreiungstheologie, 84.
35 Josgriberg, "Opfermechanismus und der Tod Jesu," 165.

지라르에 의하면, 희생자의 무죄가 선포되고 그 살해자들의 유죄가 선언되는 이 "관점의 전복적 변화"는 결코 사소한 것이 아니다.[36]

이 논문의 저자는 지라르가 예수의 죽음을 희생양 모델과 메커니즘에 근거하고 있는 사회가 범하는 무죄한 자들에 대한 집단적 박해와 살해를 비판하는 "예언자적 노선의 최고봉"으로 파악하고 있다고 바르게 지적했다.

지라르는 복음서들과 신약성경의 다른 기록들은 예수의 고난을 중심으로 묘사되었다고 본다. 그렇기에 복음서들의 고난에 대한 스토리는 본질적으로 사회 속의 살해 메커니즘의 결과이며 동시에 그 메커니즘에 대한 "비난, 의식화, 폭로 그리고 그 폐기"를 의미한다.

이 저자는 지라르가 "희생양의 복음적 논리와 폭력의 왜곡된 논리 사이의 긴장 속에서" 복음서에 기록된 사건들이 지니는 '계시적 능력'을 묘사하고 있다는 사실을 지적했다.[37]

지라르에 의하면, "희생양의 복음적 논리는 성스럽거나(sakral) 희생 제의적인(sakrifiziell) 메커니즘으로부터 나온 것이 아니라, 희생 이데올로기 없는 것에 대한 계시"를 보여주고 있다는 것이다."

"예수의 죽음에 나타난 비희생 제의적인 것(das Nicht-sakrifizielle)은 다른 초월성을 계시한다"

"또한, 끝없고 숙명적인 것처럼 보이는 사슬을 폭발시킨다."

그래서 사도 바울은 정사들과 권세들에 대항해서 십자가의 능력을 변호한다.

"십자가는 희생자의 논리 안으로 들어오지만, 그 시스템의 논리 안으로는 아닌데, 그것은 그리스도에 의해 탈신화화되고 인류 정신에 대해서 그것이 가지는 구조화하는 능력이 박탈당하게 되었다."[38]

---

36 Girard, *Das Ende der Gewalt. Analyse des Menschheitsverhängnisses*, 151.
37 Josgriberg, "Opfermechanismus und der Tod Jesu," 167.
38 Girard, *Das Ende der Gewalt. Analyse des Menschheitsverhängnisses*, 200.

그러한 사실을 보여주는 열쇠와 같은 성경 본문은 골로새서 2:14-15이다. 특히, 15절은 '십자가의 승리'를 말한다.

> 통치자들과 권세들을 무력화하여 드러내어 구경거리로 삼으시고 십자가로 그들을 이기셨느니라(골 2:15).

그렇기에 "십자가에 대한 지식은 전복적 지식이다"라고 이 학자는 말한다.

"예수는 가장 무죄하고, 가장 탁월한 희생양이다."

지라르가 예수의 죽음을 "역사적-종교적 박해 이야기의 관점에서 집중하고 있다"라는 것이다. 예수의 고난 이야기를 통해서 '희생 제의적 사회의 뒤틀리고, 박해에 기초한 구조'가 표출된다. 예수의 '드라마'의 모든 세부적인 내용, 곧 그에 대한 비난, 체포, 재판 선고, 그리고 사형 등은 바로 이 구조를 보여준다.[39]

또한, 지라르가 자신의 책 『욥: 그의 백성의 희생양』(*Job: The Victim of His People*)[40]을 통해서 욥과 예수를 비교한다는 사실도 지적되었다.

하나님은 고엘(Goel)이며, 약자들의 변호자이며, 또한 희생자들의 하나님이다. 복음서들에 묘사된 하나님도 자기 아들을 세상에 보내셔서 희생자들과 약자들과 권리를 박탈당한 자들을 변호하신다.

"예수는 조직적으로 희생자들의 변호자로 묘사된다."[41]

이러한 "(희생양 메커니즘)의 수용, 부정 그리고 지양이라는 변증법을 통해서 희생 이데올로기와 희생 신화(Opfermythologie)는 폭로된다."[42]

예수 그리스도는 '비희생 제의적으로'(nichtsakrifiziell) 죽었다.

---

39 Josgriberg, "Opfermechanismus und der Tod Jesu," 169-171.
40 René Girard, *Job: The Victim of His People* (Stanford: Stanford University Press, 1987).
41 R. Girard, *Hiob. Ein Weg aus der Gewalt* (Zürich: Benzinger, 1990, 195.
42 Josgriberg, "Opfermechanismus und der Tod Jesu," 171-172.

"변증법의 의미에서 예수의 희생(Opfer Jesu)은 희생 제의적 사회(Opfergesellschaft)에 대한 반대라는 맥락에서 그 의미를 지닌다."[43]

또 다른 해방신학자는 인류학의 관점에서 사유하는 지라르의 이론이 그 '포괄적인 관점'으로 해방신학적 운동과 참여를 '풍요롭게 한다'고 분석한다.

지라르의 이론은 "해방신학적 분석이 역사적이고 사회적인 개별 구체성들을 넘어서 인간존재의 급진적인 역동성에 대한 깊이에까지 나아가도록 한다"라고 그는 분석한다.

지라르의 '인류학적 접근법'은 다음과 같은 성경적 메시지의 핵심에 대한 '해석학적 열쇠'를 제공한다.

생명의 하나님은 우상숭배적 희생 시스템(Opfersystem)을 폭로하며 희생자들의 편에 서시며, 그들과 자신을 동일시한다.

이런 점에서 지라르의 기획은 해방신학자들에게 있어서 "흥미롭고 매혹적이다." 지라르의 이론은 "우리의 노력을 풍요롭게 하고 완성시킬 수 있는 많은 것을 제공한다"고 그는 평가한다.[44]

다른 해방신학자는 '근대는 반희생 이데올로기적(anti-opferideologisch)이다'라고 분석한 뒤, 많은 경우 근대는 반희생 논리(Anti-Opferlogik), 특히 반희생 이데올로기(Anti-Opferideologie)의 이름으로 희생을 요구한 사실에 대해 지적했다. 반희생적 사유가 남아메리카 정복의 동력이 되었다고 그는 분석한다.

즉, "아즈텍과 마야 문명에서 이루어진 잔인하고 폭력적인 인간 제사 전통에 대한 서구적 비판이 정복을 정당화하는 수단이 되었다"라는 것이다.[45]

---

43 Josgriberg, "Opfermechanismus und der Tod Jesu," 175.
44 Sebastião Armando Gamelera Soares, "Umgang mit der Bibel im Afroindiolateinischen Amerika und die Anregungen Rene Girards," in *Götzenbilder und Opfer. René Girard im Gespräch mit der Befreiungstheologie*, 213-214.
45 Assmann (hrg), *Götzenbilder und Opfer. René Girard im Gespräch mit der Befreiungstheologie*, 260-261.

6. 희생 이데올로기 비판과 통속 종교성

"우리의 가장 중요한 공통점: 희생 이데올로기에 대한 반대"라는 제목으로 지라르는 가장 명확하고 가장 깊은 차원에서 자신의 이론과 해방신학을 연결하는 것은 인간 생명의 희생에 대한 저항이라고 말한다. 자신의 이론 또한 희생 제의적 시스템에 대한 저항, 해방신학적 언어로 말하자면, 희생 이데올로기(Opferideologie)에 대한 투쟁과 저항을 의미한다고 말한다.

그러면서 당시 학술모임에 참여한 해방신학자 보프(Leonardo Boff, 1938-)의 저서들을 읽었다고 말한다. 지라르는 "자신의 이론과 해방신학을 일치시키고 연대시키는 것은 바로 '희생 논리(Opferlogik)에 대한 반대'이다"라고 말한다.

또한, 해방신학에서 가장 중요한 희생 이데올로기에 대한 거부를 존중하면서 지라르는 서구신학에서 볼 수 있는 '신학의 완전한 해체 현상'에 대해서 비판적 분석을 시도한다.

지라르는 "대부분은 신학자들이 소위 데리다의 해체주의 철학의 영향 아래에 있는 것처럼 보인다"라고 말한다. 이 해체주의 철학에 의하면, 모든 것은 언어일 뿐이다.

그러면서 지라르는 해방신학자들이 가난한 자들과의 접촉으로 인해 해체주의 철학에서 말하는 '언어 외에는 아무것도 존재하지 않는다'와 같은 주장에 저항할 수 있는 것처럼 보인다고 말한다.

또한, 지라르는 해방신학자들과 나눈 주제인 구원론에 대해서도 미메시스 이론이 "명백하게 직접적인 논리로 구원에 관한 이론으로 연결된다"라고 말한다.

지라르는 "자신의 구원에 관한 이론이 절대적으로 정통적인데, 이는 정교회, 로마 가톨릭교회, 루터파 교회, 영국 성공회, 그리고 다른 교파들과 같은 모든 위대한 교회들의 신앙고백(Credo)과 초대교회에서 진행된 일곱 번의 공의회의 신앙고백을 따른다"라고 말한다.

또한, 지라르는 자신이 주로 만나게 되는 지식인들이 미메시스 이론이 "유행 중인 불투명성과는 달리 너무 투명하다"라고 비판하는 것을 언급한다.[46]

지라르는 하버마스의 책 『새로운 불투명성』[47]처럼 포스트모던적 불투명성과 해체주의적 허무주의와 같은 시대 정신 속에서도 투명하고 명료하게 유대-기독교적 전통과 텍스트를 인문학적이고 인류학적인 지평에서 사유하고 변호해왔다.

지라르는 자신의 미메시스적인 분석이 세르반테스의 『돈키호테』, 단테, 셰익스피어의 작품들과 같은 위대한 문학작품들이 소유하는 "깊은 인류학적이고, 심지어 기독교적 측면을 발견하는 문학비평을 가능케 했다"라고 말한다. "이런 위대한 문학작품들은 강한 탈신비화시키는 성격을 소유하며 그러기에 현격한 영적이고 인간적인 개방성을 소유하고 있다"라고 말한다.

또한, 지라르는 해방신학자들에게 남아메리카의 어떤 통속 종교성(Volks-religiosität)의 경우에는 단지 이해하고 존중할 뿐 아니라, 비판적으로 성찰해야 할 필요성도 언급했다.

지라르는 남아메리카의 어떤 통속적 예전 형태에 대해서는 '수치심'도 언급한다. 그는 자신이 다시금 교회로 돌아왔을 때 교회의 예전에 대해서 약간의 불편함(Unbehagen)을 느낀 것을 고백한다.

그러나, 그는 그런데도 교회의 예전이 필요함도 인정한다. 왜냐하면, 예전 자체가 사라지면 결국 미래에 기독교는 해체될 것이기 때문이라는 것이다.[48]

지라르는 "모방적 욕망에 대한 자신의 미메시스 이론이 지니는 본질적인 장점은 인간 관계들의 전체 구조로부터 출발한다"라는 사실이라고 말한다. 미메시스 이론의 중심에는 '고립된 자아나 추상적인 전체'가 아니라,

---

46 Assmann (hrg), *Götzenbilder und Opfer. René Girard im Gespräch mit der Befreiungstheologie*, 285-287.
47 J. Habermas, Die *neue Unübersichtlichkeit* (Frankfurt/Main: Suhrkamp-Verlag 1985).
48 Assmann (hrg), *Götzenbilder und Opfer. René Girard im Gespräch mit der Befreiungstheologie*, 287-293.

자신이 '작은 것'이라고 부르는 것, 곧 '구체적인 인간 관계들'이 자리 잡고 있다.[49]

그러므로 해방신학과 민중신학이 분석하는 정치적, 사회적 그리고 경제적 구조 분석 못지 않게 보다 미시적이고 일상적이고 작은 단위에서의 모방적 욕망, 질투, 폭력, 왕따, 희생양 만들기 등의 문제도 논의해야 한다.

『우상의 황혼과 그리스도. 르네 지라르와 현대사상』에서 소개했듯이 최근 지라르을 언급하고 신화와 제의에 대해서도 논하는 독일의 사회철학자 위르겐 하버마스는 정치 이전의 것들(das Vor-politische), 곧 현대의 민주주의와 자유주의 사회시스템을 건강하게 유지시켜 줄 배후 문화(Hintergrundkultur)로서의 종교와 교육 등을 강조하고 있다.

자유롭고 민주적인 법치국가의 정치 이전의(vorpolitische) 도덕적 기초가 다시 중요해졌다. 지속적으로 정치 이전의 도덕적이고 종교적인 기초와 원천으로부터 그 자양분을 제공받지 못하면 민주주의는 붕괴의 위험에 놓이게 되는 상처받기 쉬운 시스템이다.

정치학에서뿐만 아니라, 경제학에서도 단순한 구조분석보다 인간 욕망의 모방적 성격에 대한 보다 급진적이고 근원적인 인류학적 분석이 최근 주목을 받고 있다.

그러므로 보다 통속적이고 일상적인 저층의 것에 관한 논의도 병행되어야 한다. 인류의 급진적인 자기 이해를 위한 근본 인류학으로서의 지라르 이론은 인류에 대한 비극적 자기 이해를 의미한다. 지라르의 근본 인류학은 인류의 급진적이고도 자기 이해와 자기성찰로 초대한다.

최근 하버마스가 정치 이전의 것(das Vor-politische)을 강조한다면, 지라르는 오래전부터 인류의 지하실의 심리학에 관심을 가진다. 프로이트가 말한 저층의 큰 빙하와 같은 디오니소스적인 것을 인류의 미메시스적인 것으로 파악한다.

---

49 Assmann (hrg), *Götzenbilder und Opfer. René Girard im Gespräch mit der Befreiungstheologie*, 288.

지라르의 근본 인류학적 미메시스 이론은 우선적으로 정치 이전의 것들에 대한 인류학적 계몽과 성찰에 대한 것이다.

베네수엘라의 어느 사회학자는 「마리아 리온자(Maria Lionza) 신화에 대한 지라르적인 독법」이라는 논문을 통해 베네수엘라 통속가톨릭교회에서 성모 마리아로 숭배되는 마리아 리온자 신화를 분석했다.[50]

마리아 리온자는 베네수엘라에서 가장 광범위하게 숭배되는 토착 종교들에서 핵심적인 신이다. 그녀에 대한 종교에는 아프리카적, 토착적, 그리고 가톨릭적인 신앙이 혼재하고 있다.

이 여신은 작은 시골 마을로부터 현대적인 베네수엘라 수도의 중심에까지 많은 추종자를 가지고 있다. 이 여신상이 수도 광장의 중심에 놓여있다.

전설에 의하면, 그녀는 1502년 인디언 추장의 딸로 태어났다. 그러나 아직도 사람들은 그녀가 '소르테(Sorte)라는 산에 살아있다'라고 믿고, 그녀를 숭배하고, "여왕"이라고 부르기에, 베네수엘라 정부는 1980년대 이 산을 국립공원으로 지정했다.

'마리아'(María Lionza)라는 이름은 본래 '재규어의 성모 마리아'(Santa María de la Onza)에서 유래되었는데, 이 이름은 그 종교를 기독교화하기 위해서 가톨릭교회에 의해서 주어진 것이다.

마리아 리온자는 베네수엘라의 판테온에서 가장 높고, 그리고 가장 중요한 여신인데, 스페인 정복주의자들에 의해서 살해되고 신성화된 어떤 인디언 추장과, 또한 백인 주인에 의해 살해되고, 이후 신성화된 어떤 흑인 노예와 함께 세 권능(tres potencias)으로 알려진 성인들의 삼위일체를 이루고 있다.

마리아 리온자 여신 숭배자들(Marialionceros)은 심령주의적이고 샤머니즘적인 종교 행위를 하는데, 그들은 무아지경(trance) 상태에서 이 살아있는 여신과 접신하고자 한다.

---

[50] Gabriel Ernesto Andrade, *A Girardian reading of the myth of Maria Lionza*. http://www.anthrobase.com/Txt/A/Andrade_G_E_01.htm (2014년 10월 20일 접근).

또한, 이 여신을 숭배하는 순례와 축제 때에는 석탄불 위에서 춤을 춘다. 이 여신 추종자들은 스스로를 가톨릭 신자로 간주하며 마리아 리온자 숭배를 그리스도와 성모 마리아에게 접근하기 위한 수단으로 생각한다.

마리아 리온자는 베네수엘라의 민족적 정체성의 상징으로 채택되었고, 이 종교적 숭배는 독재자들에 의해서 강력하게 장려되었다. 이전에는 마리아 리온자는 베네수엘라 사회의 주변에 제한되어 있었다.

물론 정통적 로마 가톨릭교회는 이 마리아 리온자 숭배를 반대하며 그것이 반가톨릭적이라고 주장하지만, 일부 가톨릭 신자는 통속적 차원에서 어려울 때 이 여신에게 기도하기도 한다. 베네수엘라 정부 당국은 종교자유의 이름으로 이 여신숭배야말로 베네수엘라적인 종교라고 장려한다.

지라르의 신화이론으로 이 여신 신화를 분석한 베네수엘라의 어느 사회학자는 우선 레비-스트로스의 구조주의적 신화해석을 소개한 이후 지라르의 이론으로 이 신화를 해독하고자 했다.

그에 의하면, 마리아 리온자 신화에 등장하는 인디언 추장의 딸은 희생양이다. 그 추장의 딸은 검은 눈을 가진 대부분 인디언과는 달리 푸른 눈을 가지고 태어나서 공동체에 공포를 주었다. 마리아 리온자 신화는 스페인이 베네수엘라를 정복하는 격동의 시기에 탄생했다.

이 베네수엘라 사회학자는 "나쁜 눈(the evil eye)은 전형적인 신화적 비난이다. 전쟁 시에는 이 (나쁜 눈)은 스파이 공포증(espionite), 곧 스파이에 대한 군중의 공포의 대상이 된다"라고 주장하는 지라르의 입장을 인용하면서, "이 인디언 추장의 딸은 나쁜 푸른 눈을 가진 스파이로 비난받고 살해되었다"라고 주장한다.

마리아 리온자 신화는 바로 이처럼 저주받고 나쁜 푸른 눈을 가지고 태어났다고 비난 받은 이후 살해된 희생양의 이야기라는 것이다.

"그녀는 스페인의 정복 전쟁과 같은 사회적 위기와 격동기에 나쁜 푸른 눈을 가졌기에 스파이로 몰려 비난받고 살해되었고, 살해 이후 신성화되어서 생명, 번영, 그리고 보호를 제공하는 아름답고 놀라운 여신이 되었다"라고 이 사회학자는 분석한다.[51]

---

[51] Andrade, *A Girardian reading of the myth of Maria Lionza*.

제6장

옛 성스러움과 종교다원주의의 황혼

1. 종교 간 대화를 위한 드라마틱한 모델

『우상의 황혼과 그리스도. 르네 지라르와 현대사상』에서 주장했듯이, 십자가에 달리신 자는 우상들과 신들의 황혼을 문명 속에 가져왔다. 십자가 사건은 폭력적인 성스러움(le sacré)과 옛 성스러움의 황혼을 가져왔다. 유대-기독교적 전통은 인류의 종교와 문화 속에서 새로운 카이로스를 가져왔다.

이 장에서는 폭력적이고 디오니소스적인 옛 성스러움의 황혼을 가져온 십자가 사건에 대한 인류학적 독법을 시도한 지라르의 이론과 종교다원주의 신학의 문제를 다루고자 한다.

옛 성스러움(old sacred)의 황혼을 가져온 유대-기독교적 전통에 대한 지라르의 변증은 종교다원주의의 황혼와 기독교 복음의 르네상스를 가져왔다.

다른 책들과 글들을 통해서 이미 소개했듯이, 니체 이후의 디오니소스적-포스트모던적 100년의 유산과 시대 정신 이후 십자가에 달리신 자에 대한 인류학적 해석을 시도하는 지라르는 인문학적 사유에서 국제적으로 디오니소스적-미학적 전환 이후의 새로운 전환, 곧 윤리적, 신학적, 그리고 종교적 전환을 일으키고 있다.

철학의 언어학적 전환 이후의 인류학적 전환을 지라르는 일으키고 있다. 또한, 20세기 후반 유행했던 종교다원주의적 주장 이후 인류 문명에 대한 보편타당한 이해와 해석 속에서 유대-기독교적 텍스트와 전통의 독특성과 업적에 대해서 새롭게 변호하고 있다.

칼 라너(Karl Rahner)가 가르쳤던 오스트리아 인스부르크대학교 신학부의 지라르학파는 지라르의 이론을 신학적으로 수요함으로 점차로 기존의 종교다원주의 신학 혹은 다원주의적 종교 신학에 대해서 비판적 거리를 두게 되었고, 보다 드라마틱한 종교 간 대화 모델을 제시하게 되었다.

우선 최근 유럽에서의 다종교, 다문화 사회를 위한 해석학에 대한 최근의 논의를 살펴보자.

종교다원주의는 현재 서구에서 비판적으로 재검토되고 있다. 나는 오스트리아 인스부르크대학교 박사 후기 연구자로 연구하면서 오스트리아 잘츠부르크대학교(University of Salzburg)에서 개최된 2009년 '다원주의적 유럽을 위한 다종교적 해석학'이라는 주제로 모인 '다문화 신학과 다종교 연구를 위한 유럽학회'(European Society for intercultural Theology and Interreligious Studies)에 참석해서 '종교다원주의 신학에 대한 비판적 재검토가 필요하다'는 논지를 가진 「상호문화적 해석학을 위한 드라마틱한 모델」(*A dramatic model for the intercultural hermeneutics*)이라는 논문을 발표했다.[1]

이를 통해 유럽뿐 아니라, 전 지구적인 다문화, 다종교 사회의 새로운 복잡성 이해를 위한 보다 드라마틱하고 복잡한 해석학이 요청된다고 제안했다. 그동안 다종교, 다문화 해석학이 지나치게 낭만적으로 이해된 것, 또한 사실이다. 이후에 이 발표 논문에 관해서 소개할 것이다.

이 학술대회의 대체적인 인상은 존 힉(J. Hick)식의 칸트 인식론적 해석학에 기초한 종교다원주의는 점차로 그 영향력을 잃어가고 있고, 더욱 복잡하고 드라마틱한 해석학이 요청된다는 의식이 점차 늘어가고 있다는 것이었다.

---

[1] 2009년 ESITIS (European Society for Intercultural Theology and Interreligious Studies) Conference Salzburg 2009, 15th - 18th April 2009. "Interreligious Hermeneutics in pluralistic Europe."

이 학회의 첫 대회는 2007년 힉이 활동했던 영국 버밍엄(Birmingham)에서 개최되었다. 힉의 제자이면서도 종교다원주의를 비판하면서 기독교 복음의 유일성을 변호해 온 가빈 드코스타(Gavin D'Costa, 1958-)가 주 강사로 초대되었고, 힉은 게스트 스피커로 마지막 날 짧게 강의했다.

우리는 자신의 진리 주장을 비폭력적으로 제시하는 법을 배워야 한다.

비판적 논쟁을 어떻게 평화스럽게 할 것인가?

진리에 대한 학문적 요구와 평화주의적 비폭력을 공존시키는 어려운 기술에 우리 자신을 길들여야 한다. 지식인들과 신학자들은 평화를 위해서 진리를 희생시키는 경우가 많았다. 종교사 앞에 정직하면서도 서로를 존중하고, 진실을 위해 경쟁하되 비폭력적이고 인간적으로 하는 새로운 모델을 택해야 한다. 대화와 공존을 위해서 진실과 학문을 희생시키는 지난 몇십 년의 모델은 비판적으로 재검토되고 있다.

지라르의 문명 이론을 근거해서 오스트리아 인스부르크대학교 조직신학부가 학제적으로 추진한 연구 프로젝트 "세계질서-종교-폭력"(Weltordnung-Religion-Gewalt)은 한스 큉이 추진한 프로젝트 세계윤리(Weltethos)와 어느 정도 관련이 있다.

폭력, 미메시스, 종교, 그리고 문화에 대한 지라르의 리얼리즘에 영감을 받았기에 인스부르크 지라르학파는 종교다원주의 신학에 대해서는 명확하게 비판적 태도를 보였다.

또한, 종교 간의 대화와 만남에 있어서 더욱 복잡하고 드라마틱한 모델과 해석학이 요청된다는 태도를 보여왔다. 한스 큉이 추진한 프로젝트 세계 윤리(Weltethos)도 최근 약간의 변화가 있어서 다음과 같이 세 가지 근본 신념을 표현했다.

첫째, 종교 간의 평화 없이는 민족 간의 평화는 불가능하다.
둘째, 종교 간의 대화 없이는 종교 간의 평화는 불가능하다.

셋째, 세계종교에 대한 기초연구 (Grundlagenforschung) 없이는 종교 간 대화는 불가능하다.

종교학적 기초 연구의 중요성에 대한 부분은 최근에 첨가된 것으로 안다. 종교 간의 대화와 평화를 위해서 종교학적 기초 연구의 학문적 엄밀함이 희생 당해서는 안 된다.

종교 간의 대화 자체가 또 하나의 이데올로기가 되어서 종교사적 진실을 향한 학문적 연구를 억압해서는 안 된다.

종교 간의 대화와 만남은 생각보다 복잡하다. 좋은 의미에서의 편안한 대화와 배움도 존재하지만, 보이지 않는 경쟁, 모방, 표절 등이 사실 존재한다. 이웃 종교 간의 모방 현상에 대해서도 논의해야 한다.

힌두교의 지도자 스와미 비베카난다는 "모든 종교가 근본적으로 같은 것을 가르치고 있으며, 믿음을 신실하게 지키기만 한다면, 모든 신앙은 신에게로 인도하며 사람들은 자신의 종교를 통해서 구원받을 수 있다"라는 종교다원주의적인 가르침을 펼쳤다.

종교다원주의를 주장하는 조직들에는 이 모든 종교의 통합과 융합을 목표하는 신지학회가 주도적인 역할을 해왔지만, 이 사실은 그다지 크게 알려지지 않았다.

또한, 서구불교의 발흥은 "신지학회의 오컬티즘(Okkultimsus)의 끈질긴 영향력"[2]을 제외하고서 설명하기 곤란하다.

나는 그 학술대회에서 다종교, 다문화 사회를 위한 새로운 해석학적 모델을 상호문화적 미메시스(intercultural mimesis)를 주개념으로 하는 인류학적 모델로 제시했다.

이는 기존의 낭만적 대화 모델을 넘어서 종교 간 관계의 복잡성을 전체적으로 보여주고자 하는 모델이라 할 수 있다.

---

2   Bernard Faure, *Der Buddhismus* (Bern: Scherz Verlag, 1998), 58.

타종교에 대한 학문적, 비판적, 그리고 엄밀한 연구에도 불구하고 타종교인에 대해서는 관용해야 한다. 종교 간 대화의 반동적 포기나 후퇴가 아니라 보다 드라마틱한 급진화이다. 즉, 일면적이고 낭만적 대화가 아니라, 갈등과 비판까지 포함하는 보다 드라마틱한 대화 모델이 새로운 대안이 된다고 본다.

톨레랑스(toleration, tolérance)가 무비판적이고 무책임한 상대주의를 의미하는 것은 아니다. 타종교인에 대한 관용과 인정이 기독교 복음에 대한 종교사적 진실에 대한 포기나 상대화를 의미하지는 않는다. 우리는 자신이 신앙하는 것에 대해서 내적으로 확신할 자유가 있다.

톨레랑스는 '아픔'이다. 개념사적으로 톨레랑스는 언제나 타자와 타자성을 견디는 아픔을 품고 있다. 서구 정신사에서 관용은 진리에 대한 포기가 아니라, 서로 경쟁하는 진리에 관한 주장을 비폭력적이고 교양 있게 전개하는 방식을 의미한다.

하지만 그동안 많은 경우 비판적 논쟁을 불러일으킬 수 있는 진리 주장 자체가 이미 소위 식민주의적, 제국주의적, 승리주의적, 그리고 근본주의적 폭력성의 위험이 있다고 종교 간의 대화에서 방법론적으로 회피된 것이 사실이다.

존 힉이 종교다원주의 신학을 전개하게 된 이유 중 하나는 바로 약자에 관한 관심, 특히 영국 버밍엄에서 차별받는 인도 노동자들에 대한 성경적 변호였다고 볼 수 있다.

이 사회적 관심에서 출발해서 구원론적인 의미에서의 종교다원주의 신학의 루비콘강을 건너간 것이다. 약자와 타자를 변호하고 그 이질성을 관용해야 하지만, 동일한 모방과 경쟁, 질투와 선망을 가진 약자와 타자를 낭만화해서도 안 된다고 본다.

그러므로 새로운 인류학적 모델은 이 지구촌 적인 종교 간, 문화 간 상호작용의 새로운 복잡성을 전체적으로 이해할 수 있는 보다 역동적인 모델이라 할 수 있다.

이는 일반 인문학에서의 다종교, 다문화 사회를 위한 해석학에서도 논의되는 모델이다. 다문화 간, 다종교 간의 평화를 위해서 보다 복잡하고 드라마틱한 해석학이 요청된다.

2009년 다문화 신학과 다종교 연구를 위한 유럽학회의 주제 발표자로는 '서울신대 100주년 기념 국제학술대회'의 강사로 초대되기도 한 하버드대 신학대 프랜시스 클루니(Francis Clooney, 1950-) 교수였는데, 나는 지라르의 이론을 잘 알고 있고, 또 지라르학술대회에 참가하기도 한 그와 인스부르크 지라르학파 등에 대해서 이야기를 나누었다.

그는 힌두교 전문가로 하버드대 세계종교연구센터 소장이기도 하다. 종교다원주의 입장에서는 새로운 포용주의(Inclusivism)로 이해되기도 하는 비교신학(comparative theology)을 통해서 그는 종교다원주의에 대한 비판적 거리를 유지하면서도 평화와 공존을 모색하는 새로운 모델을 제시하고 있다. 대체로 이 대화 방법론은 다원주의적인 방법으로 여러 종교의 원색을 희석해서 회색으로 만들지 말고, 상대방의 원색을 그대로 인정하고자 한다.

이 유럽학회의 회장인 네델란드 자유대학교 어느 교수와는 최근 변화된 불교 연구에 관한 이야기를 나누었다. 특히, "일본 선불교적인 교토학파의 종교철학을 무정치적으로만 볼 수 없다"라는 이야기도 나누었다. 교토학파 종교철학자로서 기독교와 불교 사이의 학문적 대화를 주도했던 마사오 아베(Masao Abe, 1915-2006)와 몇 번 만나기도 했다는 이 교수는 이미 상호문화와 다종교사회를 위한 수많은 책을 출판하고, 특히 문화 간 대화와 커뮤니케이션을 연구해왔다.

하지만, 그는 "2000년 이후 이 상호문화적인 커뮤니케이션을 단순하고 낭만적으로만 볼 것이 아니라, 그 새로운 복잡성을 파악할 필요성에 대해서 점차 인식하게 되었다"라고 말했다. 아일랜드 더블린대학교의 트리니티 칼리지(The College of the Holy and Undivided Trinity of Queen Elizabeth near Dublin) 연구교수이자 오스트리아 잘츠부르크대학교 교수(다문화 신학과 종교연구센터) 존 다시 메이 (John D'Arcy May, 1932-2013)가 나의 논문 발표의 좌장을 맡

있는데, 그는 지라르의 모방적 욕망 이론이 지니는 갈등 이론과 평화 이론으로서의 가치를 잘 알고 있었다.

또한, 그는 영국의 유명한 불교학자였다가 최근 다시 로마 가톨릭으로 개종한 윌리엄스(Paul Williams, 1950-)로 인해 발생한 내부 논쟁에 관한 논의를 포함하고 있는 『수렴하는 길늘: 불교와 기독교에서의 회심과 소속』 (*Converging Ways? Conversion and Belonging in Buddhism and Christianity*)을 편집, 출판했다.[3]

이 책의 표지 사진은 나쁜 눈에 대한 신화적 모티브를 연상케 하는 달마대사와 기독교 성자를 대조시키고 있다. 『붓다와 희생양』에서 주장했듯이, 선불교와 소림사 무술의 창시자로 여겨지는 달마대사는 잔인하게 살해당했다고 한다.

그러므로 이 책은 일견 수렴되고 유사하게 보이는 불교의 세계 포기적 붓다들과 기독교가 추구하는 성자의 모델에는 큰 차이가 존재한다는 것이다.

그동안 기독교와 불교 사이의 종교 간 대화에서 구분되지 못한 문제가 바로 '거룩함'(sanctus)과 '신성함'(sacer)의 차이였다.

지라르의 종교 이론을 통한 나의 사회인류학적 불교 연구에 의하면 불교에는 옛 성스러움(old sacred)과 폭력적인 성스러움(le sacré)의 흔적과 잔재가 남아 있다.

종교다원주의적인 입장을 대변하는 컨퍼런스라고 알고서 비판적인 관찰자와 대화 상대자로서 참여했는데, 점차로 내부의 의견 불일치에 대해서 알게 되었다. 배타주의, 포괄주의, 다원주의 등에 대한 기존의 도식을 넘어서고자 하는 움직임도 볼 수 있었다.

기존의 칸트의 인식론적 모델의 의지한 종교다원주의를 넘어서 이제는 지라르의 인류학적 모델에 기초한 보다 현실적이고 드라마틱한 모델을 제

---

[3] J. D'Arcy May (ed.), *Converging Ways? Conversion and Belonging in Buddhism and Christianity*, St. Ottilien 2007.

시하고자 했다. 존 힉의 종교다원주의 모델을 이제는 떨쳐 버려야 한다는 주장도 들었다.

존 힉식의 종교다원주의를 지속해서 지지하고자 하는 대표적인 학자는 신학자로서 불교를 전문적으로 연구한 슈미트-로이켈(Perry Schmidt-Leukel, 1919-1982)이 있다. 그는 약 10년 전 종교다원주의적 불교 연구로 인해 로마 가톨릭교회로부터 비판을 받아 결국 영국 성공회로 개종했다.

나의 경우는 그와 반대다. 나는 독일 개신교 신학에서 지라르 이론에 입각한 보다 엄밀한 불교에 관한 사회인류학적 연구를 하고 싶었지만, 불교에 대한 과도한 낭만적 입장이 지배적인 독일 개신교 신학에서 적절한 지도교수를 찾지 못하던 중, 추천을 받아 오스트리아 인스부르크로 향하게 되었다.

나는 슈미트-로이켈과 3시간 정도 함께 앉아서 여러 가지 비판적 대화를 나누었는데, 인스부르크의 지라르학파, 한국 교회의 독특성과 기독교와 불교의 대화에 관한 이야기, 그리고 정현경 교수에 관한 이야기 등을 나누었다.

또한, 어느 네델란드 인도학 교수와는 나의 사회인류학적 불교 연구와 흥미로운 대화를 나누었다.

특히, 지라르의 희생양 이론에 대해서 잘 알고 있고 그것을 자신의 연구 속에 부분적으로 수용하는 네델란드의 세계적인 인도학자인 헤스터만(J. C. Heesterman, 1925-2014)의 연구에 관해서도 이야기를 나누었다.

마지막 날 독일 에어랑엔대학교(University of Erlangen)의 어느 루터교 신학자의 발표가 있었는데, 독일 루터파의 보다 문화 개신교적인 입장이 반영될 줄로 알았는데, 최근 불교 연구로의 궤도 수정을 반영하고 있었다.

즉, 오리엔탈리즘과 후기 식민주의적 문화 연구(post-colonial cultural studies)와 오리엔탈리즘 후기 불교 연구의 흐름을 소개했다. 그는 독일어권에서의 최근의 비판적 불교 연구의 흐름을 수용하면서 프로텐스탄트 불교(Protestant Buddhism)의 문제와 데리다와 지젝의 비판 이론 등을 소개했다.

그래서 아직도 존 힉의 종교다원주의를 따르고자 하는 슈미트-로이켈(Perry Schmidt-Leukel) 사이에 약간의 설전이 오고 가기도 했다. 하지만 전체적으로는 종교다원주의적 담론이 그 영향력을 점차 상실해 가고 있는 분위기를 느낄 수 있었다.

2000년 이후 상호문화적 대화와 소통을 위해서 새로운 복잡성을 이해할 수 있는 드라마틱한 해석학이 요청된다고 나는 제안했고, 이러한 새로운 모델은 이 학술대회에 참석한 다른 학자의 입장에서 부분적으로 발견되었다.

2. 종교 간 대화와 경쟁의 복잡성 이해

이 장에서는 당시에 발표된 논문을 중심으로 지라르의 미메시스 이론, 종교다원주의 신학, 그리고 세계 종교와 문화의 대화와 소통을 위한 새로운 모델에 대해서 논하고자 한다.

나는 미메시스, 복잡성, 그리고 갈등의 무상성을 키워드로 해서 다종교적 해석학을 위한 드라마틱한 모델을 제시했다. 새롭게 출현하는 다종교적 사회는 종교 간 만남으로 인해 건설적인 잠재성뿐 아니라, 파괴적 잠재성도 가져오는 새로운 복잡성으로 특징지어진다.

그렇기에 다원주의적 사회와 서로 다른 종교 간의 만남에서 발생하는 문화적 복잡성을 이해하기 위해서는 인류학적으로 기초된 보다 복잡한 해석학이 요청된다.

지라르의 근본 인류학적인 이론인 미메시스 이론의 도움을 받아 상호문화적 커뮤니케이션과 지속할 수 있는 장기적인 갈등 해결과 평화 수립을 위해서 나는 보다 드라마틱한 해석학과 모델을 제시했다.

존 힉의 제자이면서도 종교다원주의를 비판하는 가빈 드코스타(Gavin D'Costa, 1958-)가 편집한 책 『기독교적 유일성에 대한 재고. 다원주의적 종교 신학이라는 신화』(*Christian Uniqueness Reconsidered. The Myth of a Pluralistic Theology of Religions*)에 실린 「특수성, 보편성 그리고 종교들. 기독교적 종교 신학을 향하여」(*Particularity, Universality, and the Religions. Toward a Christian Theology of Religions*)라는 논문에서 독일 튀빙겐대학교의 조직신학 교수인 슈뵈벨(Christoph Schwöbel)은 "상호 문화적 만남과 소통은 새로운 복잡성 속에서 새로운 풍요로운 만남뿐 아니라, 새로운 위기와 갈등을 가져오고, 또한 건설적이면서도 파괴적인 잠재성을 가져왔다"라고 바르게 지적했다.[4]

액체적(liquid) 정체성, 차이 소멸적인 경험들 그리고 용해되는 경계선들로 특징지어지는 포스트모던 시대 속에서 지구촌은 위험한 상처를 받기 쉬움과 부서지기 쉬움을 경험한다. 톨레랑스, 존중 그리고 자유는 평화스러운 공존을 위한 근본적인 사회적 가치들이지만, 그것은 계속해서 위협받고 있기에 상처받기 쉬운 가치들이다.[5]

슈뵈벨 교수는 존 힉과 폴 니터(Paul F. Knitter, 1939-)가 편집한 『기독교적 독특성이라는 신화: 다원주의적 종교 신학을 향하여』(*Myth of Christian Uniqueness: Toward a Pluralistic Theology of Religions*)[6]는 다종교적 상황에 대한 신학적 과제들의 긴급성에 대해서 바르게 강조했지만, 이 과제들의 복잡성을 지나치게 성급하게 프로그램과 같은 제안들로 축소하는 경향성으로 인해 신학적 성찰과 다종교적 만남에 대한 창조적 가능성을 개방시켜주기보다는 그것을 제한하고 있다고 지적한다.[7]

---

4   Christoph Schwöbel, "Particularity, Universality, and the Religions. Toward a Christian Theology of Religions", in Gavin D´Costa, ed., *Christian Uniqueness Reconsidered. The Myth of a Pluralistic Theology of Religions* (Maryknoll, NY: Orbis Books, 1990), 42.
5   See Colloquium on Violence and Religion (COV&R) Conference 2007 at Amsterdam-FreeUniversity/Netherlands,July4-8.); Ulrich Winkler, "Zentrum Theologie Interkulturell und Studium der Religionen an der Universität Salzburg – theologische Konzeption", *Salzburger Theologische Zeitschrift 11*, 2007, 61.
6   John Hick, Paul F. Knitter(eds), *Myth of Christian Uniqueness: Toward a Pluralistic Theology of Religions* (Maryknoll, NY: Orbis Books, 1987).
7   Schwöbel, "Particularity, Universality, and the Religions. Toward a Christian Theology of Religions,"30.

그에 의하면 삼위일체 하나님의 자기 개방이 지니는 "당황케 하는 특수성"에 기초한 기독교적 종교 신학과 종교 간 대화를 위한 해석학이야말로 대화 가운데 있는 파트너들의 독립성과 현격한 특수성을 보존할 수 있게 한다.[8]

판넨베르크도 『기독교적 유일성에 대한 재고. 다원주의적 종교 신학이라는 신화』라는 책에 기고한 논문 「종교다원주의와 갈등하는 진리 주장들. 세계종교 신학의 문제」에서 다종교적 만남의 복잡성을 충분히 파악할 수 있는 보다 정교한 의식의 필요성을 강조했다.

서로 다른 종교적 전통들이 만나는 경험적 상황에 충실하고자 원하는 세계종교 신학은 결코 진리 주장들의 갈등을 회피하거나 평가 절하해서는 안 된다고 판넨베르크는 말한다. 그에 의하면, 서로 다른 진리 주장들에 근거한 '경쟁'과 '우위성을 향한 투쟁'이 다종교적 상황에서 항상 존재한다.

존 힉은 서로 다른 종교들이 갈등하는 진리 주장들을 하고 있다는 사실을 평가절하하고 있다고 비판받는다고 판넨베르크는 적고 있다.[9]

위르겐 몰트만도 이 책에 기고한 논문 「종교다원주의 신학은 세계종교의 대화를 위해 유용한가?」(*Is 'Pluralistic Theology' Useful for the Dialogue of World Religions?*)에서 대화의 유일하게 가능하고 합리적인 기초로서 파악하는 "다원주의라는 이데올로기"의 문제를 지적하고 대화는 종교 간 만남의 한 가능성에 불과하다고 제안하면서,[10] '대화 형식의 다원성'과 종교 간의 관계들에 대한 많은 다원주의적 방법의 필요성을 지적했다.[11]

---

8   Schwöbel, "Particularity, Universality, and the Religions. Toward a Christian Theology of Religions," 30-31, 43-44.
9   Wolfhart Pannenberg, "Religious Pluralism and Conflicting Truth Claims. The Problem of a Theology of the World Religions", in Gavin D´Costa, ed., *Christian Uniqueness Reconsidered. The Myth of a Pluralistic Theology of Religions*. Maryknoll, NY: Orbis Books, 1990), 101-2.
10 Jürgen Moltmann, "Is 'Pluralistic Theology' Useful for the Dialogue of World Religions?", in Gavin D´Costa, ed., *Christian Uniqueness Reconsidered. The Myth of a Pluralistic Theology of Religions*. Maryknoll, NY: Orbis Books, 1990), 149-53.
11 Gavin D´Costa, "Preface," in Gavin D´Costa, ed., *Christian Uniqueness Reconsidered. The*

존 힉과 폴 니터의 종교다원주의 신학에 비판적 거리를 두고 있는 판넨베르크와 몰트만의 입장처럼, 슈바거도 그러하다. 앞에서 소개한 것처럼 슈바거는 『오직 그리스도? 종교다원주의 신학에 대한 논쟁』(*Christus allein? Der Streit um die pluralistische Religionstheologie*)[12]이라는 책들을 통해 종교다원주의 신학을 비판적으로 분석했다.

슈바거와 인스부르크 지라르학파는 종교다원주의를 넘어 종교 간 대화를 위한 '복잡하고 드라마틱한 해석학'을 제안했다.[13]

칸트의 인식론에 근거한 존 힉의 구원론적 종교다원주의의 모델보다는 지라르의 근본 인류학에 기초한 문화연구의 드라마틱한 해석학이 전지 국적인 모방적 경쟁과 차이 소멸이 만들어내는 새로운 복잡성을 파악할 수 있는 현실적인 모델이 될 수 있다.

지라르의 이론은 국제적이고 학제적으로 평화 연구와 갈등 연구를 위한 중요한 이론으로 평가받고 적용되고 있다.

지라르 이론에 기초해서 형성된 인스부르크대학교의 학제적 연구프로젝트 "세계질서-종교-폭력"는 폭력적 갈등의 원인에 대한 이해를 증진시키며, 평화스러운 공존을 위한 조건들과 정의로운 세상의 가능성을 찾고자 했다. 다종교와 다문화 사회를 위한 해석학적 모델에서의 인류학적 전환에 대해서 생각해 볼 수 있다.

다종교적이고 다문화적인 역동성에 대한 드라마틱한 이해는 점차 새로운 생산적인 접근방식으로 수용되고 있다. 『다문화적이고 다종교적 커뮤니케이션을 위한 해석학 연구 시리즈』(*Verstehen an der Grenze. Beiträge zur Hermeneutik interkultureller und interreligiöser Kommunikation*)에 실린 2003년 어느 논문

Myth of a Pluralistic Theology of Religions. Maryknoll, NY: Orbis Books, 1990), xix.
12 Raymund Schwager (hg.), "Christus allein? Der Streit um die pluralistische Religionstheologie" (Quaestiones disputatae 160) (Freiburg: Herder 1996).
13 Raymund Schwager und Józef Niewiadomski, *Religion erzeugt Gewalt - Einspruch!* Innsbrucker Forschungsprojekt 'Religion - Gewalt - Kommunikation - Weltordnung'. Beiträge zur mimetischen Theorie 15 (Münster: Thaur, 2003), 28.

에서는 "다종교적 커뮤니케이션을 위한 드라마틱한 이해에 대한 제안들이 점차로 인정받고 있다"라는 사실이 소개되었다.[14]

예를 들어, 북아일랜드 로마 가톨릭교회와 개신교회의 갈등을 해결하고자 하는 평화와 화해 연구가들은 지라르의 영향을 받아 다문화적 갈등, 갈등의 원인 그리고 갈등 해결에 대한 새로운 통찰을 얻게 되었다.

나의 논문 발표에서 좌장 역할을 한 존 다시 메이(John D'Arcy May) 아일랜드 더블린대학교의 트리니티칼리지(The College of the Holy and Undivided Trinity of Queen Elizabeth near Dublin) 연구교수는 "이 그룹의 학자들을 통해서 지라르를 알게 되었다"라고 나에게 말했다.

국제지라르학회 공식저널인「전염: 폭력, 미메시스 그리고 문화를 위한 저널」에 실린「북아일랜드에서의 폭력과 성스러움」이란 논문은 북아일랜드에서의 폭력적 갈등이 지니는 "미메시스적인 성격"을 지적했다. 유사성이 증가할수록, 경쟁들도 가열된다.[15]

몰트만도 기독교뿐 아니라, 이슬람에서도 어떤 공동체 내부의 종교 전쟁들이 특히 매우 잔혹하고 심하게 이루어졌다는 사실을 지적한다.[16]

모방적 욕망과 경쟁적 욕망에 대한 지라르의 근본 인류학적인 이론은 이러한 이상한 미메시스적인 현상에 대한 보다 깊은 이해와 분석을 가능케 하는 큰 분석적 힘을 소유하고 있다는 사실이 다문화적 해석학을 연구하는 최근의 흐름에서도 수용되고 있다.

오늘날의 북아일랜드와 근동에서의 이스라엘과 팔레스타인의 갈등과 분쟁에서 볼 수 있는 것처럼 뿌리가 같은 종교 간의 갈등과 폭력은 일종의 "형제살해"(Brundermord)가 인류의 가장 근본적인 갈등 형태임을 보여준다.[17]

---

14 Markus Wörner, "Interreligiöse Verständigung als Gespräch, ?" in Michael Bongardt, Rainer Kampling and Markus Wörner, ed., *Verstehen an der Grenze. Beiträge zur Hermeneutik interkultureller und interreligiöser Kommunikation* (Münster: Aschendorff, 2003), 24.

15 Duncan Morrow, "Violence and the Sacred in Northern Ireland", in *Contagion: Journal of Violence, Mimesis, and Culture* 2, 1995, 156.

16 Moltmann, "Is 'Pluralistic Theology' Useful for the Dialogue of World Religions?" 150.

17 Wörner, "Interreligiöse Verständigung als Gespräch, ?" 20.

바로 갈등의 미메시스적인 성격과 본질에 대한 최근의 관심은 지라르의 영향 때문이다. 지라르는 서로 간의 차이가 붕괴하고 소멸한 사람들 사이의 갈등을 보여주는 적과 같은 쌍둥이들(enemy twins)이나 형제들 간의 경쟁과 폭력에 대한 신화적이고 인류학적인 주제들을 자신의 미메시스 이론 속에서 깊이 연구했다.[18]

지라르의 미메시스적인 관계 이론의 빛으로 다문화적이고 다종교적 관계들에 대한 분석을 시도해 본다면, 그것은 사회이론가들이나 자유주의자들에게 매우 흥미로운 도전이 될 수 있다.

『국제 정치학 리뷰』에 실린 어느 논문은 『미국의 민주주의』라는 저서로 잘 알려진 프랑스 정치사상가이자 사회학자 토크빌(Alexis de Tocqueville, 1805-1859)과 지라르의 이론 등을 중심으로 다문화적 관계들을 논의하면서 다음과 같은 사실을 지적했다.[19]

> 현대의 민주주의적 도그마로서의 현대 평등주의의 등장은 그 업적과 함께 다문화적 미메시스(intercultural mimesis)의 편재(遍在)를 가져왔고, 이는 '문화적 그룹들 사이의 질투, 르상티망, 그리고 폭력이라는 딜레마와 같은 급증'을 야기시켰다.

종교 간 대화는 보다 인류학적으로 파악해야 한다. 종교다원주의 신학의 지지자들은 "어떤 의미에서 완전히 천사들의 편에 서있는 것처럼 보인다"는 지적은 틀리지 않다.[20]

18　René Girard, *The Scapegoat* (Baltimore: Johns Hopkins University Press, 1986), 31.
19　Paul Laurent and Gilles Paquet, "Intercultural Relations: A Myrdal-Tocqueville-Girard Interpretative Scheme", in *International Political Science Review / Revue internationale de science politique 12*. 1991, 176.
20　Kenneth Surin, "A 'Politics of Speech'. Religious Pluralism in the Age of the McMonald´s Hamburger," in Gavin D´Costa, ed., *Christian Uniqueness Reconsidered. The Myth of a Pluralistic Theology of Religions*. Maryknoll, NY: Orbis Books, 1990), 206-207.

대화, 갈등, 그리고 종교 간 경쟁에 대한 오래된 복잡성들을 너무 쉽게 무시해서는 안된다.[21]

"종교다원주의의 단순성들"은 서로 다른 종교적 전통들에 속한 사람들 사이의 대화 속에 존재하는 복잡한 패턴들을 파악하는데 적절하지 않다는 지적이다. 종교 간 대화의 인류학적 공간은 복잡하고 역동적이다.[22]

선불교로 깊이 각인된 일본 선불교적 교토학파의 니시타니 케이지의 종교철학과 신학적 대화를 시도한 독일의 신학자 한스 발덴펠스(Hans Waldenfels, 1931-)는 『절대 무: 불교와 기독교의 대화를 위한 기초』(bsolutes Nichts. Zur Grundlegung des Dialogs zwischen Buddhismus und. Christentum)[23]라는 책을 출판하기도 했는데, 그는 『종교들의 만남. 신학적 시도들 I』(Begegnung der Religionen. Theologische Versuche I)이라는 책에서 종교 간 대화에 있어서 (미메시스적인) 경쟁의 요소가 존재하는 것을 부인 하기도는 힘들다고 지적했다.

그래서 그는 이 책에서 "대화와 경쟁"과 "종교들의 만남과 경쟁"이라는 제목 아래서 대화뿐 아니라, 경쟁에 대해서도 논의하고 있다.[24]

존 힉과 다른 종교다원주의자들의 담론적 공간은 전형적인 교육받은 자유주의적 서구인의 공간이다.[25]

몰트만은 "쇠락하면서 지속되는 기독교 교회의 고향인 서구"와는 대조적으로 아시아와 아프리카에는 어떠한 콘스탄틴주의적 주장도 하지 않고 기독교 교리의 필연적인 결과로서의 절대주의도 고려하지 않는 기독교 신자들이 일어나고 있다는 사실을 지적한다.

---

21 Michael Barnes, *Theology and the Dialog of Religions* (Cambridge: Cambridge University Press, 2002),9.
22 Surin,"A 'Politics of Speech'. Religious Pluralism in the Age of the McMonald´s Hamburger,"206.
23 Hans Waldenfelsm *Absolutes Nichts. Zur Grundlegung des Dialogs zwischen Buddhismus und. Christentum*. Mit einem Geleitwort von Keiji Nishitani (Herder: Freiburg, 1976).
24 Hans Waldenfels, *Begegnung der Religionen. Theologische Versuche* I (Bonn: Norbert M. Borengässer, 1990), 26, 71-74.
25 Surin,"A 'Politics of Speech'. Religious Pluralism in the Age of the McMonald´s Hamburger,"209.

다원주의적 상황 속에서도 이러한 비서구적 그리스도인들의 선교적 증언은 인류에게 기독교 신앙을 설득력 있게 증언하는 비폭력적 선교라고 몰트만은 주장한다.[26]

그러므로 비서구적 기독교의 출현은 다종교적 연구에서의 새로운 복잡성을 이해 함에서 함께 고려되어야 한다.

지라르는 세르반테스의 『돈 키호테』(Don Quixote)를 분석하면서, 인류가 만들어내는 '갈등들의 무상성'에 대해서 지적했다.[27] 지라르의 미메시스 이론은 갈등의 원인을 가장 현실적으로 분석하고 설명하는 갈등 이론이다.[28]

인류의 갈등, 경쟁 그리고 폭력이 가지는 복잡한 역동성에 대한 근본 인류학적 통찰을 제공함으로써 비폭력적인 갈등 해결을 위한 지라르학파의 관점들은 이론과 실제에 있어서 희생양 만들기 없이 치유와 평화, 그리고 화해를 이루고자 한다.[29]

모방적 욕망, 형이상학적 경쟁, 소유욕적 미메시스, 그리고 미메시스적인 경쟁 등에 대한 지라르의 인류학적 분석은 인간의 갈등 속에 뿌리 깊게 자리 잡은 인간적인, 너무나 인간적인 원인을 보게 한다. 그리하여 그의 이론은 매우 날카로우면서도 불편하기도 하다.

그러나 그 함의들은 심오하다.

26　Moltmann, "Is 'Pluralistic Theology' Useful for the Dialogue of World Religions ? "151.
27　René Girard, *Things Hidden since the Foundation of the World*. Research undertaken in collaboration with Jean-Michel Oughourlian and Guy Lefort (Stanford: Stanford University Press, 1987), 16.
28　Wolfgang Palaver, *René Girards mimetische Theorie. Im Kontext kulturtheoretischer und gesellschaftspolitischer Fragen*(Münster-Hamburg-London: LIT Verlag, 2003), 3.1. Die mimetische Theorie als Konflikttheorie.
29　Willard M. Swartley, ed, *Violence Renounced: René Girard, Biblical Studies, and Peacemaking*, Studies in Peace and Scripture 4 (Telford, PA: Pandora Press, 2000).

제7장

독일 68과 프랑스 68 '소아성애적 안티파'의 민낯

1. 건강가정기본법의 '다양한 가족' 속의 소아성애와 근친상간

마지막 7장에서는 포스트모더니즘의 황혼과 종언을 논증하고 유대-기독교적 성경의 가치를 인문학적 지평에서 재변증하는 르네 지라르의 사상으로 독일 68과 프랑스 68 '소아성애적 안티파'의 민낯과 그 황혼을 소개하고자 한다.

2021년 「국민일보」에 연재한 보다 쉽고 대중적인 글들과 2021년 7월 '월드뷰'에 실린 글들로서 이 책을 마무리하고자 한다.

건강가정기본법 개정안은 궁극적으로 동성혼을 포함한 '다양한 가족', 곧 퀴어 가족(Queer Family), 또는 퀴어 친족(Queer Kinship)을 포용하기 위한 첫 걸음이다.

건강가정기본법 개정안에는 혼인, 혈연, 입양으로 이루어진 단위의 전통적인 '건강가정'을 해체고자 하는 독일 68 '소아성애적 안티파'의 성혁명 사상과 문화막시즘의 가정 해체 사상이 반영되어 있다.

그러나 생계와 주거를 공유하면 가족이 되는 이러한 '다양한 가족'(퀴어 가족) 내에서의 소아성애와 근친상간과 같은 성폭력의 문제는 증가할 것이라는 비판이 많다.

2015년 독일 퀴어 가족에 대한 학술대회에서는 '다양한 가족'(퀴어 가족)이라는 신개념을 통해서 가족 개념을 확대하는 것은 급진페미니즘적인 시대 정신에 굴복하는 것이라는 비판이 소개되었다.

또한, 이 새로운 가족 확대에 동정적인 학자들도 '다양한 가족'(퀴어 가족)에서 말하는 그 다양성 속에 소아성애와 일부다처제도 포함되는지 경계를 정해야 한다는 비판이 제기되었다. 즉, '다양한 가족'(퀴어 가족)이 말하는 그 다양성에는 한계가 없는지 질문한 것이다.

'젠더 트러블'에 이어서 이제 '친족 트러블'을 주장함으로 퀴어 가족을 주장하는 주디스 버틀러도 초대된 '퀴어 친족'(Queer Kinship)에 대한 2015년 폴란드에서 개최된 국제 학술대회에서는 폴리아모리적인(다자성애적인) LGBT(성소수자)와 매춘하는 성노동자(sex worker)들도 퀴어 가족에 포함되는 것으로 소개되었다.

'다양한 가족'과 '퀴어 가족' 개념을 통해서 성소수자들도 가족을 구성하고 선택할 권리를 주장하는 이 학술대회에서는, 특히 '돌봄'(Care)의 가치를 화두로 삼았다.

그런데 독일 성인지 성교육인 '다양성의 성교육(Sexualpädagogik der Vielfalt)의 아버지이자 '소아성애적 안티파'로 불리는 독일 68 성혁명 세대를 대표하는 상징적인 인물인 헬무트 켄틀러(Helmut Kentler, 1928-2008) 교수가 집 없는 아이들을 소아성애적 돌봄 아버지들(Pflegeväter)에게 넘겨주어서 일종의 퀴어 가족을 구성하도록 했는데, 이 사회적 약자인 아이들은 15년 동안이나 외부와 격리된 채 소아성애자들의 성노예로 산 것이 최근 폭로되어 독일뿐 아니라, 국제적으로 큰 충격을 주었다.

동성애자인 켄틀러 교수는 독일 개신교 성교육에 지대한 영향력을 행사했었다. 2021년 6월 켄틀러 교수의 성교육에 깊은 영향을 받은 독일 바이에른 개신교는 소아성애 실험과 관련된 '켄틀러 게이트'에 대해서 공식 사과했다. 또한, 켄틀러 교수의 이 소아성애 게이트로 인해서 독일 내의 모든 소아성애 네트워크에 대한 광범위한 조사가 시작되었다.

전 정부의 주요한 논객으로 각종 방송에 등장한 김누리 교수는 성교육이 가장 중요한 정치교육이라고 주장하면서 대한민국에도 68 성혁명적 성교육이 필요하다고 주장해왔다.

김누리 교수는 독일 68 '소아성애적 안티파'가 수행한 소아성애 문제와 이 독일 68 성인지(젠더) 성교육의 가장 대표적인 인물인 헬무트 켄틀러 교수의 소아성애 실험에 대해서는 어떤 입장을 가지는지 궁금하다.

'다양한 가족'(퀴어 가족)에 관한 논의에 있어서 소아성애 문제가 결코 주변적이지 않은 이유는 독일 68이 '소아성애적 안티파'이기 때문이다. 성혁명 개념의 창시자 빌헬름 라이히(Willhelm Reich, 1987-1957)는 무엇보다도 소아들과 청소년들의 성혁명을 주장했기에, 최초의 소아성애에 관한 이론가다.

젠더 개념의 창시자 존 머니(John Money, 1921-2006)도 소아성애를 지지한다. 세계적인 성의학자 알프레드 킨제이도 소아성애를 지지한다.

또한, 독일 68 사회주의 성혁명 운동은 조기 성애화를 근본전략으로 채택하기에 소아성애 문제는 성혁명 운동과 깊게 얽혀 있다.

독일 68운동권이 정치권에 진출해 설립한 독일 녹색당의 주류도 소아성애의 비범죄화를 주장해 오다가 2014년 당대회에서 공식적으로 이 과거사에 대해서 사과했다. 독일 녹색당 일부는 근친상간 금기도 해체하려고 했다.

최근 논란이 된 서울시 교육청의 '나다움 어린이책'에 등장하는 선정성 논란도 독일 68 '소아성애적 안티파'의 성혁명 운동에서 본질적으로 등장하는 소아성애적 조기 성애화 전략과 무관하지 않다.

'다양한 가족'(퀴어 가족)을 향한 첫걸음이라 할 수 있는 건강가정기본법 개정안은 서유럽 68 '소아성애적 안티파'의 성교육과 무관하지 않다. '퀴어 가족' 속의 소아성애와 근친상간과 같은 아동 성폭력 증가의 문제를 지적하는 또 다른 이유는 '다양한 가족'과 '퀴어 가족' 개념 배후에 있는 주요 이론가들이 소아성애와 근친상간을 변호하기 때문이다.

퀴어 이론의 아버지인 미셸 푸코(Michel Foucault, 1926-1984)도 최근 프랑스 해외석학 기 소르망 교수의 폭로처럼 동성애적 소아성애자다. 미셸 푸코는 근친상간도 변호한다. 미셸 푸코를 페미니즘에 도입한 초기 학자인 급진 페미니즘 학자 게일 루빈 게일 루빈(Gayle S. Rubin, 1949-)은 레즈비언이면서 동시에 소아성애자와 사도마조히스트(Sadomasochist, SM, 가학 피학성 변태 성욕자)로 커밍아웃한 학자다.

성적인 '일탈'을 주장하는 게일 루빈의 관점은 주디스 버틀러(Judith Butler, 1956-)에게 수용된다. 버틀러도 소아들의 성욕망을 긍정하면서 소아성애와 근친상간을 변호한다. 버틀러는 동성애 금기를 생산하는 근친상간 금기를 해체하려고 한다. 버틀러는 근친상간에 대한 푸코의 비판을 연장하려고 한다.

장 폴 사르트르, 시몬 드 보브와르, 자크 데리다, 롤랑 바르트, 미셸 푸코, 들뢰즈와 가타리, 리오타르 등 프랑스 68 포스트모던 좌파 철학자들 대부분이 소아성애의 비범죄화를 주장했다.

2021년 프랑스에서는 프랑스와 유럽연합의 헌법학을 대표하는 사회주의적 헌법학자 올리비에 뒤아멜이 의붓아들을 몇 년간 성폭행한 동성애적 소아성애와 근친상간 파문이 발생해서 프랑스에서는 '미투 근친상간'(미투엥세스트) 운동이 벌어지고 있다.

2. 차별금지법은 반자유주의적-파르티잔적 언어검열법

젠더 이데올로기와 글로벌 성혁명의 법제화를 위한 차별금지법의 배후는 독일 프랑크푸르트학파의 마르쿠제(Herbert Marcuse, 1898-1979)가 주장한 당파적 톨레랑스 개념이다.

독일 좌파 사회주의의 전통에 서서 마르쿠제는 오스트리아 출신의 칼 포퍼(Karl Popper, 1902-1994)의 자유주의적이고 보편주의적인 톨레랑스 개념을 비판하면서 우파 운동에 대해서는 불관용과 검열을, 좌파 운동에 대해서는 관용을 의미하는 '당파적(partisan) 톨레랑스'를 주장했다.

당파성을 의미하는 '파르티잔'(partisan)은 우리말로 빨치산으로 번역된다. '차별금지법'은 이러한 문화 전쟁적인 빨치산들의(cultur war partisans) 반자유주의적 검열법이다.

당시 서구 68운동은 3M, 곧 마르크스(Marx, 1818-1883), 마오쩌둥(Mao, 1893-1976), 그리고 마르쿠제(Marcuse, 1898-1979)를 영웅시했다. 알래스데어 매킨타이어(Alasdair Macintyre, 1929-) 교수는 "혁명적 소수자들이 표현을 억압할 권리가 있다"라는 마르쿠제의 이론은 잘못된 것이며, 잠재적으로 "어떤 합리적 진보와 해방에 대한 효과적인 장애물이 될 수 있다"고 비판했다.

정치학자 로날드 베이어(Ronald Bayer, 1943-)는 "이 당파적이고 '억압적 톨레랑스'에 대한 마르쿠제의 논증들이 게이 인권 활동가들이 동성애가 정신장애로 분류되지 않도록 운동할 때 정신의학자들의 강의를 방해하고 취소하거나 혹은 자신들의 반대자들 견해들을 관용하기를 거부하는 데 영향을 주었다"라고 분석했다.

보편타당성이 아니라, 반자유주의적 당파성을 강조하는 흐름은 21세기 글로벌 좌파의 대세로 부상한 샹탈무페의 좌파 포퓰리즘(Left Populism)에 와서 강렬하게 드러난다.

샹탈 무페(Chantal Mouffe, 1943-)는 독일 헌법학자 카를 슈미트의 저서 『파르티잔』(Partisan)에 등장하는 빨치산 개념을 적극적으로 수용해서 우파에 관한 선명하고 투쟁적인 전선을 날카롭게 그을 것을 요구한다.

차별금지법을 반대하는 이유는 바로 그것이 자유주의 전통에서 말하는 보편타당성에 기초한 법이 아니라, 좌파 운동만을 관용하고 우파 운동에 대해서는 철저하게 검열하고 탄압하기 위한 '당파적(빨치산적) 검열법'이기 때문이다

마르쿠제는 칼 마르크스가 예언한 공산주의라는 "자유의 제국에 대한 준비"로서, 먼저 "부자유의 단계"가 선행되어야 하며, 이 부자유의 단계에서는 "교육 독재"가 필요하고 "프롤레타리아 독재"가 필요하다고 주장했다.

마르쿠제는 자유의 제국인 공산주의의 완성 이전에, 전 단계로서 "민주주의와 자유"를 임시로 폐지해야 한다고 주장했다.

이러한 마르쿠제의 주장은 미국과 독일의 좌파 학생운동에 지대한 영향을 주었는데, 이러한 사유는 사회주의 사유의 아버지인 장 자크 루소에까지 거슬러 올라간다. 이사야 벌린(Isaiah Berlin, 1909-1997)은 검열도 주장했던 장 자크 루소의 '자유에 대한 배신'을 비판한 바 있다. 이러한 마르쿠제의 주장을 좌파 학생운동권은 열렬히 환호했다.

마르쿠제는 "자본주의와 민주주의, 그리고 시민사회를 파괴해야 자유의 제국에 도달할 수 있게 된다"라고 주장하며 그것을 위한 폭력도 정당화했다. 또한, 이 부자유의 단계에서는 "언론의 자유와 표현의 자유가 제한되어야 한다"라고했다. 마르쿠제가 주장한 표현의 자유는 '자신들 진영만을 위한 표현의 자유'였다.

차별금지법을 주장하는 성인지 페미니즘(광적인 페미니즘)의 파워엘리트였던 주디스 버틀러도 1997년경 자신의 주장이 소수일 때에는 표현의 자유를 지지하다가, '제도권으로 긴 행진'을 통해서 권력을 잡은 이후에는 표현의 자유를 차별 금지법 제정 등을 통해 제한한다는 비판을 강하게 받고 있다.

마르쿠제는 1970년 '새로운 감수성'을 주장했는데, 이는 지난 86 운동권 정부가 주장하는 '인권 감수성', '성인지 감수성', '문화 다양성 및 감수성' 등 각종 감수성 정치의 기원이 되었다.

최근 영미권에서 주목받는 학자 제임스 린제이(James Lindsay) 박사가 잘 분석했듯이, 마르쿠제의 이러한 노골적이고 당파적이고 반자유주의적인 톨레랑스는 21세기 좌파의 핵심 논리가 되었다.

2015년 이후 미국에서는 마르쿠제의 주장이 비판 인종 이론과 계급 각성 운동(워키즘)의 철학적 기초로서 다시금 강하게 영향을 주고 있다.

문재인 정부의 주요 논객인 김누리 교수는 독일 68과 한국 86을 연관시키면서 "독일 68 성교육이 가장 중요한 정치교육으로 한국에 필요하다"라고 주장한다.

그러나 독일 68운동과 관련한 각종 독일 방송에 등장한 저명 역사학자 괴츠 알리(Götz Aly, 1947-) 교수는 2008년 히틀러의 『나의 투쟁』(Mein Kampf)을 연상하게 하는 『우리의 투쟁 1968』(Unser Kampf 1968)이라는 책을 통해서 "독일 68운동이 1933년의 히틀러의 나치학생운동과 유사하다"라고 주장했다.

히틀러도 사회주의자였다. 사회주의는 독일제인데, 독일 사회주의 전통은 이후 좌우로 분열되어서 칼 마르크스를 따르는 독일 국제사회주의(공산주의)와 히틀러의 독일 민족사회주의(나치즘)로 분열된다.

사회주의는 본래부터 반자유주의와 반개인주의를 의미했다. 독일과 미국의 68혁명의 구루였던 마르쿠제의 당파적 톨레랑스에 기초한 차별금지법은 그렇기에 사회주의적이고 반자유주의적인 검열법이다.

영국의 정치철학자 로저 스크러턴 경(Sir Roger Scruton, 1944-2020)은 차별금지법은 사회주의적 질서 수립을 위한 법으로 개인의 주권에 대한 중대한 침해라고 비판했다.

86운동권 정부 일부 정치인에 의한 차별금지법 제정을 위한 투쟁 운동이 1933년 히틀러의 나치 학생운동과 유사한 점이 없지 않은지 성찰해야 한다. 차별금지법은 자유에 대한 배신이며, 새로운 검열이다.

3. 젠더 불쏮: 성인지라는 '개소리'(bullshit)와 '헛소리'

2021년 5월 헝가리와 폴란드는 젠더 개념 자체를 비판하면서 유럽연합(EU)이 '양성평등'(gender equality)이라는 표현 대신에 남녀평등(equality between men and women)으로 대체할 것을 요구했다.

1990년대 주디스 버틀러의 퀴어 이론과 젠더 연구 등을 가장 선구자적으로 독일 대학에 정착시켰던 독일 함부르크대학교(University of Hamburg) 페미니즘 교수였던 마리안네 피퍼(Marianne Pieper, 1962-)는 2018년 최근의 독일 대학에서의 퀴어 연구와 젠더 연구의 극복과 폐지 등에 대해서 증언했다.

그녀는 "뇌과학적으로 이미 반박되고 폐기된 존 머니(John Money)의 젠더 개념을 급진페미니즘 학자들이 수용해서 젠더 연구 분야를 만들었다"라고 말한다.

성 정체성의 혼동화를 목표로 하는 젠더 이데올로기의 기초가 되는 존 머니의 '성 중립적 젠더 개념'은 뇌과학적으로 이미 폐기된 개념이고, 2020년 주디스 버틀러도 인정하듯이 한 때 우후죽순처럼 발생했던 젠더 연구와 젠더 이데올로기는 거대하고 글로벌한 저항운동에 직면하고 있다.

2020년 성 뇌과학 박사이자 성 연구가 드보라 소(Debora W. Soh)는 『젠더의 종말: 우리 사회의 성과 정체성에 대한 신화들을 폭로하기』(*The End of Gender: Debunking the Myths about Sex and Identity in Our Society*)라는 책에서 젠더 개념의 종말을 뇌과학적으로 주장했다.

최근 프린스턴대학교(Princeton University) 분석철학자 해리 프랭크퍼트(Harry Frankfurt, 1929-2023) 교수의 『개소리에 대하여』(*On Bullshit*)라는 책이 국내에서도 베스트셀러가 되었다.

뉴욕타임스 베스트셀러 1위에 오른 이 책을 통해서 프랭크퍼트 교수는 분석 철학 특유의 정밀한 개념 분석을 통해 우리말로 '개소리'로 번역되는 '불쉿'(Bullshit)이라는 개념 속의 담긴 상당히 복잡한 의미 구조를 분석한다.

이 책은 본래 1986년 프랭크퍼트 교수가 미국 예일대학교(Yale University) 교수로 재직할 때 쓰인 글인데, 프랭크퍼트 교수는 해체주의 철학자 데리다와 포스트모던 철학자 폴 드 만(Paul de Man, 1919-1983)이 가르쳤던 '예일대학교가 개소리(Bullshit)의 중심지'라고 주장했다.

분석 철학자 프랭크퍼트 교수에 의하면 '탈 진리'(post-truth)를 주장하는 포스트모더니즘 철학 자체가 '개소리'(Bullshit)이다. 그에 의하면 반 실체주의적 포스트모더니즘 철학 자체가 진리에 대한 무관심을 가진 '탈진실(post-truth)인 개소리'이다.

특히, 해체주의적, 급진사회구성주의적, 그리고 반생물학적인 젠더(Gender) 개념이야말로 '탈 진리'(post-truth)와 '탈 사실'(post-fact)을 주장하는 '개소리'(Bullshit)다.

젠더 개념은 반 실제주의적 관점에서 남녀라는 생물학적 성(sex)을 해체하고서 젠더 유동성을 주장하면서 수십 가지의 젠더를 주장한다.

"아침에는 남자, 저녁에는 여자가 될 수 있다"라고 한다. 각각의 젠더에 머무르는 시간은 짧으면 분 단위부터 길면 년 단위까지 정해진 바가 없으며, 바뀌는 성별, 또한 일정한 패턴 없이 불규칙적이라고 주장한다.

인간은 성 중립적인 유니섹스로 태어나며 교육과 언어 행위 등을 통해서 남자와 여자가 된다고 젠더 이론은 주장한다.

독일어권에서는 젠더 개념을 '젠더-헛소리'(Gender-Unfug), '젠더 광기'(Genderwahn), 그리고 '젠더 망령'(Gendergaga)으로 비판하는 것이 보편화되어 있다.

독일에서 가장 대표적으로 생물학적 사실을 부정하는 젠더 이데올로기의 비 학문성과 반 학문성을 비판하는 카셀대학교(Universität Kassel)의 저명한 생물학자 쿠체라(Ulrich Kutschera, 1955-) 교수는 "젠더 이데올로기는 탈사실적인 젠더-신앙(Postfaktischer Gender-Glaube)에 기초하고 있는 근본주의 유사종교이다"라고 비판한다.

주디스 버틀러가 계승하고 있는 뤼스 이리가레(Luce Irigaray, 1930-)와 같은 급진 페미니스트들은 뉴턴의 만유인력 법칙과 아인슈타인의 위대한 방정식조차도 성차별적이라고 주장하면서 급진적으로 반자연 과학적인 태도를 보여 왔다.

독일의 저명한 사회철학자 노베르트 볼츠(Nobert Bolz, 1953-) 교수는 "젠더 개념이 생물학에 대해서 전쟁을 선포하고 있다"라고 비판한 바 있다.

프랭크퍼트 교수는 "'개소리'는 고급진 개념들을 논리적 연관성 없이 억지로 연결하는 것을 특징으로 한다"라고 말한다. 포스트모던적 젠더 개념이 유행하는 고급진 개념인 것처럼 착각해서는 안 된다.

이론물리학자 앨런 소칼(Alan Sokal, 1955)은 『유행하는 헛소리』(*Fashionable Nonsense*)라는 제목의 책에서 포스트모더니즘을 유행하는 헛소리로 비판한 한 바 있는데, 포스트모던적 젠더 개념이야말로 유행하는 헛소리이자 개소리다.

개소리는 보편타당하고 일반적인 진리가 아니라, 소수집단들만의 '부족적 탈 진리'를 의미한다. 젠더 개념은 보편타당한 진리와 사실이 아니라, 해체주의적 탈 진리와 탈 사실에 근거한 '급진페미니즘의 성혁명 개념'이다. 독일어권에서는 반생물학적 탈 사실을 주장하는 젠더 개념이 '오웰적인 뉴스피크'(Newspeak)라는 강한 비판을 받고 있다.

퀴어 이론과 젠더 페미니즘의 대부는 미셸 푸코인데, 미셸 푸코의 '소아성애에 대한 범죄'에 대해 프랑스 해외석학 기 소르망(Guy Sorman, 1944-) 교수는 2021년 자신의 최신작 『개소리에 대한 나의 사전』(*Mon dictionnaire du bullshit*)에서 최근 폭로한 바 있다.

주디스 버틀러의 젠더 개념은 성 정체성의 전복, 불안정화, 그리고 혼동화를 목표한다.

21세기 유럽에서는 포스트모더니즘과 젠더 이론의 유행적 거품이 빠지고 있다.

'젠더 개념'은 남녀라는 생물학적인 팩트(fact)와 진리를 의도적으로 거부하는 (언어)구조주의적 형식주의로부터 파생된 기호학적 개소리이자 유행하는 헛소리다.

젠더 개념 자체가 68 성혁명, 성정치 운동의 토로이 목마이기에 거부해야 한다.

4. 주디스 버틀러의 소아성애와 근친상간 옹호 비판

EBS 교육 방송 '위대한 수업' 중 주디스 버틀러('젠더 트러블')에 대한 비판이 거세다. '젠더 트러블'에 이어서 '친족 트러블'을 주장하는 버틀러에 대한 방송이 전통적 가족이 함께 모인 한가위에 방송되도록 기획된 것이라면 더 큰 문제다.

버틀러의 '친족 트러블'은 건강가정기본법 개정안이 지향하는 '퀴어 가족'을 위한 것이다. 버틀러는 『젠더 허물기』에서 "부모-자식 간의 근친상간을 부모에 의한 자식에 대한 일방적 침해라고만 반드시 볼 필요는 없다"라고 말한다. 버틀러는 "소아들에 대한 근친상간이 때로는 성폭력이 아닌 경우도 존재한다"라고 말한다.

또한, 그녀는 "필연적으로 트라우마틱 하지 않은 형태의 근친상간이 아마도 존재하거나 아니면 근친상간은 그것이 생산하는 사회적 수치심에 대한 의식 때문에 그 트라우마틱한 성격을 지니게 된다"라고 말한다. 근친상간이 아니라, 근친상간에 대한 사회적 수치심 때문에 트라우마가 생긴다는 것이다.

"그렇기에 근친상간 금지를, 때로는 성폭력을 방지하는 것으로, 때로는 성폭력을 발생시키는 바로 그 도구로 재고할 필요가 있을 수 있다"라고 말한다.

"이는 동의하에 이루어진 부모-자식 간의 근친상간과 소아성애는 아동 성폭력의 트라우마를 남기지 않을 수 있다"는 식의 주장이다.

「주디스 버틀러, 근친상간, 그리고 아이의 사랑에 관한 질문」이라는 논문은 소아성애와 근친상간을 트라우마를 남기는 아동 성폭력으로 파악하는 하버드대 주디스 허만 교수의 입장과 대조되는 주디스 버틀러의 입장을 비교한다.

주디스 허만 교수의 저서 『트라우마』(*Trauma and Recovery*)는 1997년 「뉴욕타임스」(*The New York Times*)로부터 "프로이트 이후 출간된 가장 중요한 정신의학서 중 하나"라는 찬사를 받으며, '외상 후 스트레스 장애'에 대한 권위서로 자리 잡았다.

소아성애 범죄를 미화해서 이제는 추락한 독일 교육계의 교황 하르트무트 폰 헨티히 교수를 비판한 독일에서 가장 유명한 여성학자 알리체 슈바르처(Alice Schwarzer, 1942-)는 허만 교수의 책 『폭력의 흉터』(*Narben der Gewalt*)를 추천한다.

아동 성폭력인 소아성애와 부모-자녀 간의 근친상간은 '폭력의 흉터와 트라우마'를 반드시 남긴다.

버틀러는 소아들의 근친상간적 욕망은 점차 발전해나가는 아이들의 섹슈얼리티의 한 부분이라고 본다. 이러한 버틀러의 입장은 근친상간을 아이들의 신체에 대한 잔인한 외부 침입으로 파악해서 근친상간을 아이들 자신의 성 욕망과 그 어떤 관계도 없다고 생각하는 근친상간 이해와는 대조적이다.

버틀러는 아이들의 주체적인 사랑과 성 욕망을 강조함으로 소아성애를 지지한다. 소아성애자 미셸 푸코도 성인을 유혹하는 아이들의 사랑과 성욕을 주장함으로 자기 아동 성폭력을 변호했다.

버틀러는 아이들의 사랑과 성욕에 기초한 주체적, 상호적, 그리고 합의적 소아성애와 근친상간은 트라우마를 남기지 않기에 가능하다고 주장한다.

그러나, 알리체 슈바르처는 "소아성애: 권력관계의 부정에 대하여"라는 제목의 글에서 "소아성애 지지자들은 항상 성인과 소아들 사이의 권력관계를 부정한다"라고 비판했다.

슈바르처는 남녀평등에 대한 공헌으로 독일 정부로부터 무공훈장을 받은 인물이며 버틀러의 젠더 이론과 젠더 교육을 가장 대표적으로 비판하는 학자이다.

또, 독일 68 성혁명 운동의 주요 과제였던 소아성애운동과 남색 운동의 어두운 그림자인 아동 성폭력 문제에 대해서 가장 앞장서서 비판한 인물이다.

슈바르처는 독일 녹색당의 소아성애운동, 독일 성교육의 교황 헬무트 켄틀러 교수의 소아성애 실험, 독일 68 진보 교육의 성지이자 "남색자의 천국과 아이들의 지옥"[1] 으로 변해버린 오덴발트 학교에서의 소아성애 범죄, 그리고 독일 교육계의 교황 헨티히 교수의 소아성애 미화 문제에 대해서 용감하게 저항하고 비판했던 여성학자다.

버틀러의 이러한 논리를 저명 급진생태학자 데릭 젠슨(Derrick Jensen, 1960-) 교수도 소아성애 지지자들의 전형적 논증이라고 비판한다.

데릭 젠슨 교수는 "퀴어 이론이 소아성애와 밀접히 관련되어 있다"라고 비판한다. 또한, "퀴어 이론의 대부 미셸 푸코와 퀴어 이론의 초석적 텍스트를 저술한 게일 루빈이 모두 소아성애자이며 버틀러도 소아성애 지지자이다"라고 주장한다.

버틀러가 계승하고 인용하는 게일 루빈은 소아성애자로 커밍아웃했다. 버틀러는 『젠더 트러블』에서 "근친상간 금기에 대한 푸코적 비판을 확장"한다. 버틀러는 근친상간 금기가 동성애 금기를 생산하는 근거라고 보고 그것을 해체하려고 한다. 근친상간 금기는 이성애 결혼제도를 영속화하는 장치라는 것이다.

『글로벌 성혁명』(The Global Sexual Revolution)의 저자 독일 사회학자 가브리엘 쿠비(Gabriele Kuby)도 "버틀러가 근친상간 금기를 해체하려고 한다"라고 비판한다.

버틀러는 근친상간 금기와 동성애 금기를 "억압적 명령"으로 파악해서 그것을 해체하고자 한다. 또한, 레비-스트로스 구조주의 인류학에서 말하는 '근친상간 금기의 문화적 영속성'을 수용하기를 거부한다.

슈바르처는 최근 독일-유럽의 창녀촌과 매춘-독일적 스캔들"이라는 제목의 강연과 책을 통해서 독일 녹색당, 사민당(SPD), 그리고 좌파 페미니즘

---

[1] https://www.welt.de/kultur/literarischewelt/article138531446/Das-schmutzige-Geheimnis-der-linken-Paedagogik.html?fbclid=IwAR2GZvJ8StVRc93__hSX2XR5P-DTQuGG7Qg-zySF6IAXiN0Qm4GR4SReYlWY

이 추진한 자유로운 매춘(매춘 합법화)를 비판했다.

슈바르처는 매춘업 종사자의 90퍼센트가 아동 성폭력 피해자라는 사실을 지적하면서 소아성애와 매춘 사이의 깊은 관계를 지적한다.

2010년 이후 독일 교육계에서는 독일 68 성혁명의 소아성애 과거사 청산이 대세다. EBS 교육 방송에 소아성애와 근친상간도 보편적 교육 가치인지 질문한다.

5. 동의적 소아성애? 권력관계와 아동 성폭력에 대한 감수성을!

EBS 교육 방송 '위대한 수업. 그레이트마인즈' 주디스 버틀러 방송에 대한 시민적 저항이 거센 가운데, '노동자연대'는 버틀러의 근친상간 지지에 관해서 "근친상간 자체가 위계적·강제적 관계는 아니기에 문제가 되지 않는다"라고 언론 보도했다.

버틀러, 독일 68 '소아성애적 안티파', 미셸 푸코, 그리고 독일 녹색당 등은 "합의적 소아성애와 근친상간은 문제가 되지 않는다"라고 주장했고, 이는 '노동자연대' 언론보도에서도 발견된다.

EBS의 젠더 허물기, 가정 허물기, 친족 허물기(친족 트러블)의 이론가 버틀러 방송은 '한가위 허물기'이다.

버틀러는 2000년 저서에서 "성관계를 위한 공공구역과 세대 간 섹스의 정당성과 합법성"을 주장한다. 세대 간 섹스(intergenerational sex)는 소아성애다.

제인 킬비의 논문 「주디스 버틀러, 근친상간 그리고 아이의 사랑에 관한 질문」에서 근친상간을 아동 성폭력으로 주장하는 하버드대 주디스 허만 교수의 입장과 대조적으로 트라우마가 없는 근친상간도 가능하다고 주장하는 주디서 버틀러의 입장을 비교한다.

『아버지-딸 사이의 근친상간』(Father-Daughter Incest)이라는 책에서 허만 교수는 근친상간을 트라우마를 남기는 아동 성폭력으로 파악해서, "소아들이 성인의 성욕을 만족시키도록 강요받는다"라고 지적한다. 버틀러는 1997년 저서를 통해 근친상간 논의에서 "아이의 사랑이 고려되지 않았다"라고 말한다.

버틀러는 『젠더 허물기』(Undoing Gender)에서 성인과 소아 간의 근친상간 속에 존재하는 관계성과 상호성을 강조하면서 "성인과의 트라우마틱한 근친상간적 관계 속에 있는 아이의 사랑과 욕망을 고려해야 한다"라고 말한다. 소아성애와 근친상간에서도 소아들과 아이들은 주체적으로 욕망하고 행동하는 존재라는 것이다.

하지만 버틀러의 젠더 교육을 가장 대표적으로 비판하는 독일에서 가장 유명한 원조 여성학자 알리체 슈바르처는 독일 68혁명, 녹색당, 진보 교육, 그리고 성인지 페미니즘이 주장했던 합의적 소아성애와 근친상간 속의 엄연한 권력관계를 강조한다.

슈바르처는 "소아성애: 권력관계의 부정에 대하여"라는 글에서 독일 68 소아성애운동의 "문제의 핵심은 항상 성인과 소아들 사이의 권력관계에 대한 부정이었다"라고 말한다. 권력관계는 부정되면서도 "성인과 소아들 사이의 외견상의 상호성과 동의가 암시됐다"라고 슈바르처는 분석했다.

소아성애와 근친상간에 있어서 소아의 주체적 사랑과 성욕, 그리고 성인-소아 사이의 상호적 관계성과 합의성을 버틀러뿐 아니라, 독일 68 '소아성애적 안티파'도 강조했다.

근친상간 금기를 해체하려고 했던 독일 녹색당의 소아성애운동도 버틀러와 유사한 논리를 내세웠다.

버틀러가 강조하는 소아의 사랑과 성욕은 독일 68 성혁명과 녹색당의 소아성애운동의 주요 화두였던 '아이의 섹슈얼리티'(Kindersexualität)와 같다.

독일 성인지 성교육의 아버지이자 독일 성교육의 교황이었던 헬무트 켄틀러 교수도 버틀러와 유사한 논리를 내세우면서 고아이자 집 없는 아이들을 일종의 '다양한 가족'(퀴어 가족)이라고 할 수 있는 소아성애자 돌봄 아버지에게 넘겨주는 소아성애 실험을 했다.

그 집 없는 아이들은 15년 동안이나 외부와 차단된 채 성노예로 살았고, 깊은 트라우마를 안고 살고 있다.

켄틀러는 아이들도 성적인 존재라고 말한다. 다른 68 성혁명 이론가들도 인간은 '성적인 존재'로 태어나며 소아들도 성적인 존재로서 오르가즘 쾌락을 느낄 권리가 있다는 논리로 소아성애를 정당화했다.

켄틀러는 사실상 아동 성폭력의 한 형태인 이 '실험들'에 대한 그 자신의 긍정적인 평가를 절대로 수정하지 않았다.

버틀러와 유사하게 아이의 사랑과 성욕을 주장하는 켄틀러는 소아성애가 아이들 교육에 유익할 것이라고 주장했다.

하지만 켄틀러의 소아성애 실험으로 학대받은 희생자들을 인터뷰한 네트비히 박사에 의하면, 그 아동 성폭력의 피해는 지저분한 것이었고 그들은 트라우마로 고통받고 있다.

소아들과 성인 소아성애자들 사이의 권력관계가 켄틀러의 소아성애 실험에도 존재했다고 켄틀러의 제자로서 독일 성인지 성교육의 대표 학자인 질르트 교수도 인정했다. 합의적 소아성애와 근친상간을 지지하는 버틀러는 이 권력관계에 대해 침묵하고 있다.

아이의 사랑을 강조하는 버틀러의 논리는 일종 소아성애자의 가해자 전략이다. "집단적 가해자 전략으로서의 성 해방"이라는 제목으로 2015년 플라톤의 『향연에 등장하는 '교육학적 에로스'에 기초한 남색을 모델로 삼는 독일-그리스 남색 문화사에 관한 연구서』를 출간한 녹색당 출신 언론인 크리스천 퓔러는 버틀러와 같이 아이의 섹슈얼리티와 사랑에 방점을 두는 성혁명 사상을 비판했다.

그의 책 제목은 『(성)혁명은 아이들을 학대했다』이다. 당시 68운동 당시 소아성애는 아이들의 해방으로 선포되었다. 68 성혁명의 최악의 피해자는 소아들이다.

2010년 이후 독일 교육계의 최대의 화두는 소아성애운동에서의 아동 성폭력 문제이며 68 소아성애운동의 과거사 청산이 대세다.

성혁명의 창시자 빌헬름 라이히는 성인들의 성혁명보다 소아들과 청소년들의 성혁명과 성 해방을 주장했다.

2010년 이후의 독일 교육계처럼 EBS 교육 방송도 소아성애운동이 낳은 아동 성폭력 문제에 감수성 있게 응답해야 한다.

6. 2014년 독일 녹색당의 소아성애운동 과거사 공식 사과

2014년 독일 녹색당은 당대회에서 당 대표가 과거 녹색당이 소아성애를 주장하고 실행한 것을 공식으로 사과했다. 당 대표는 독일 68 성혁명 운동의 한 부분으로 소아성애운동이 전개된 사실과 녹색당이 소아성애 문제에 대해서 침묵하고 은폐했던 사실을 인정했다.

"녹색당. 과거의 그림자"라는 제목으로 보도된 독일 「슈피겔」(Der Spiegel)은 2013년 5월 13일 기사는 "소아성애 지지자들의 영향력이 신생 녹색당에 지금까지 알려진 것보다는 훨씬 더 강했다"라는 사실을 보도했다.

"녹색당의 책임은 아동들과의 성관계를 인간적인 성 욕망이 표출되는 정상적인 유형으로 인식하는 그러한 분위기가 녹색당 안에 생기게 되었다는 사실에서 시작된다"라고 이 신문은 분석했다.

녹색당은 독일 68운동의 산물인데, 그 운동은 사회를 성적인 억압의 사슬로부터 해방하고자 했다. 녹색당 창당 첫째 날부터 평화주의자들, 페미니스트들, 그리고 반핵주의자들과 함께 "도시의 인디언들"이 등장해서, "성인들과 소아들 사이의 모든 부드러운 성적인 관계들에 대한 합법화"를 요구했다.

2013년 녹색당 대표는 아동 성폭력에 대한 보호가 녹색당의 중요한 관심이라고 주장했지만, 소아성애 옹호자들은 여전히 녹색당이 유일한 희망이라고 간주한다.

그들은 녹색당이 중장기적으로 성 소수자들을 위해 투쟁해 줄 유일한 정당으로 본다. 소아성애자들도 자신들을 성소수자라고 본다.

1980년 3월 녹색당은 "성적인 주변인들에 대한 차별"에 반대하는 프로그램을 통과시켰는데, 그 당시 소아성애자들의 관심을 대변하는 "소아성애 위원회"도 만들었다.

소아성애 논쟁이 공론화되자 녹색당 대표는 녹색당은 한 번도 어린아이들과 성관계에 대해서 말한 적이 없고, "아이들에 대한 성적인 남용을 '비범죄화'하는 어떤 결정도 내린 적이 없다"라고 변명했다.

하지만, 녹색당은 1980년대에 무엇이 성적인 남용인지 아닌지에 대해 매우 특별한 개념을 가지고 있었다. 성인들과 소아들과의 성관계는 그 소아들이 자신들의 아이들이 아니고, 또한 구타로 강제된 것이 아니라면 허용될 수 있다는 견해는 녹색당에 유행했었다.

1985년 3월 모임에서 소아성애자들은 큰 성공을 자축했는데, 당시 녹색당은 성인들과 소아들과의 비폭력적인 성관계를 허용하고자 하는 연구서를 승인했기 때문이다.

그리하여 녹색당은 "아이들에 대한 소아성애적인 폭력 강박들을 발휘하기를 원하는 성인 남성들을 보호하게 되었다"라고 「슈피겔」(Der Spiegel)은 보도했다.

독일 주간지 「디 차이트」(Die Zeit)는 2013년 "68세대-소아성애적 반파시즘"이라는 제목의 기사에서 "좌파의 아동학대에 대한 무해화 방법을 알리고 하는 자는 당시의 파시즘 이론을 공부해야만 한다"라고 소개했다.

독일 68 '소아성애적 안티파'와 녹색당에서는 성 해방이 나치 과거사 청산으로 이해됐고 소아성애는 해방으로 이해되었다.

당시 소아성애는 반파시즘을 위한 위대한 행위로 찬양됐다. 당시에는 성해방이 반파시즘적인 기획으로 간주하였다. 당시 사람들은 빌헬름 라이히의 성혁명 이론에 기초해서 충동 억압과 파시즘적인 이데올로기 사이에 존재한다고 여겨지는 연관성은 성인들과 소아들 간의 동의하에서 이루어지는 성적인 접촉들이 허용될 때 비로소 제거될 수 있다고 주장했다.

독일 68 '소아성애적 안티파'는 소아성애가 소아들의 인성 발달에 대한 긍정적인 결과들을 가져온다고 주장했다. 68 학생운동 1년 이후에 작성된 수업교재는 아이들과의 성적인 행위들을 칭송했다. 당시 독일 68 '소아성애적 안티파'는 소아성애에서 실현되는 해방된 성은 소아들과 성인들 사이의 어떠한 권력관계도 생각할 수 없는 죄 없는 순수함의 루소주의인 제국이 실현되는 것으로 주장했다.

독일 주간지 「디 차이트」(Die Zeit)도 2014년 11월 독일 녹색당의 소아성애 과거사 공식 사과에 대해서 보도하면서, 특히 빌헬름 라이히의 성혁명 운동과의 관련성을 잘 분석했다.

이 언론은 파시즘에 관한 토론은 매우 독일적이라고 분석했다. 빌헬름 라이히는 저서 『파시즘의 대중심리』(Die massenpsychologie des faschismus)에서 "권위주의의 발생은 어린아이의 자연적인 성에 대한 억압과 연관된다"라고 주장했다.

즉, 권위주의와 파시즘의 발생을 막기 위해서는 어린아이들의 성 해방과 성혁명 운동을 일으켜야 한다는 것이다. 최초의 소아성애 이론가는 성혁명 개념의 창시자인 빌헬름 라이히(Willhelm Reich, 1897-1957)이다.

독일 68 반권위주의적 성교육은 태생적이고 본질적으로 소아성애적이었다. 놀랍지도 않게 좌파 소아성애자들 그룹들은 종종 실제적인 아동학대를 하기도 했다고 이 언론은 보도했다.

독일 언론 『디 벨트』(Die Welt)는 "유력한 독일 녹색당원이었던 헤르만 메어가 1980년대 코뮌 생활 당시에 어느 남성에 대해 소아성애적 성 학대를 했다"라는 사실을 보도했다.

그 남성 성 학대 피해자의 증언에 의하면, "헤르만 메어의 소아성애는 공개적이었으며, 결코 비밀이 아니었고, 심지어 광고까지 되었다"라고 말한다.

그 남성 소아성애 피해자는 대략 10명의 성인 남성에 의해서 성적으로 학대를 받았는데, 그들 남성 대부분은 코뮌 공동체 모임에 참석하는 방문자들이었다.

이렇게 독일에서는 아동 성폭력에 대한 새로운 감수성으로 독일 68 소아성애운동 과거사 청산이 광범위하게 이루어지고 있다.

7. 성소수자 운동(젠더 퀴어)은 디오니소스적 신 이교 현상

주디스 버틀러식의 젠더 퀴어 페미니즘을 가장 강하게 비판하는 미국의 대표적 여성학자로서는 미국 원조 여성학자 커밀 팔리아(Camille Anna Paglia, 1947-)교수가 있다. 그녀는 주디스 버틀러가 주장하는 퀴어 무정부주의와 디오니소스적 좌파 페미니즘(젠더 퀴어 페미니즘)을 비판한다.

이탈리아 출신으로서 그리스-로마 문화와 예술에 조예가 깊은 팔리아 교수는 자신의 저서 머리말에서 "유대-기독교는 결코 이교주의를 물리치지 못했으며, 그 이교주의는 아직도 예술, 에로티시즘, 점성술, 그리고 대중문화 속에서 여전히 번성하고 있다"라고 말한다.

그녀는 "유대-기독교가 완전히 물리치지 못한 이교주의는 이탈리아 르네상스와 낭만주의 운동, 그리고 헐리우드를 통해서 재등장했다"라고 본다. 유대-기독교 전통이 디오니소스적 이교 전통을 완전히 물리치지 못했다는 점과 포스트모던적 젠더 퀴어 운동이 디오니소스적 새로운 이교 현상이라는 그녀의 통찰은 옳다.

니체도 기독교적 성자가 아니라, 디오니소스의 철학자가 되기를 원했고, 니체와 매우 닮은 성소수자 미셸 푸코도 니체주의적-디오니소스적 광기 철학을 그의 소아성애적 성 정치 운동 속에서 전개했다. 푸코는 포스트모던적-후기 구조주의적 디오니소스다. 팔리아 교수는 이 책에서 안드로진과 성 정체성의 모호성을 문화인류학적이고 예술사적으로 연구했다.

그녀는 "68운동과 퀴어 페미니즘 등을 통해서 고대 그리스의 디오니소스적인 것과 이교적인 것이 부활했다"라고 본다. 독일 낭만주의와 루소주의가 흐르는 퀴어페미니즘을 통해서 디오니소스적이고, 퀴어한 유체성, 애매모호성, 안드로진, 트랜스젠더, 트랜스 섹스가 부활했다"라는 것이다. "디오니소스는 현대 젠더 퀴어 페미니즘을 상징한다"라고 팔리아 교수는 분석한다.

그녀는 퀴어 페미니즘의 낭만주의와 루소주의에 맞서서 디오니소스를 미학주의적으로 파악하지 않고, 디오니소스 축제 때 발생하는 성적인 통음난무와 희생 제물을 갈기갈기 찢어버리는 잔인하고 폭력적인 사지 절단을 지적한다.

젠더 퀴어 페미니즘이 미학주의적으로 찬양하는 성 정체성의 유체성, 모호성, 붕괴성 등을 르네 지라르는 축제 때 발생하는 일시적이고 위기적인 차이 소멸로 파악했다. 팔리아는 낭만주의가 데카당스(퇴폐 상)로 이어진다고 바르게 주장했다.

디오니소스는 안드로진, 유체성 그리고 의상도착증을 상징한다. 60년대의 페미니즘이 디오니소스적인 것을 도입했지만, 디오니소스적인 통음 난무에서는 폭력과 파괴가 동반된다는 사실을 그녀는 강조한다.

디오니소스는 자유로운 섹스의 상징이자 폭력의 상징이다. 그녀는 "디오니소스적인 유체성과 디오니소스적인 사지 절단은 유비적이다"라고 말한다.

디오니소스는 섹스와 폭력을 상징한다. 하데스(지옥)를 의미했던 디오니소스는 폭력의 신으로서 집단폭력의 광기(mania)를 상징한다. 디오니소스의 여성 추종자들은 "미쳐 날뛰는 자들"을 의미하는 마에나드(Maenad)로 불렸다.

이 미친 여자들은 디오니소스 축제 때 희생 제물을 맨손으로 갈기갈기 찢어서 살해하는데, 이를 스파라그모스(sparagmos)라 한다. 이후 이들은 이 갈기갈기 찢긴 희생 제물을 생식하는데, 이를 '옴파기아'(omophagia)라고 한다.

이렇게 디오니소스는 집단 광기(매니아, mania), 집단 성교(오르기아, orgia), 그리고 집단 폭력(스파라그모스, sparagmos)을 의미했는데, 이것이 젠더 퀴어 운동에서 재현된다고 팔리아는 주장한다.

팔리아 교수는 "트랜스젠더 광기는 문화 붕괴의 징조라는 사실을 역사적 교훈으로 확인할 수 있다"라고 자신의 그리스-로마 문화사 연구를 토대로 주장한다.

그녀는 많은 다양한 문화를 분석해 본 결과 "트랜스젠더 광기와 같은 현상은 문명의 데카당스(퇴폐상과 타락상) 단계에서 등장한다"라고 말한다. 그녀에 의하면, 젠더의 정체성 폭발은 인류 문명 역사 전체를 통해서 살펴볼 때 되풀이하여 발생하는 문명 붕괴의 징조이다.

동성애적 소아성애이자 사도마조히스트(가피학자)인 미셸 푸코를 철학적 대부로 모시는 이러한 디오니소스적 젠더 퀴어 운동은 의도적으로 소위 '변태적인' 성행위라는 '일탈'을 추구한다. 미셸 푸코도 "실내에서가 아니라, 실외인 공동묘지 묘비 위에서 소아성애적 매춘과 강간을 했다"라고 한다.

'퀴어 신학'은 정통 기독교 신학에 속하지 못하는 '디오니소스적 새로운 이교 현상'이며, 새로운 영지주의다. 퀴어스러운 것은 디오니소스적인 것이고 일탈적인 것을 의미한다. 퀴어는 디오니소스적이다.

고대 그리스의 디오니소스적인 것은 포스트모던 시대에서 퀴어스러운 것으로 부활했다. 디오니소스적 퀴어는 동성애자, 소아성애자, 그리고 사도마조히스트로 커밍아웃한 급진 페미니스트 게일 루빈(Gayle S. Rubin, 1949-)의 표현처럼 정상적이고 일상적이고 변태적이지 않은 것의 대척점에 있는 비정상적이고 일탈적이고 '소위 변태적인 것'을 상징하고 의미한다.

빌헬름 라이히와 마르쿠제(Herbert Marcuse, 1898-1979)와 같은 혁명적 좌파 프로이트 추종자들은 성적인 통음 난무를 성 유토피아로 찬양하기도 했다.

푸코가 서문을 적은 들뢰즈(Gilles Deleuze, 1925-1995)와 가타리(Pierre-Félix Guattari, 1930-1992)의 『안티 오이디푸스: 자본주의와 정신 분열증』(Anti-Oedipus : Capitalism and Schizophrenia)에서는 자본주의는 욕망의 혁명성 때문에 그것을 억제하기에 억제된 욕망은 정신질환을 낳는다고 주장한다.

욕망의 흐름이 막히자 '욕망하는 기계들'인 인간은 정신 분열자가 되어 이상한 망상에 사로잡히거나 혹은 파라노이아(편집증, paranoia) 환자가 된다고 말한다. 그래서 들뢰즈와 가타리는 디오니소스적 성 욕망의 분출을 주장한다.

8. '젠더의 종말': 성 중립적 젠더는 뇌과학으로 폐기되었다

주디스 버틀러는 2020년 4월 강연과 최근 EBS 강연에서 "글로벌 반-젠더 이데올로기 운동이 거세게 일어나고 있으며 유럽에서도 젠더 교육이 점차 폐지되고 있다"라고 소개했다.

남녀의 생물학적 차이를 성 중립적인 젠더 개념으로 부정하는 젠더 이론의 비 학문성과 반 학문성도 이러한 글로벌 반-젠더 이데올로기 운동의 주요 원인이다.

사회주의 성 정치의 진원지인 독일에서도 최근 젠더 연구와 퀴어 연구는 점차 폐지되고 있다. 1990년대 버틀러의 퀴어 이론과 젠더 연구를 선구자적으로 독일 대학에 정착시켰던 독일 함부르크대학교 페미니즘 교수였던 마리안네 피퍼는 2018년 "퀴어 연구는 어디로 가는가? 퀴어 이론과 실천의 현 상황과 미래에 대하여"라는 강의를 통해 최근의 독일 대학에서의 퀴어 연구와 젠더 연구의 극복과 폐지에 대해서 증언했다.

피퍼 교수에 의하면, 독일 함부르크대학교에서의 젠더 연구도 최근 폐지되었다. 그녀는 "독일 대학에서 '젠더'라는 이름을 단 학문 분야가 우후죽순처럼 폭발적으로 증가했지만, 최근 점차 폐지되고 있다"라고 소개한다.

또, "퀴어 연구와 성인지 페미니즘 분야를 폐지하는데 독일 중도우파 정당인 기독민주연합(CDU) 정치인들이 적극적인 역할을 했다"라고 말했다.

피퍼 교수는 "뇌과학적으로 이미 반박되고 폐기된 존 머니(John Money, 1921~2006)의 젠더 개념을 급진페미니즘 학자들이 수용해서 젠더 연구 분야를 만들었다"라고 분석한다.

2020년 성 뇌과학 분야에서 박사 학위를 받은 섹슈얼리티 연구가 드보라 소는 『젠더의 종말: 우리 사회의 성과 정체성에 대한 신화들을 폭로하기』(The End of Gender: Debunking the Myths about Sex and Identity in Our Society)라는 책을 통해서 젠더의 종말을 뇌과학적으로 주장했다.

젠더 이론의 9가지 신화를 비판하는 이 책은 서론에서 생물학에 대한 전쟁을 선포한 젠더 이론을 비판하고 생물학적 성별(sex)은 '스펙트럼'(spectrum)이라는 신화를 비판한다.

젠더는 사회적 구성물이라는 신화를 반박하면서 남성의 뇌와 여성의 뇌가 작동하는 방식에 있어서 차이가 존재하지 않는다는 주장도 그녀는 반박한다.

2006년 미국 「워싱턴포스트」(Washington Post.) 베스트 논픽션에 선정되기도 한 캘리포니아대학교 신경정신과 의사이자 신경정신분석학자 루안 브리젠딘의 『여자의 뇌』(The Female Brain)라는 책은 성인지 교육이 주장하는 유니섹스의 오류를 지적하고, 남성의 두뇌와 여성의 두뇌가 뇌과학적으로 얼마나 다른지를 잘 보여준다.

이 책은 뇌과학의 연구 결과를 인용하면서 여자와 남자의 유전자 코드는 99퍼센트 이상이 같고, 남녀 양성의 변이로 인한 차이는 단 1퍼센트에 불과한데, 여자 뇌에는 있고 남자 뇌에는 없는 바로 그 '1퍼센트'가 여자와 남자의 결정적 차이를 만들어낸다고 말한다. 저자는 여자의 뇌와 남자의 뇌가 각기 다른 성호르몬의 흐름에 영향을 받는다는 사실을 강조한다.

독일에서 성 중립적 젠더 이론을 가장 대표적으로 비판하는 학자는 카셀대학교(University of Kassel) 생물학 교수 울리히 쿠체라 교수다.

미국 스탠퍼드대학교에서도 가르쳤던 그는 인간은 성 중립적 유니섹스로 태어난다고 주장하는 젠더 이론을 비판하면서, "2005년 유전학적으로 남성과 여성이 마치 침팬지와 인간이 다른 것처럼 1.5퍼센트 정도 다르다는 사실이 발견되었다"라고 소개한다.

쿠체라 교수는 젠더 이데올로기는 반생물학적 유사 학문이라고 비판한다. 2015년 9월 독일 주간지 「슈피겔」(Der Spiegel)도 젠더 교육이 생물학을 부정하는 일종의 유사종교라고 비판하는 쿠체라 교수를 다음과 같이 소개한다.

> 쿠체라 교수는 성 중립적 유니섹스를 비판하면서 남성과 여성의 생물학적 차이를 결정하는 호르몬과 염색체라는 생물학적 팩트를 강조한다.
> 쿠체라 교수는 젠더 개념의 창시자인 존 머니가 소아성애 변호자라는 사실도 강조한다.

올해 3월에는 이처럼 보도했다.

> 그는 최근 동성애 운동에서 발견되는 소아성애로 인해 아동 성폭력 문제를 제기했다는 이유 등으로 동성애자들로부터 고소를 당했다.
> 그러나 표현의 자유와 학문의 자유의 이름으로 결국 무죄판결을 받았다.

2011년 출간된 『인간 정체성에 대한 강간: 젠더-이데올로기의 오류들에 대하여』라는 책의 공저자인 독일 에를랑겐대학교(FAU) 뇌과학 교수 만프레드 스프렝도 "젠더 이데올로기가 의학을 부정하다면서 남녀의 차이는 뇌과학적으로 기초되어 있다"라고 주장했다.

그는 "남녀의 참된 차이는 바로 두뇌에 있다"라고 주장하면서, 간뇌에서의 차이를 다음과 같이 예로 든다.

여성이 남성보다 멀티태스킹(다중작업)에 있어서 탁월한 것도 여성의 독특한 뇌 때문이다.

"신생아의 성 정체성은 교육과 양육으로 형성된다"라고 주장한 존 머니의 심리성적 중립성 이론의 근거 사례로 제시된 데이비드 라이머의 삶과 그의 비극적 자살은 신생아 성 중립성을 말하는 젠더 개념을 반박한다.

데이비드의 사례는 성 정체성과 성적 지향이 주로 선천적이며 출생 전 뇌 및 신경계가 호르몬이나 다른 유전적 영향을 받아서 생기고 성전환에 한계가 있음을 보여준다. 데이비드의 삶은 신경생물학적 영향이 성 정체성과 성적 지향에 가장 큰 영향을 미친다는 사실을 보여준다.

존 머니는 소아성애, 가학 피학성 성욕, 절단 페티쉬, 호분증, 성적 쾌락을 위해 자기 목을 조르는 행위 그리고 아동 성교 놀이를 지지한 성혁명 선동가였다. 뇌과학적으로 이미 폐기된 젠더 개념을 기초로 조기 성애화와 과잉 성애화를 통한 소아들의 성 정체성 허물기와 흔들기를 시도하는 사회주의적 성 정치는 중단되어야 한다.

9. 독일과 프랑스의 68 성소수자 운동의 소아성애운동 청산

올해 10월 초 프랑스 가톨릭교회 성직자와 일부 관계자들이 지난 70년 동안 33만 명에 달하는 아동을 성적으로 학대했다는 내용의 보고서가 발표됐다.

최소한 3천여 명의 소아성애자들에 의해서 이 아동 인권유린이 자행되었다고 영국 가디언지는 보도했다. 피해 아동의 80퍼센트는 10-13세 소년이었는데, 그들은 아직도 트라우마로 고통받고 있다.

프랑스의 가톨릭교회의 이러한 모습은 독일과 프랑스의 68 '소아성애적 안티파'가 추진한 성혁명 운동의 영향 때문이다.

사르트르, 시몬 드 보부아르, 데리다 그리고 푸코 등 프랑스 68운동을 주도했던 대부분의 프랑스 지식인들이 소아성애의 비범죄화를 주장했다. 21세기 독일과 프랑스에서는 68 성소수자 운동으로 전개되었던 소아성애운동의 추하고 어두운 과거사가 청산되고 있다.

인권의 이름으로 자유를 새롭게 탄압하고자 하는 성소수자 운동은 소아성애운동이 남긴 아동 인권유린에 대해서 감수성을 가지고 응답해야 한다.

독일 68 소아성애적 안티파의 산물인 독일 녹색당은 소아성애운동을 전개하다가 2014년 당 대회에서 당 대표가 공식적으로 사과했다. 독일의 경우 동성애 운동과 소아성애운동은 같은 그룹에 의해 성소수자 운동의 이름으로 추진되었다.

2014년 독일 녹색당의 소아성애운동의 아동 인권유린 문제에 대한 공식 사과는 2010년에 드디어 폭로되기 시작한 독일 68 반권위주의적-루소주의적 진보 교육의 메카인 오덴발트 슐레에서 집단적 아동 인권유린 사태 영향 때문이다.

2017년 독일 교육학회도 소아성애운동의 아동 인권유린 문제를 특집으로 다루었다.

오덴발트 슐레에서의 동성애적 소아성애(남색)는 플라톤의 『향연』(symposion)에 등장하는 '교육학적 에로스' 개념에 기초한 고대 그리스 남색을 모델로 삼았다.

소아성애자 미셸 푸코도 플라톤의 『향연』에서 정당화되는 남색을 자신의 소아성애적 성 담론의 모델로 삼는다.

독일과 프랑스의 성소수자 운동(동성애 운동과 소아성애운동)은 고대 그리스 신화, 비극 그리고 철학을 근거로 삼지만, 그들은 그리스 신화뿐 아니라, '오이디푸스 왕'과 같은 그리스 비극을 오독하고 있다. 제우스의 '남색'이 동성애적 소아성애(남색)의 근거가 된다.

플라톤의 『향연』에 등장하는 소년, '사랑'(Knabenliebe)의 기원은 제의적 소년 강간(Knabenraub)이었다.

독일 68 개혁 교육의 상징인 오덴발트 슐레는 3미터 높이의 거대한 남근상을 교육 상징처럼 세워놓고 플라톤의 『향연』을 찬양하면서 남색적 아동 인권유린을 정당화했다. 독일 교육계에서 최초로 개혁 교육의 이름으로 플라톤의 『향연』에 등장하는 '교육학적 에로스'를 교육원리로 천명하고 교육개혁을 시도한 학자는 상습적인 남색자 구스타프 뷔네켄(Gustav Wyneken, 1875-1964)이다.

뷔네켄을 멘토로 모시면서 독일 철학과 문학을 배운 학자가 바로 독일 프랑크푸르트학파의 발터 벤야민(Walter Benjamin, 1892-1940)이다. 벤야민은 주디스 버틀러에게도 큰 영향을 준다. 뷔네켄은 남색이라는 아동 성폭력으로 기소가 되었을 때도 플라톤의 『향연』에 등장하는 남색을 인용하면서 자기를 변호했다. 인권의 이름으로 반자유주의적 검열법인 차별금지법을 강제하며 기독교 문화를 해체하고자 하는 성소수자 운동은 인권개념의 유대-기독교적 기원을 기억해야 한다.

독일의 국가적인 철학자 위르겐 하버마스(Jurgen Habermas, 1929-)는 성소수자 운동의 대부 미셸 푸코의 휴머니즘 없는 인권개념을 비판한다. 하버마스는 푸코가 오래되고 전통적 인권개념을 새롭게 기술해보고자 한다고 분석하면서 푸코의 반휴머니즘을 비판한다.

푸코와는 달리 하버마스는 휴머니즘을 문제로 보지 않고, 비인간화를 비판하게 하는 필요한 기준으로 본다. 푸코가 계승하는 디오니소스적 광기의 철학자 니체와 그 계승자 하이데거에게도 반휴머니즘의 문제가 존재한다.

광기를 찬양한 푸코는 유대-기독교의 유산인 오래된 인권개념을 자신의 권력의지에 기초한 새로운 인권개념으로 새롭게 기술하고자 시도한 반휴머니즘적 철학자다.

그렇기에 푸코를 대부로 삼는 성소수자 운동에서 말하는 인권은 휴머니즘 없는 인권 혹은 반휴머니즘적인 인권이라는 모순이 존재한다. 성소수자 운동이 주장하는 인권은 보편적 인권이 아니라, 많은 경우 당파적이고 파르티잔적 인권이다. 2001년 하버마스는 "인권, 자유와 연대적 공존, 자율적 삶의 영위와 해방, 개인적 양심, 도덕, 그리고 민주주의가 파생된 평등한 보편주의는 바로 유대교의 정의 윤리와 기독교의 사랑의 윤리의 직접적인 유산이다"라고 주장했다.

영국 신문 「가디언」(The Guardian)의 편집부 요직 출신인 멜라니 필립스(Melanie Phillips, 1951-)는 "인권법을 납치하기"라는 제목의 강연에서 인권법의 조작을 비판한다. 그 내용은 "유럽연합의 유럽인권법원에서 주장하는 인권법과 인권문화는 일종의 문화전쟁을 위한 무기로 전락했다"라는 것이다. 다시 말해, "유럽인권법원에서 말하는 인권개념, 인권법, 인권문화, 차별금지법은 사회주의적 문화전쟁의 무기로 무기화되어 버렸다"라고 비판한 것이다.

21세기 프랑스와 독일에서 68 소아성애운동을 포함하는 성소수자 운동의 아동 인권 유린에 대한 과거사 청산이 대세다. 성소수자 운동이 푸코가 말하는 반휴머니즘적, 당파적 그리고 파르티잔적 인권개념을 극복하고 보다 보편적 인권개념에 충실하길 바란다. 성 소수자 운동은 아동 인권유린 문제에 대해서 휴머니즘적 감수성을 가져야 한다.

10. 성소수자 운동의 조기 성애화는 소아성애자들의 수법

21세기 문화막시즘(Cultural Marxism)의 가장 중요한 아젠다는 사회주의 성 정치와 성혁명 운동이다. 그래서 '독일 68 한국 86'을 외치는 김누리 교수는 성교육이 가장 중요한 정치교육이라고 주장한다. 김누리 교수는 성의 악마화를 비판하지만, 우리가 비판하는 것은 성의 정치화와 쾌락의 정치화다.

독일에서 성교육을 정치교육으로 주장하는 대표적 학자는 독일 성인지 성교육의 아버지 헬무트 켄틀러(Helmut Kentler, 1928-2008) 교수다. 독일 68 성혁명의 유산인 사회주의 성 정치 운동은 본질적으로 조기 성애화를 추구한다. 조기 성애화와 소아성애운동은 깊은 연관을 가진다.

조기 성애화는 소아성애자들의 수법이라는 사실을 오스트리아 빈에 위치한 지그문트프로이트대학교(Sigmund Freud University)의 뇌과학자, 정신과 의사, 그리고 심리치료사인 라파엘 보넬리(Bonelli Raphael M., 1968-) 교수는 비판적으로 공론화하고 있다.

빌헬름 라이히, 존 머니, 앨프레드 킨제이, 미셸 푸코, 게일 루빈, 주디스 버틀러, 그리고 헬무트 켄틀러와 같은 성소수자 운동의 대부분 이론가는 조기 성애화를 주장하는데, 이들이 모두 소아성애자들이거나 그 옹호자들이라는 사실은 결코 우연이 아니다. 빌헬름 라이히의 성혁명은 성인들의 성혁명이라기보다는 소아들과 청소년들의 성혁명을 주장하기에, 본질적으로 소아성애적이었다.

독일 68의 소위 반권위주의적 교육혁명은 소아성애적 안티파 운동이었다. 독일 68 소아성애적 안티파는 '쾌락의 정치화'를 추구한다. 어린이들에게 '성 인지 감수성'을 교육한다면서 조기 성애화를 반영한 서울시 교육청의 『나다움』 어린이 도서는 바로 이러한 사회주의 성 정치 운동의 전략인 소아들의 성욕과 '쾌락의 정치화'를 추구한다.

2021년 소아성애자 미셸 푸코와 고아들을 소아성애자 돌봄 아버지들에게 넘겨주어 일종의 퀴어 가족을 구성하게 하는 소아성애 실험을 시도한 독일 성교육의 교황 헬무트 켄틀러 교수의 성담론이 반영된 서적들과 문서들에 대해서 독일 학부모 단체들이 저항하기 시작했다.

켄틀러 교수는 독일 개신교협의회(EKD)에서 광범위하게 활동했는데, 올해 6월 독일 바이에른 개신교 단체는 이 개신교 단체 내에서의 켄틀러의 활동 등에 대해서 공식으로 사과했다. 동성애자 켄틀러는 독일 개신교 안에서 성소수자 운동을 주도한 학자로서, 동성애의 비범죄화뿐 아니라, 소아성애 실험도 주도했다.

그러나 그의 소아성애 실험에 폭로된 아동 인권유린으로 인해서 독일 개신교 내에서의 성소수자 운동에 대한 비판적 성찰이 시작되었다.

독일 68 진보 교육의 성지 오덴발트 슐레에서의 집단적 소아성애 사태로 인해서 2010년 '독일 청소년과 사회 연구소'는 독일 68 소아성애운동 과거사에 대한 비판적 연구뿐 아니라, 현대 성 과학의 아버지 알프레드 킨제이와 젠더 개념의 창시자인 존 머니가 모두 소아성애자였거나 옹호자였다는 사실을 공론화하기 시작했다.

장 자크 루소의 교육철학을 실현한다는 이 독일 68 진보 교육의 메카 오덴발트 슐레에서는 알몸교육이 실천되고 음주와 마약이 허용되었다. 독일 전 대통령도 관련된 이 유네스코 모델학교가 소아성애자들의 천국이자 아이들의 지옥이었던 것이 비로소 폭로되었다.

자본주의를 파시즘으로 주장한 독일 68은 소아성애를 파시즘(나치즘) 격파를 위한 위대한 행위로 설파했고, 또한 그것을 실행에 옮겼다. 이 독일 68 좌파 낭만주의 학생운동은 히틀러의 나치즘은 성 억압의 결과라고 주장하면서 안티파시즘을 위해서 권위주의가 생산되는 가정으로부터의 소아들과 청소년들의 성 해방을 외치면서 소아성애운동을 전개했다.

하지만 저명 역사학자 다그마 헤르조그 교수의 책 『쾌락의 정치화』는 나치 시대는 성 억압의 시대가 아니라, 혼외섹스, 혼전 섹스 그리고 알몸문화가 장려되었던 시대라고 주장했다. 2차 세계대전 후 '기독민주연합국가 독일'(CDU-Staat) 시대에는 나치 시대를 '소돔과 고모라의 시대'로 보았다.

나치 시대에는 플라톤의 『향연』에 등장하는 "교육학적 에로스에 기초한 동성애적 소아성애(남색) 운동도 활발히 전개되었다. 독일 특유의 낭만주의 학생운동이었던 반더포겔 운동이 바로 이러한 남색 운동이었고, 이는 히틀러 유켄트로 이어진다.

김누리 교수가 찬양하는 독일 68 반권위주의적 성혁명 사상의 전제는 파시즘인 나치즘이 성 억압의 산물이라는 것인데, 이 전제가 틀렸다.

독일 68과 나치즘은 모두 '쾌락의 정치화'를 시도한 낭만주의 운동이었다. 사회주의 동독에서도 쾌락의 정치화가 시도되었다.

2017년 독일 괴팅엔대학교(University of Göttingen) 헌법학 교수 크리스티안 빈터호프는 독일 성인지 성교육인 '다양성의 성교육'을 비판하는 학술대회에서 "성교육 분야에서 부모의 교육권이 우선된다"라는 2007년 독일 연방헌법재판소의 판결을 소개했다.

독일 연방헌법재판소는 2007년 부모와 국가의 공동의 교육 과제를 명시하지만, 성교육 분야에서의 부모의 교육 권리에 대한 우선권을 부여했다. 독일 헌법에는 자녀의 돌봄과 교육은 부모의 자연적 권리라고 명시되어 있다.

부모는 자신들의 성 윤리적 가치 관념들에 기초해서 자녀를 교육할 권리가 보장되어 있다. 독일 연방헌법재판소는 2009년 판결을 통해서 부모의 교육적 관념들에 대한 국가의 유보와 톨레랑스의 의무를 명시한다.

2015년 독일 연방헌법재판소는 "학교는 특정한 성행위를 찬성하거나 거부하기 위한 목적으로 학생들을 세뇌하는 시도를 중단해야만 한다"라고 판결했다. 2021년 헝가리는 반-소아성애 법을 통해서 성 소수자 운동가들이 18세 이하 어린이들과 청소년들에게 조기 성애화 교육하는 것을 금지했다. 올해 칠레 헌법재판소도 성교육과 관련한 자녀의 교육 방식을 결정할 수 있는 부모의 권리를 보호하는 판결했다.

이 재판소는 부모의 감독보다 아동의 진보적 자율성을 우선시하는 아동권리 법안의 특정 조항은 위헌이라고 판단했다

빌헬름 라이히의 성 혁명은 성인들의 성 혁명이 아니라, 무엇보다도 소아들과 청소년들의 성 혁명 운동이었다.

사회주의 성 정치 운동의 창시자 빌헬름 라이히의 성 혁명은 성인들의 성 혁명이 아니라, 무엇보다도 소아들과 청소년들의 성 혁명 운동이었다.

히틀러 유켄트, 북한 소년병, 중국 문화대혁명 홍위병에서 볼 수 있듯이 사회주의자들은 소아들과 청소년들을 대상으로 삼는다. '쾌락의 정치화'와 조기 성애화 전략에 기초한 젠더 교육은 빌헬름 라이히의 책 부제처럼 사회주의적 재구조화를 위한 거대한 재교육(세뇌)프로그램이다.